识千家

日進日新　學以致用

# 大商方法

## 榜样经销商与厂家的合作之道

唐道明◎著

北京燕山出版社
BEIJING YANSHAN PRESS

图书在版编目（CIP）数据

大商方法：榜样经销商与厂家的合作之道 / 唐道明著. -- 北京：北京燕山出版社，2020. 7

ISBN 978-7-5402-5777-4

Ⅰ. ①大… Ⅱ. ①唐… Ⅲ. ①经销商－销售管理 Ⅳ. ①F713. 3

中国版本图书馆 CIP 数据核字（2020）第 129290 号

书　　名：大商方法：榜样经销商与厂家的合作之道
作　　者：唐道明
责任编辑：满　懿
出版发行：北京燕山出版社
地　　址：北京市丰台区东铁营苇子坑路 138 号
网　　址：http://www. bjyspress. com
电　　话：（010）65240430
电子邮箱：bjyspress@126. com
印　　刷：河北宝昌佳彩印刷有限公司
经　　销：新华书店
规　　格：170 毫米 ×240 毫米　16 开本　17. 25 印张　291 千字
版　　次：2020 年 10 月第 1 版　2020 年 10 月第 1 次印刷
定　　价：75. 00 元

# 导读

**“买好”是经销商发展的前提。**

“买”即是与厂家合作，取得经销权，购买厂家的产品；而“卖”即是将从厂家购买的产品再卖给下游分销商或者用户，获得经营利润。经销商面临的诸多问题，其实都集中在两个方面：一是经销商的经营问题；二是与厂家的管理对接问题。同为经销商，为什么有的会成为区域市场的强势经销商或生产厂家的榜样经销商而备受同行尊重与厂家的优待？事实上有许多经销商的发展状况堪忧，销量小，没有团队，得不到厂家的重视和资源支持，属于可有可无的平庸型经销商。通过对经销商多年的跟踪与深度研究，我们发现他们除了在区域分销能力，即如何“卖好”存在差异外，更重要的是他们在“买好”的能力方面存在巨大差异。

第一，合作理念。

榜样经销商能够认清自己的渠道角色和存在价值，具有厂商协作运营市场的理念，认可合作厂家的发展理念和经营战略，并能自我调整，以适应行业及厂家的发展需要。而平庸经销商以自我为中心，等靠要思想严重，缺乏长远发展的理念和合作意识，故步自封。

第二，行业及厂家选择的能力。

榜样经销商善于取势，时刻关注行业的发展趋势，并适时选择进入时机，找到与之发展相适应的品牌厂家开展合作，成功进入品类发展之道。而平庸经销商则盲目跟风，拍脑袋决策，没有建立起科学的决策体系和方法，不断寻找新品牌、新厂家，无法抓住市场机会，只能不断亏损。

第三，厂商合作过程中工作对接的能力。

榜样经销商能够站在厂家的角度处理好与厂家日常对接工作，将所有的问题看作是自己的问题，主动创新工作，使得双方的合作得以顺利进行，促进了自身经营效益的提升，更赢得了生产厂家的重视。而平庸经销商始终依靠厂家，怨天尤人，总是找厂家的原因，与厂家产生隔阂，事事被动。

经销商正是在“买好”方面存在这三大明显差别，决定了经销商截然不同的发展结果。

“买好”是经销商发展的前提，是“卖好”的根基，通过自己独到的方法找准自己的定位，选择好进入的行业，并找到适合自己发展的厂家进行合作，同时与厂家处理好“买好”的各项日常对接工作关系，充分借助厂家的资源和条件，为我所用，让“买好”促进“卖好”。但目前市面上绝大部分书籍都在讲经销商怎么“卖好”，对如何“买好”的讲述较少，本书正是在“买好”的层面，从以上三点出发进行系统阐述，自成体系，是一套经销商可学习借鉴的方法论和工具书。

为适合经销商的阅读习惯，本书在写作上力求逻辑清晰、条理清楚、语言简洁，主要有以下看点。

**（1）问题导入式**

既然是面对经销商的书籍，在选材上主要从厂商合作遇到的问题点着手，贯穿厂商合作的全流程业务链，让经销商能够形成整体思维观，逐一剖析各个环节的现状和遇到的问题点。

**（2）工具化**

针对厂商合作环节遇到的问题点，本书给出了一些行之有效的方法和工具，形成系列化的实操工具集，使得读者能够“带着问题阅读，带着答案实践”。这些工具和方法都是笔者多年从事管理工作的积累，有些已经得到多个品牌厂家的经销商成功运用，为这些经销商的生意发展保驾护航。

**（3）复盘学习**

在每个章节后，根据每个内容板块的阐述，读者可以结合自身情况，对自身经营和管理工作的现状做出复盘，总结哪些地方做得好，哪些地方需要改进，真正吸收本书的精华为自己所用。

要想成为榜样经销商，就让我们立即打开本书，跟随本书阐述的理念、方法和工具，开始行动吧！

# 前言

**我为何写作本书**

在多年的企业管理工作实践中，我经历了多个不同的职业角色。在企业里，我担任过一线业务员、负责营销的管理者；在咨询公司，我做过全程运作关于营销咨询项目的乙方负责人。在这些工作经历中，我走访了不同行业的几千家各级经销商，拜访过这些经销商的老板、内部职业经理人、员工，并与他们深度交流，对他们中的一些成功实践和失败教训进行过深入解剖。各个行业的经销商，都在从事着“买”与“卖”的业务。“买”即是与厂家合作，取得经销权，购买厂家的产品；而“卖”即是将从厂家购买的产品再卖给下游分销商或者用户，获得经营利润。我发现，在不断的“买”和“卖”的过程中，最终困扰着经销商的不单单是“卖”的问题，而是如何找到更多数量的客户并采购更多数量的产品而实现销售业绩和利润。

经销商们凭借着熟悉区域市场，同时能吃苦耐劳，有着一颗不安分的心，怀着对美好生活的向往，不断地折腾，总能将生意做得风生水起，赚够了钱。事实上，所有的经营成果都是需要在厂家的配合和支持下实现的。比如，厂家给予经销商独家区域授权而实现了对经销商的区域保护，让经销商能够安心经营。同时，厂家对经销商进行技术支持、协助开发客户、协助建立团队、协助进行品牌推广、协助售后服务等，使得经销商的各项经营管理工作得以顺利开展，而经销商也积极配合厂家的各项工作，深化与厂家的合作关系，互相支持、密切配合，在这个过程中不断发展壮大。这不仅赢得了很丰厚的财务回报，更在厂商合作层面获得了很多行之有效的对接经验，成为合作品牌厂家的优秀经销商。

但还有很多经销商由于各种各样的原因终止与厂家的合作，不断地寻找新的生意机会和合作厂家，有的因此经营不善而亏损乃至倒闭，这些经销商到底在自身经营过程中发生了什么呢？

或许他们在开始经商时因为行业品类选择不当，没能把握行业发展趋势而进入一个难以做大的行业，在战略选择上出现了投资失误；

或许他们在开始时没有全面考察，选择了一家发展方向不清晰、不讲诚信的厂家合作，导致难以长期合作，从而出现亏损；

或许因为在合作过程中由于厂家发货不及时而导致他们和客户的合同违约；

或许因为厂家答应的市场支持费用不能兑现而无法有效开展市场推广；

或许因为厂家下达的年度经销目标高不可攀而影响他们的积极性；

或许因为厂家给予的支持政策和年度奖励逐年缩水导致他们没有合作的信心；

或许因为厂家对其他区域经销商窜货现象不能得到有效管理而对彼此合作失信心；

或许因为产品质量问题不能有效处理导致客户流失；

或许因为临期品不能调换导致损失惨重；

或许因为新品推广不畅遗留诸多问题；

或许因为厂家开展持续渠道促销导致产品压库爆仓；

或许因为他们与厂家管理人员没有通畅的沟通渠道而致彼此合作出现隔阂；

……

归纳上述种种情形，我们发现经销商面临的诸多问题，都集中在以下两个方面。

第一，经销商的经营问题。

这些经销商在确定自身的经营定位时，没有明确的方向，从考虑选择进入的行业和具体的合作厂家时出现失误，也就为后来厂商合作关系中断乃至经营亏损埋下了不可挽回的因素。这相当于从一开始就走错了方向，自然就无法达成目标。

第二，经销商与厂家的管理对接问题。

厂商在生意合作中，各项工作都是需要双方配合完成的，但经销商在厂家的总体管理框架下，无法在对接工作中协同一致，就会严重影响经销商的正常生意，经销商就无法高效地服务好自己的客户，客户不满意了，生意自然也就没了。厂商双方对接中会出现一些矛盾，进而导致合作出现隔阂。长此以往，这些问题得不到改善和有效解决，厂商合作关系就会终止。

我将以上经销商面临的困惑，归纳为如何“买好”的问题，即作为经销商，要选择好进入的行业品类、选择好该行业的合作厂家，并能与厂家建立起和谐的战略合作关系。现阶段的很多经销商，普遍经营水平不高、组织不健全、管理不规范；面对快速变化的行业市场失去了方向，抓不住市场机会。同时，在与厂家的合作过程中，经销商们面对比自己强大的厂家，更显得势力单薄，没有讨价还价的勇气。更可怕的是，由于经销商缺乏系统的思考和成熟的经验，即使有强大的客户网络和资金实力，对于厂家不合理的管理制度，不敢向厂家叫板和发起质疑，也没有能力提出促进厂商矛盾和市场问题改善的更好方案和方法，最终只能服从厂家的管理。面对这些不断出现的问题，凭借经验和积累，很多经销商找不到可以直接借鉴的答案。

为此，我一直在思考，经销商除了能够在“卖”的层面所向披靡，很好地掌控客户，实现“卖好”外，如果能通过自己独到的方法找准定位，选择好进入的行业，并找到适合自己发展的厂家进行合作，同时与厂家处理好“买好”的各项日常对接工作关系，充分借助厂家的资源和条件为我所用，让“买好”促进“卖好”，让“卖好”支持“买好”，实现生意买卖的良性循环，这样经销商做生意多轻松呀！所以，经销商要实现“卖好”，必须要关注“买好”，这样才能保障生意的顺利进行。

通过与众多经销商的深度交流得知，很多经销商只关注如何“卖好”，而不关注如何“买好”，或者认为“买好”就是狭义地与厂家搞好关系，还没有建立如何“买好”的思维方式和最佳实践，也无法从其他渠道了解或者学习到相关的经验。这使得“卖好”没有“买好”的支撑和保障，也难以持续维持“卖好”。同时，大型厂家的经销商数目众多，大部分经销商默默无闻，只是普通经销商，而每个经销商都希望通过扩大销量、提升管理来壮大自己，成为厂家心目中的优秀经销商，成为厂家的渠道运营典范。但他们往往都缺少系统的理念和方法，只能依靠自己的摸索前行。

目前市面上的一些管理书籍、案例总结都是从厂家的角度，比如，很多企业聘请专业培训师讲解的为业务人员定制课程《经销商开发与管理》，这些课程和书籍大多是围绕着厂家如何管理经销商而阐述的，已经形成了一套完整的理论体系和实战方法套路，并且已经应用在企业的营销管理之中，这样经销商接收到的都是被动的管理、服从。特别是在快速消费品行业，各大厂家为了利用、控制经销商，对经销商进行了无数的管理变革，娃哈哈的联销体模式、可口可乐的 101 模式、康师傅的渠道精耕模式等，这些行之有效的渠道管理模式大多数是站在厂家角度谈合作，经销商是被动执行的角色，只负责某些简单化的渠道职能，缺乏主动权。还有一类课程是针对经销商群体的，大多数是围绕着经销商如何提升公司化运营能力，讲的是经销商内部管理方法和工具，基本上属于“卖好”层面的内容。而站在经销商的角度，系统阐述厂商合作相关对接工作中经销商如何主动配合厂家的专业内容几乎没有。针对这块内容，经销商也应该建立一套成熟的理论和方法体系，同时建立起自己的思考模式和能力，提高自己的经营内生力，并发自内心地对接厂家，在思维和操作层面真正和厂家理解一致、步调一致，这样双方联合，才能取得品牌推广的胜利和自己生意的盈利，让经销商老板们更加轻松地做生意，让生意变得更加有意义。我想这些正是新时代经销商需要的。

正是基于这样的认知和体会，我才会有更大的动力，集合我从上千家经销商的跟踪辅导中提炼的经典案例，结合自有实践，创作了这本书。

**本书有哪些内容**

本书首先从经销商的角色认知出发，洞察厂商合作的核心，接着从经销商与厂家合作面临的实际困惑入手，阐述经销商如何选择经营方向，以及如何主动与厂家做好日常管理对接工作，系统地从经营理念、经营设计、管理提升三个层面为经销商提供切实可行的思路和方案。主要涉及以下三个方面的内容。

**（1）经销商的本质**

本篇将从经销商的角色认知和生意本质入手，提出经销商应有的厂商合作理念，从思想层面阐述经销商应该与厂家资源互补，强强联合，高度协同开展相关工作。只有这样，才能在厂商合作中发挥自身的价值，成就厂家，成就自我。

**（2）经营篇**

本篇从经销商确立经营战略入手，提出经销商应该设计自己的经营定位，并从选择行业及具体的合作厂家两个层面使经营定位落地。同时对厂商合作年度合同这一关键动作进行细致阐述，并给出具体的方法及工具，经销商可以参照执行，确保经销商选择做正确的事，为打造成功的厂商合作奠定基础。

**（3）管理篇**

本篇从微观的层面入手，全面阐述经销商在与厂家日常工作对接的各个方面的实战做法，这是本书的核心内容，涵盖了厂商合作的主要对接工作，既列举了经销商面临的对接困惑，又同时提出了经销商可以主动采取的管理方法和工具，可以很大程度上解决经销商目前面临的对接困惑，有助于提升内部管理能力。

**本书适合哪些人阅读**

本书的核心内容是针对各行各业的经销商读者，为兼顾行业中数量众多的读者群体，书中的很多案例和工具方法来源于快速消费品行业及工业品行业这两大行业，是这些行业经销商老板及内部管理人员最佳的阅读书籍。当然，需要指出的是，生意五花八门，三百六十行存在很大的运作差异，我无法在书中讲透所有的问题，但厂家和经销商之间的合作本质是相通的，本书介绍的理念、方法和操作工具，只要读者认真领悟、用心钻研，一定会大有裨益。

同时，这本书也非常适合以经销商渠道做生意的厂家管理人员。厂家管理人员能够站在经销商的角度换位思考，理解经销商的想法，以便更好地与之对接，这样双方才能高度信任，制定的方案才能更适合市场。

**致谢**

本书得以出版，首先非常感谢邀请我进行培训和咨询的众多企业客户，是他们给了我大量生动真实的一手市场案例，也丰富了我的职业生涯，让我更深入地洞察到他们的困惑和需求。正是基于这些，我才能集成此书，在此表示衷心的感谢！祝愿他们在企业经营中达成目标，成为各个行业的翘楚。

同时，本书的顺利出版，也非常感谢博瑞森图书的总经理张本心、策划马优老师，是他们在策划选题以及撰写过程中给予了很多的指导、激励。同时，祝愿博瑞森以传播本土管理实践为使命，让更多的人爱好读书、多读好书。

唐道明

2020 年春

# 目录

## 经销商的本质



## 经营篇

## 管理篇

# 经销商的本质

【本篇导读】

本篇将从经销商的角色认知和生意本质入手，提出经销商应有的厂商合作理念，从思想层面阐述经销商应该与厂家资源互补、强强联合、高度协同开展相关工作，只有这样才能在厂商合作中发挥自身的价值，成就厂家，成就自我。

# 第一章

# 经销商的生意本质——探讨发展路径

【本章导读】

经销商作为商业流通领域中不可或缺的一个重要角色，在商业发展的各个阶段都起到了巨大的作用。由于商业环境的不断变化，经销商的渠道功能和核心工作也在不断变化，出现了各种类型的经销商，也催生了经销商不同的发展方向和转型路径。但经销商要发展，终究要清晰地认知自己，知道自己的生意本质是什么，以及在整个生意的环节有哪些价值，才能更加清楚自己的转型方向和实施路径。

## 一、何谓经销商

### （一）关于经销商的定义

我们经常在工作中提到“经销商”一词，有的人说“我销售××厂家的产品，我是××厂家的经销商”，有的厂家人员说“我们在××区域有多个经销商”，那到底什么是经销商？可能每个人都有自己的理解和定义。笼统地讲，一般指从厂家买进产品，再自行销售出去，从而获得买卖利润的经营机构。在企业管理实践中，通常我们这样定义经销商：指得到生产厂家的经销授权、销售厂家产品的独立经营法人实体公司，这些实体公司接受厂家的管理和服务，从厂家进货，按照厂家的经销授权规定将产品销售给用户，获得经营利润。

经销商主要有以下特征。

**1. 独立的法人实体公司**

经销商是独立注册的法人实体公司，一般为一般纳税人、小规模纳税人或者个体工商户。经销商与厂家合作就是法人与法人的合作。

**2. 得到厂家正式的经销授权**

经销商一般要得到厂家正式的经销资格授权，这样才算是真正的经销商。授权的形式一般有给予授权资格证或者直接以年度合作合同形式体现。通常正式的经销授权要界定以下内容：授权起止时间、授权区域、授权行业、授权渠道、授权产品等内容。

厂家对经销商的授权一般有三种，分别是按照区域授权、产品授权、销售行业或者渠道授权。按照区域授权就是厂家只授予经销商在指定的区域销售，不能跨区域销售。按照产品授权的，就是厂家授予经销商销售某些特定产品的资格，并不是厂家所生产的全系列产品。按照销售行业或者渠道授权的，就是厂家授予经销商只能在某些特定销售行业或者销售渠道销售厂家的产品。当然，也有这三种或者两种情形结合授权的，比如，厂家对经销商只能在指定区域销售指定产品的授权。

#### 3. 接受厂家的管理和服务

厂家为了支持经销商的发展，都会制定相关的管理和服务政策要求经销商执行和遵守，日常工作对接都需要厂商双方协同配合，厂商双方根据管理要求，都分别有自己的责权利，厂商双方共同的目标就是扩大产品销量，双方都获得应有的利润。

#### 4. 单一品牌或多品牌经营

经销商按照产品品类来选择经销品类，一般为多品类产品综合销售。在一个具体的品类上，经销商会根据市场情况选择不同档次的不同厂家的产品组合销售，形成同一个品类多品牌的产品组合。为了最大限度地垄断优质渠道商资源，也有厂家要求经销商专销该厂家的产品，不得销售其他厂家同类产品的情形。

#### 5. 拥有产品的所有权

经销商一旦从厂家进货，就拥有了产品的所有权。经销商要组织资源销售产品给需要的客户，获得经营利润。同时，经销商有一定的经营风险。

### （二）经销商的类型划分

根据上述对经销商在企业管理实践中的定义，生产厂家根据企业的实际情况会设定不同类型的经销商以适应企业发展的需要，主要有以下划分维度。

#### 1. 按照行政区域划分

生产厂家按照国内行政区域划分经销商的授权区域是最常见的一种形式。随着市场竞争更加激烈，厂家为下沉低线市场，抢占更多的市场份额，从最早的省级经销商逐步缩小经销商的区域范围，设置区县级乃至乡镇级经销商，形成密集分销。这是目前国内生产厂家划分经销商的主要形式。

**2. 按照产品类别划分**

生产厂家为了形成对每类产品的专业分销推广，会将生产的不同品牌或品类的产品分别设置不同的经销商，这样就形成了某个区域有多个厂家的经销商，但互不影响，这些经销商分别经销某个品类的产品，形成更加专业化的推广，符合厂家和经销商的利益。

厂家之所以这样设置经销商，一般基于多个方面的考虑：其一，各个品类的产品具有一定的差异性，比如生产厂家同时生产膨化食品和饮料两个类别，这两类产品具有一定的差异性，厂家就会设置不同的专业经销商进行分销。其二，厂家推广新品类时，一般会选择新的经销商加入，尽可能垄断区域的优势经销商资源。其三，厂家为了抑制区域内经销商的发展，以免形成客大欺店的局面，就会利用各种时机发展多个经销商。

**3. 按照销售渠道划分**

由于产品在不同渠道有推广的差异性，比如在大型商超、流通批发、特殊通路、团购、电商等渠道，每个渠道的销售规则、运作模式、对经销商的能力及资源要求都不一样。大型商超类需要经销商有正规团队运作能力，能做好合同谈判、日常终端维护、配送等工作，同时要有一定的资金实力，只有这种类型的经销商才能很好地运作该渠道。而团购渠道，就需要经销商有多方面的客户资源、公关、招投标管理等能力。因此，厂家在设置经销商时，就会基于各种销售渠道类型，分别设定经销商。

在快速消费品领域，厂家一般设置商超类经销商、流通市场经销商、特通市场经销商等，这样厂家就能充分发挥各种类型经销商的资源，实现市场全覆盖。有时厂家为了减少或者避免产生渠道窜货冲突，进而在产品包装、产品规格等方面做出区隔，实行一些产品的渠道专供。

**4. 按照下游应用行业划分**

在某些工业品领域，由于产品在下游设备上应用的特殊性，厂家为了强化在特定行业的应用推广，按照下游应用行业类别设置经销商，形成在某个行业应用上有专业的经销商。通常情况下，厂家在这些行业应用上供应的产品也有一定的差异，比如产品设计结构或者技术参数，以适应各个行业设备的应用需求。

5. **按照销售规模划分**

生产厂家为了给不同销售规模的经销商制定不同的管理和支持政策，会将经销商按照销售规模划分为不同的等级，如核心经销商、重点经销商、一般经销商等。通常情况下，销售额在总体经销商排名靠前的经销商为核心经销商，厂家会给这类经销商特殊的销售政策，比如价格优惠力度、年度奖励额度、日常管理政策差异等，以体现对核心经销商的重视。

当然，为了支持重点经销商及一般经销商的发展，厂家也会根据实际情况而予以资源倾斜，以完善厂家的经销商布局。

6. **按照是否有品牌排他性划分**

生产厂家为了垄断优质渠道资源，有时会要求经销商在同类产品中，只能销售该厂家品牌的产品，而不能销售其他品牌厂家的产品，这些经销商就是厂家的专属经销商。为鼓励经销商的这种专销行为，厂家一般会给予更高的奖励政策，或者与厂家成立合资公司，强化管理，共同做好该品牌的推广和销售工作。

7. **按照是否有区域排他性划分**

生产厂家为了提高市场覆盖效率，有时会在某个区域设置多个经销商，形成在该区域的密集分销。也有的厂家为了充分保障经销商的区域利益，提高经销商的积极性，将经销商设置为独家经销商。通常情况下，生产厂家也会要求独家经销商有更高的销售目标和品牌市场推广要求。而对于非独家经销商，厂家为了有效管理，也会要求经销商之间求同存异、减少冲突，同时制定了相关的防止不正当竞争的管理规定。

8. **多种维度结合划分**

通常情况下，生产厂家为了战略发展需要，更有效地覆盖市场，最大限度地发挥各个经销商的优势资源，通常会选择以上七种维度的多种结合，设置多个经销商。一般以产品类别 + 渠道类型两种维度结合划分的较多。

## （三）经销商为什么能存在

我国地域辽阔，经济发展不平衡，生产厂家的商品流通大多无法一次性到达最终消费者手里，特别是快速消费品行业尤为突出，更需要各种类型的经销商、零售商才能最终令产品到达消费者手里。即使在网上购物盛行的当今，很多厂家都设置了网络经销商，以满足更多消费者的购买需求。经销商在商品流通环节，起到了很大的作用。

经销商为何存在，要从两个层面来分析。

**1. 从生产厂家的角度看，商品流通需要经销商的参与**

生产厂家的商品要让消费者能够随时随地购买，仅依靠厂家的分销力量是无法达到的，这时厂家就通过设置各种类型的销售渠道来使产品能够最大限度地接近消费者。于是，大量的生产厂家开始设置不同类型的经销商来满足市场运作的需要，这样通过密集分销，建立起遍布全国的经销商的网络，迅速地扩大了销量。

除了厂家利用经销商快速建立销售渠道外，生产厂家更需要经销商承担起库存中转、资金、市场服务、信息收集等多项渠道职能，这些都是在商品流通过程中厂家所无法单独高效完成的。任何一家生产厂家都需要评估依靠自己的力量承担所有渠道职能所花费的成本及效率。因此，经销商是帮助厂家实现低成本、快速打造品牌的重要环节。

**2. 从消费者的角度看，需要专业化的销售商**

零售商及消费者需要购买的产品多种多样，且批量少，很多情况下无法一对一联系厂家直接购买。由于专业化的社会分工需要，就会出现专业销售某类产品的贸易机构，这个贸易机构就是经销商。经销商们集合某些品类产品，集中向零售终端供货，或者自己开设零售门店开展销售工作。

## 二、经销商的生意本质

### （一）经销商最基本的盈利解析

经销商向厂家支付货款进货，支付出资金获得商品的所有权。接下来经销商将商品加价卖给有需要的客户，转移商品的所有权，回笼资金。这样经销商就完成了“资金—商品—资金”的一次循环，经销商得到了应有的利润。那么经销商再次投入更多的资金，采购更多的商品，卖给更多的客户，又得到了更大的经营利润。

我们将经销商的盈利逻辑用图 1－1 解析，在这个等式里，总结为四个方面的关键要素。

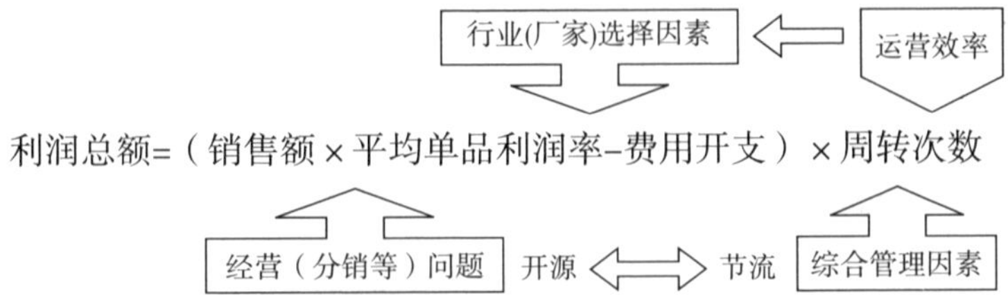


**图 1－1　经销商盈利解析示意图**

1. **行业（厂家）选择因素**

每个行业的毛利率都有一定的差异，经销商一旦选定了某个行业或者品牌，平均单品利润率就基本确定了。这就是为什么说经销商选择了一个好的行业和厂家，就容易成功；而一旦经销商选择了一个不好的行业和厂家，成功的可能性就较小。但这些也都是相对而论的，这只是一个相对关键因素，经销商是否成功还与其他因素相关。

2. **销售因素**

一旦选定了行业和合作的具体厂家，接下来的销售问题就是经销商可以大展拳脚的因素，属于开源。销售问题最直接的表现就是尽可能以适当的价格卖给更多的客户，即数量×单价。经销商提高销售数量就是要开发更多的客户，以及维护客户长期的合作关系。另外，就是要做好品牌推广，为更多的客户服务，提高品牌溢价能力，从而提高产品售价。

3. **综合管理因素**

综合管理因素最直接的表现就是费用开支，将会决定经销商最终的利润水平，属于节流。费用开支一般包含管理费用、销售费用和财务费用三大类。经销商要加强内部管理，合理使用资源，这主要属于经销商内部的管理问题。

4. **运营效率因素**

周转次数就是经销商的总体运营效率。运营效率的提高除经销商加强内部管理外，还需要厂家的密切配合和支持。与厂家配合好的经销商，自然会得到厂家更多的资源支持，这样会促进销售效率的提升，从而提高销售业绩和经营利润。经销商与厂家工作对接效率的高低将直接决定经销商综合管理效率的高低。比如，经销商主动向厂家提交市场需求计划，厂家就会提前备好库存，按照经销商的要货计划准时发货，这样经销商就能高效满足市场需求，从而提高资金周转率。同时由于快速交货，客户的满意度提升，自然会提高合作关系的稳定性和客户忠诚度。

### （二）经销商的生意本质解析

通过对经销商基本业务的解析可以看出，经销商作为商品流通中重要的一个环节，其核心就两个动作：买和卖。买就是选好行业和品牌厂家，并与厂家建立良好的合作关系，体现经销商对厂家资源的获取能力；卖就是将产品卖给客户，要做到卖给更多的客户，并与客户保持稳定的合作关系，体现的是经销商对市场的分销能力及把控能力。

**1. 本质一：买 = 向上游对接厂家，获取优质厂家资源**

“买”，经销商首先考虑将要进入的行业，并在该行业内选择要合作的生产厂家，这里就涉及“两选”问题，即如何选定行业、选定厂家。其次，在合作的过程中，通过自己内部管理提升及销量增加，成为厂家的核心合作伙伴，与厂家建立起战略合作关系。

那么，经销商的“买”只是一个表象，本质是经销商如何向上游对接厂家的过程，提高运营效率。经销商只有与厂家建立起紧密的合作过程，才能保障业务顺利进行。从经销商的层面来看，主要包括以下，亦是本书在接下来的章节详细阐述的内容。

①经销商如何确定进入的行业。

②经销商如何选择合作的厂家。

③经销商如何主动与厂家对接日常管理。

**2. 本质二：卖 = 向下游服务客户，获取市场资源**

“卖”作为经销商自身运营的关键，主要属于经销商内部运营管理。即扩大销售额、减少费用，要做到持久盈利。

# 三、经销商的生存路径

## （一）经销商的发展历程

改革开放以来，中国逐步从计划经济体制转向市场经济体制，国内经济不断高速发展，商品品种逐步丰富，产能增加，市场从卖方市场向买方市场转型。同时，人们收入水平提高，对消费品的需求差异化和多元化提出了更高的要求。在这种情况下，也促进了商品流通领域的快速变革，专业货物贸易的经销商应运而生。回顾40多年的经销商发展变革，从经销商的发展典型特征方面总体上经历了三个典型阶段。

**1. 倒买倒卖阶段**

改革开放后，下海潮兴起。一部分有商品货源的人看到了市场供给及社会需求之间的差异，这些人开始从生产厂家组织商品，直接卖给有需求的人，从而赚取买卖差价。由于厂家供应的不连续性及社会需求的不断变化，这类人经常变化商品的种类，能组织到什么商品就卖什么商品，或者哪类商品需求量大就寻找这些商品的货源；这时的价差也高，周转也快。这个阶段总体表现为：这类生意人的经商形式不固定、售卖商品品类不固定，完全属于倒买倒卖阶段，投机性较强。

**2. 个体坐商批发阶段**

通过第一阶段的积累，有些人认为这个经销行业能赚钱，或者暂时没有找到其他更好的职业，于是就开始以此为生。随着对市场需求有一定的把握，开始固定售卖的品项，有意识地寻找厂家，成为某个厂家固定的客户。在一个城市区域，经商的人越来越多，就慢慢从点到面，形成了一个个专业的批发贸易市场，特别是在省会城市，专业性的品类批发市场蓬勃发展，参与的人员越来越多，越来越多的商品通过批发市场销往省内乃至全国各地的乡镇和农村。

在这个阶段，这些生意人多以个体户家族经营为主，已经形成了经销商的发展雏形。他们会固定选择几个厂家的产品作为主要售卖的产品，特别是为了抢占畅销产品的货源，他们设法与厂家保持良好的合作关系。这些人也会把握市场需求趋势，不断引进更多有巨大市场需求潜力的产品，逐步丰富经销产品结构，不断扩大规模。这些人在销售环节，多以坐商为主，等待下游客户的上门提货或者电话订单，产品周转速度快。

**3. 经销商的公司化运营转型**

随着零售渠道的快速变革，出现了越来越多的商超、便利店、开架超市等，同时，随着竞争越来越激烈，经销商赖以成功的坐商批发模式越来越难以适应零售终端的运作要求，这些经销商开始组建团队、完善管理模式，并与厂家合作，从坐商到行商，经销商主动出击，开展终端巡访拿订单，做终端陈列和促销，获取市场信息，维护好客情关系。

在这个阶段，经销商除完善内部管理以适应日益变化的零售市场之外，在厂商合作层面，经销商开始主动配合厂家的市场运作，承担越来越多的渠道职能，从最初的物流配送、库存中转等基础职能，到承担或者参与促销推广、信息收集、客情维护、新产品研发等环节的职能，总体上表现出厂商合作关系紧密，各自发挥优势，共同做大品牌。

## （二）从经销商的主要利益相关者看经销商的现实处境

经销商作为一个经营实体法人，与政府工商税务、银行、街道社区、合作厂家、下游客户、消费者、竞品厂家及同行等多个相关者有联系。从生意角度，最直接的相关者主要有：上游合作厂家、下游客户或消费者、同行竞争者、替代品的竞争者，这些利益相关者将直接影响经销商的生意。

**1. 上游合作厂家**

上游合作厂家是经销商赖以发展的基础保障，厂家依靠经销商的资源，快速建立起完善的销售渠道网络，销售规模不断扩大，实力不断增强。但随着市场竞争的不断加剧，生产厂家也在不断调整发展战略以适应市场竞争。

近年来，生产厂家不断摸索市场运作模式，从以前的完全依靠经销商，以生产为主逐步转变为渠道下沉和品牌化运作，生产厂家开启了渠道不断扁平化和终端直控模式。这种情况下，首先给经销商带来的是经销区域的不断缩小，厂家将区域划得更小，而给予单个经销商更高的销售目标，最大限度地提高区域市场占有率。其次，厂家为了直控终端和品牌化运作，与经销商的合作模式也将发生变化，厂家强化市场运作的核心渠道职能，如客户发展、技术支持、品牌推广等，而经销商只承担物流配送、资金周转等非核心渠道职能，弱化经销商的经营能力。同时，生产厂家留给经销商的利润空间不断减少。厂家的这些运作模式环环相扣，不断压缩经销商的生存空间，让经销商左右为难。经销商如没有明确的发展战略和相当的市场运作能力，将会被越缚越紧，直至成为生产厂家的附庸。

**2. 下游客户或消费者**

经销商面临着下游客户越来越高的运作费用和账期要求，下游客户希望经销商能够给予在资金周转上更大的支持，包括低价支持、延长货款结算周期等，这在快速消费品行业尤为突出。大型商超各种名目的费用支出、一拖再拖没有规则的账期及困难重重的回款等成了经销商面临的现实困境。同样，即使进入了各大网上销售平台，也面临着持续的费用推广支出，这些都将成为压垮经销商的重要因素。同时，下游客户对经销商的服务提出了更多的要求，如配送及时、解决售后服务等。

而对于消费者，由于个性化的需求不断增加及消费升级带来的影响，经销商原来赖以发家并畅销的产品将逐渐失去消费者，销量不断下降，严重影响经销商的发展。经销商必须不断研究消费者的变化趋势，寻找更适合现代消费者需求的产品。这样经销商面临的选择产品品类的风险越来越大，给经销商的持续发展带来了不确定性。

**3. 同行竞争者**

由于市场竞争环境的恶劣和消费升级的持续影响，增量市场难以形成，所有的经营者都在存量市场中抢占市场份额。只有那些定位精准、随需而变的经销商才能赢得最终的胜利。而经销商竞争取胜的关键除了自身强化管理外，还需要紧跟有发展前景、善于迎合变化的生产厂家，二者缺一不可。

**4. B2B 电商平台的介入**

以阿里巴巴的零售通和京东的新通路为代表的 B 端电商平台近几年发展迅猛，因对其产生了局部的冲击，已经引起了传统经销商的警觉。B 端电商平台通过信息和技术加资本撬动整个行业的发展。B 端平台利用巨大的交易规模、订单量和网络交易系统，提高了通路的总体效率，厂家、平台商、零售店都得到了相应的实惠。同时，B 端电商平台疯狂圈店，把大量优质的零售门店翻牌控货，深度绑定，强化了对零售店的控制，试图拦截传统经销商。这种模式到底发展如何，现在还看不出前景，但 B 端电商平台会不会干掉传统经销商，也引起了业界的研讨和争论。在这里我们先不做阐述，但经销商一定要对这些行业发展的动态有足够的警觉，适时调整自己的经营策略和应对措施。

### （三）经销商的发展方向

经销商这个商品流通的中间环节，正面临着上游生产厂家的渠道变革及合作模式的不断变化。同时消费者、竞争对手及商业环境的变化，都对经销商的生存和发展提出了很大的挑战。经销商赖以成功的经验可能难以适应当今快速变化的经营环境。经销商需要把握自身生存发展的空间和机会，从大变革中寻找发展机会，并通过准确定位，从商品流通的核心环节考虑，以自身具有的优势资源为依托，自觉规划生存与发展路径，完善管理，打造自身核心竞争力，赢得竞争优势。

通过近 10 年对众多经销商的调研跟踪发现，经销商有以下的生存发展路径。

**1. 品牌专营商**

经销商与生产厂家联合成为战略同盟体，共用资源、共享成果。这类经销商看准一个生产厂家，按照厂家的战略部署要求，接受厂家的管理，专业经营该厂家的产品，成为品牌专营商。在工业品行业这种经销商最多。这类经销商承担了商品流通的大部分职能，如市场信息管理、客户开发与销售业务、技术服务、售后服务管理、品牌推广等，提升了服务客户的效率，有利于销售业绩的提高。

这类经销商一般要接受生产厂家的管理输出，基本上按照厂家的管理标准来开展工作，总体管理比较完善，厂家成为经销商发展的强大后台。同时，生产厂家采取多种多样的利益捆绑计划绑定经销商，比如高额专销奖励、更大的利润空间等，增强渠道的稳定性。但经销商也要承担更高的市场经营目标。厂商为了形成更加紧密的合作关系，这类经销商一般往往有厂家的参股，以便实施厂家的市场战略和管理要求。也有经销商以公司名义或者个人名义参股厂家，除本公司的经营利益外，同时享受生产厂家的经营利益，更加稳固了经销商的长期经营意愿，实现厂商价值一体化的整体目标和双赢局面。

**2. 品类王**

品类王是快速消费品行业经销商的一种可行的发展路径。经销商经过长时间的经营，从原来追求市场流行热品，到逐渐砍掉销量不大、盈利不高的瘦狗类产品品类，或者砍掉与自己经营资源不太匹配的品类等，这样保留下来的都是自己擅长运作的产品，通过多品牌矩阵，逐步成为某一个品类的专业经销商，建立起在区域市场中的特定品类经销商的定位。这也正符合经销商的专一化经营定律。

事实上，“牛奶大王”“调味品大王”等，在各区域市场经常会见到，这种专注于经营某一品类的经销商在快速消费品行业中越来越多，并且取得了很好的经营效益。这类经销商只经营特定品类的产品，只要是本行业内能算得上品牌的厂家，几乎都在他的合作范围内。这类经销商能充分整合和利用资源，形成自己明显的品类特色，能给下游客户提供更全面的产品组合和服务，同时以所经营产品的特性，建立起特色化的运作模式和软硬件资源配套，节省运营成本。从厂商合作来看，这类经销商更能在这一品类行业内形成竞争优势，更能获取更好的、优质的厂家资源，丰富产品结构，减少同行的竞争。

但这类经销商也面临着一些明显的弊端。首先，行业的风险，一旦整体行业出现异常经营状况，将会给经销商带来致命的威胁。比如，2008 年奶粉行业的三聚氰胺事件给奶粉生产经营行业造成的影响，相信很多经销商都有深刻的体会。其次，从厂商合作层面来看，生产厂家开始时利用这类经销商打开区域市场，一旦该品牌得不到经销商的重视之后，可能会扶持其他优秀的渠道资源，这样就对经销商形成竞争威胁。

**3. 渠道王**

经销商在内部管理上，有的已经实施了分渠道运作模式，分别组建各个渠道对应的部门和团队，以便精细化、专业化运作，如专做餐饮渠道、专做商超渠道或专做流通渠道的内部化组织，这样就能将每个渠道做专做透，形成自己的渠道优势。

从厂家的角度来看，厂家为了精耕渠道，开始在一个区域分别寻找最佳的分渠道经销商，最明显的就是高端酒水饮料行业在餐饮渠道的运作，厂家就会倾向选择有专业餐饮渠道运作经验和资源的经销商。这些经销商往往并不是专业的酒水经销商，而是具有很强的餐饮渠道资源网络和运作经验，实现对渠道终端的精耕细作。

因此，有明显细分渠道运作经验的经销商会更加强化自己在本渠道的特色定位，凸显专业性，经销商就会相应地配套软硬件资源以适应该渠道的运作，更有助于在该渠道形成极强的竞争优势和竞争壁垒。这样就可以充分发挥资源优势，提高经营效益。同时，这样的经销商更容易得到想精细化运作市场的品牌经销商的青睐，这样经销商就能得到这些优秀品牌的授权，取得更好的效益。

**4. 工贸一体化**

国内传统的经销商大多数还是普通的流通商，其主要功能定位于仓储和配送两个方面，特别是原来和大品牌合作的快速消费品经销商尤为突出。这些品牌厂家实施渠道精耕和直控终端，加强对渠道的控制力，经销商市场职能弱化，部分厂家更是将经销商定位为搬运工，经销商已经部分失去或者完全失去市场推广和销售职能，只剩下为生产厂家提供基本的仓储和物流配送服务。而更多有想法的经销商，在取得一定的原始积累之后，开启了向上游及下游发展的道路，稳定并巩固自身在市场中的地位。其中，主要以向上游生产领域延伸发展的较多，实现工业和贸易的一体化，建立一个更高的发展平台。

经销商利用自身的优势，准确地把握终端市场，能够针对市场需求生产产品，再通过已有的经销优势销售产品，从而赢得更高的利润水平，就这样通过自创品牌，实现向上游生产领域的发展。经销商要做好自有品牌，应该在进入自有品牌行业前要对市场做充分的分析与调研，精准选择细分品类和目标市场，选择一些差异化品类的产品进行占位，走出特殊化的发展道路。经销商要确定具体的生产模式，一般可以通过贴牌和自行投资建厂两种方式，每种方式都对经销商的资源和能力有不同的要求。

自有品牌的创造，经销商一方面可以丰富自己的产品线，提升对终端市场的掌控力；另一方面也是经销商平衡现有经销品牌厂家的一种手段，一旦自有品牌打造成功，就能摆脱品牌厂家对经销商的束缚，赢得更大的发展空间。自有品牌毛利相对较高，可以提高经销商的利润空间。个别经销商通过自有品牌打造成功，实现了从经销商到品牌厂商的转型。很多经销商也跃跃欲试，在看似有利可图的表面，也有众多的危机和风险。经销商除了具有资金、网络、管理基础外，更是对经销商思维模式的挑战。生产制造、市场研发、品质控制、成本控制、品牌推广等都需要经销商全新建立管理体系。经销商要平衡与原经销的同品类厂家的合作关系，这个时候生产厂家都会有另行寻找经销商的想法，这些都会对经销商的整体经营造成一定的影响。

总体来看，经销商打造自有品牌之路并不是大多数经销商最佳的转型路径，必须合理规划，要谨慎进入。

**【思考】**

作为传统经销商，请根据以上板块内容的阐述，写出你的现状及未来转型的想法。

**表 1-1　经销商发展趋势调查表**

| |
|---|
| 一、你属于哪种类型的经销商 |
| |
| 二、你当前处于什么样的市场环境 |
| |
| 三、你对未来转型发展的设想 |
| 1. 转型方向　□ 品牌专营商　□ 渠道王　□ 品类王　□ 工贸一体化 |
| 2. 目前有哪些资源和能力 |
| 3. 还需要做哪些准备 |

# 第二章

# 厂商各自的期望——洞察合作核心

**【本章导读】**

经销商的发展离不开厂家的支持和配合，同样，厂家的发展壮大也离不开经销商的付出，这就形成了最基本的利益共同体。即使在互相依存的合作过程中，由于生产厂家和经销商都是独立的经济个体，都要追求自身利益的最大化，减少风险，扩大收益。站在各自的立场上，厂商双方都对合作的另一方抱有很大的期望，认为另一方应该按照自己的意图来开展工作，成为自己心目中的样子。期望和事实存在差距和不同点，但厂商的合作依然存在，那么，双方只能探寻厂商合作的核心和本质，求同存异，寻求平衡，才能达成更好的合作。

## 一、厂商各自的期望

生产厂家和经销商分别是独立的经济个体，都有着不同的发展模式和利益诉求，每个厂商都希望按照自己利益最大化的方式来合作，从各自的角度来看都是合理的。但几乎没有任何一项内容能同时使得双方满意的，那怎么办呢？合作还是要继续，厂商双方应尽可能调整各自的行为，以接近或者达到对方的期望。一旦双方的发展模式和利益诉求点有不一致的情况发生就会产生矛盾，如果不能得到妥善解决，长此以往就会越积越多，最终会影响厂商之间的正常合作关系。这些矛盾的发生，必然会影响厂商双方的经营策略和行为，直至厂商双方找到一个双方利益的平衡点，但这个平衡点也是相对的，并没有绝对的平衡。那么，我们先看看各自对另一方的期望是什么，也许会反观自己，从而调整自己的经营策略和处事方式。

因此，厂商双方都要从对方的角度来考虑问题，看一看对方需要什么、在想什么。只有真正弄懂对方的关注点，才能理清双方共同的沟通背景。

### （一）生产厂家对经销商的期望

在厂商关系中，生产厂家相对强势，不论是规模还是管理水平，生产厂家都高于经销商。那么，生产厂家自然会提高对经销商的要求，处于高高在上的地位。生产厂家往往对经销商有更多的期望，有的还是强制要求。

### （二）要求经销商专营，成为厂家的品牌专营商

生产厂家为了最大限度地利用优质渠道资源快速拓展市场，在洽谈合作时，厂家就将专销作为前提条件，要求经销商专营。这样的专营要求，在建材家居等行业较为普遍，这些行业的经营需要有店铺资源和专业的团队。就是在多品牌经营快速消费品行业中，生产厂家也一般要求经销商不得经营同品类其他厂家的产品，或者要求经销商将本品牌作为主导品牌来运作。

#### 1. 生产厂家希望经销商多承担目标，少给其资源

生产厂家每年要制定业绩增长目标，自然会要求经销商多承担目标。事实上，每年签订合同时，厂家人员强压目标，并以取消经销资格或者不给予应得的利益要挟经销商。同时，尽量压缩对经销商的资源支持，想让马儿跑，又想马儿不吃草，经销商苦不堪言。

#### 2. 要求经销商投入主要资源配合厂家的市场战略实施

除要求经销商专营外，生产厂家更是从高层到基层管理人员都对经销商提出正式或非正式的要求，主要是要求经销商配备专门的资源从事品牌推广和销售工作。比如，要求经销商配备专门的销售人员开展工作，配备专车、专用的仓库等。特别是厂商刚开始合作时，在快速消费品行业一般是组成铺货突击队，集中时间、人员和车辆等资源开展突击性销售推广，这些操作也的确取得了一定的销售业绩，提升了厂商双方的信心。

而在正常合作时，生产厂家人员更是依靠和经销商长期合作形成的良好关系，要求经销商多打款、多压货、多投入促销资源等，都是对经销商的现实要求。生产厂家投入资源运作市场，要求经销商也投入相应的资源共同运作市场。

事实上，当经销商和生产厂家初期合作或者该厂家的产品在经销商总体营业额中的占比过低，经销商不可能投入太多的资源和精力，都是等着厂家来主导投入。

#### 3. 要求经销商执行生产厂家的管理输出

生产厂家为强化对经销商的控制和管理，要求经销商必须按照厂家的管理规划开展工作。比如，要求经销商要设置相应的部门和人员，以便对接厂家的各项管理工作。生产厂家要求经销商接入厂家的 CRM 客户管理系统，在客户

开发方式上要按照厂家制定的规范和步骤开展，并要求提供定期的报表和信息，这样就将经销商的总体客户开发和管理工作纳入了生产厂家的总体管理体制，更强化了对经销商的管理。

**4. 生产厂家希望经销商有长期的眼光**

生产厂家大多有长线经营意识，重视品牌运作，有长期投资的经营意识，着眼于未来。而经销商大多追求每笔业务的盈利，轻投资，重回报，看短期，不看长远。因此，生产厂家要求经销商也要紧跟厂家一起发展，对经销商进行理念引导，希望经销商将经销看作长远的事业，提升境界和格局；希望经销商制定明确的目标和执行计划，加大资源投入，进行品牌化运作。

### （三）经销商对生产厂家的期望

生产厂家对经销商有期望，有些是经销商能够做到的，但有些是经销商基于自己的利益无法做到的。同样，经销商对生产厂家也有期望。

**1. 经销商希望厂家给予更大的授权区域**

作为经销商，都想尽可能扩大自己的地盘，跑马圈地。因此，经销商就想尽办法让厂家将更多的区域或者渠道类别划为自己的经营范围，先占着再说，不管自己是否有相应的能力和资源。

**2. 经销商希望厂家给予最低价**

经销商为了获取更大的利润，要求厂家给予最低价，不想得到厂家承诺的年底销售返利或者奖金等，让厂家根本无法接受。在快速消费品行业，生产厂家经常采取搭赠订货或者累计返现等形式鼓励经销商多订货，但有些经销商为了及时套现，就要求厂家直接折算成最低价格。

**3. 经销商希望厂家给予促销资源支持**

生产厂家为了推广品牌，支持经销商开发市场，每年都会根据发展情况投放促销资源，但往往都是“会叫的孩子有奶吃”。经销商想尽办法争取更多的资源支持，这无可厚非，但经销商一定要拿出具体的促销资源使用计划，将好钢用在刀刃上，做出成效，这才能使厂家投入促销资源。

**4. 经销商希望厂家给予人员支持**

经销商为了减少自己的成本，让厂家配置更多的人员为自己所用。比如，在快速消费品行业，经销商要求厂家派驻业务人员或者给予促销人员补贴，让这些人员来开展具体的工作。在工业品行业，经销商让厂家长期派驻技术人员一起开发客户，而不愿意自己配置相应的人员。

**5. 经销商希望厂家提供全面的支持和帮扶**

在厂商合作初期，由于经销商对产品或者行业不了解，就迫切需要生产厂家的专业化支持，如市场策略、产品规划、渠道规划、费用规划、推广方案等。经销商的这个需求在当前竞争更加激烈的市场环境下显得尤为重要。但有些生产厂家对此的确没有成熟的一揽子支持方案，只能依靠经销商自己摸索，或者根据以往的经验操作市场，自然也难以取得很好的效果。

## 二、厂商合作的核心

厂商合作中即使存在很多不能达到对方期望的方面，但厂商合作还要继续，双方之间发生的冲突点就形成了管理改善的机会点，这样厂商合作关系才能不断精进，厂商双方也才都能得到发展。同时，厂商合作根本上是双方优势资源的集合及渠道职能的高效分工。这综合起来就形成了厂商合作的核心。只有这样，才能打造品牌在区域市场的全面竞争优势。

### （一）认识厂商合作

**1. 双方优势资源的集合重组**

厂商合力经营区域市场，是互相配合和支持的，需要集合双方的优势资源实现互补，其核心是双方商业模式和经营理念的对接。事实上，无论是厂商合作之前的双方考察洽谈还是在合作过程中实际工作的开展，也基本是按照这个逻辑进行的。在合作洽谈阶段，不同发展模式的厂家有自己的优势资源，也有自己的短板，这个短板就是生产厂家想要寻找的经销商要具有的资源。同样，具有某些优势资源的经销商，也正要寻找需要这些优势资源的生产厂家与之开展合作，争取获得他们的经销商资格。这样就能很好地促成厂商合作关系的建立，实现了生产厂家和经销商优势资源的互补集合、重组，提高了资源的利用效率。在正常的厂商合作工作开展过程中，这种厂商各自优势资源重组配置后形成了更强大的效用，保障了品牌在区域市场销售工作的顺利开展。

因此，经销商在选择生产厂家合作，以及在正常的合作业务过程中，要注重的是自身优势的建立及强化，将某项优势能力或资源做到在本区域市场最强，这样就能对生产厂家产生足够的吸引力，就容易与生产厂家达成合作关系。同时，经销商也能利用自身的优势做好市场销售工作。

### 2. 渠道职能的高效分工

厂商双方优势资源的集合重组发挥效用，具体体现在渠道职能的分工上，只有双方依据资源情况形成的高效且合理的渠道职能分工才能保障各项市场销售工作的顺利开展，进而取得各自应得的经营收益。厂商在渠道业务链中主要有市场规划、客户拓展、物流配送、货款促销推广、售后服务、客情维护等具体工作。那么，厂商双方就要根据自身资源，确定在渠道业务链的各个环节中分别承担什么功能以及是如何承担的。

厂商之间形成的这种渠道职能分工并不是厂商合作初始就能立即明确的，而是双方在合作中逐步磨合尝试而成。从最初的双方协商到制度明确化，是一个从自发到自觉的发展过程。同时，这种渠道职能分工并不是一成不变的，需要根据市场环境的变化及厂商双方的经营战略调整而改变。但无论何种改变，都是为了区域市场营销工作的高效开展。

因此，经销商要充分利用自身的资源优势，承担渠道业务链的某项具体工作，并将此工作做到极致化，这才是经销商自身的核心竞争力。

### 3. 合作过程的冲突管理

厂商双方合作过程中不可避免地会产生矛盾和冲突，这种冲突的产生是由于厂商双方资源能力博弈和市场环境变化而引起的，不可能因为产生了冲突就终止合作关系，也不可能任由冲突一直存在下去。到底如何解决呢？一般有两种解决途径：其一，参照厂商之间的相关管理制度解决；其二，对于管理制度未能涵盖的新问题一般采取协商的方式解决。只有有效化解双方的合作冲突，才能使得合作关系长久。一旦产生了双方不可协调的冲突，或者冲突长时间无法达成一致的解决办法，就会影响双方的合作。

厂商合作冲突的有效解决取决于制度的完善建立，更取决于厂商双方的格局和眼光。那些具有长远发展眼光，并具有合作意识的厂商更容易达成共识，着眼于长远利益，不计较眼前得失。正是由于合作冲突的产生，双方才能发现工作的改善点和调整机会，才能建立起更加完善的管理体系，有利于双方的利益。

### （二）经销商首先要做好自己的本职工作：打铁还需自身硬

从经销商的角度来看，要想在厂商合作中具有主动权，就要练好自己的内功，让自己变得更强大，更有话语权和选择权。那么，经销商如何才能做到打铁还需自身硬呢？

#### 1. 做好自己的经营定位

对经销商来说，做好自己的经营定位就是要准确选择进入的行业，并找到符合自身发展需求的生产厂家合作。我们将在后续的章节详细阐述经销商选择行业和选择厂家的具体方法和工具。

#### 2. 做好自己的本职工作

厂商合作的过程就是各自凭借自身的优势承担渠道职能分工，共同创造价值的过程。针对经销商来说，做好自己的本职工作就是要承担在合作中承担的具体渠道分工，要做好本职工作就要掌握如何做好本职工作的要领。经销商要投入经营所需要的硬件资源和软件资源，保障正常工作的顺利开展。

管理优秀的厂家会带动经销商的同步发展，同样的市场环境变化引起的厂商管理问题也倒逼厂家提升管理水平。经销商要在这个过程中，除了按照厂家的管理制度执行外，更要变被动为主动，在与厂家日常对接中创造性地开展相关工作，将工作做得更好、更细致，提高双方的工作对接效率。

在本书的第三篇将系统地阐述经销商对接厂家工作的具体思路和方法，这是本书的重点章节。

#### 3. 尊重和信任生产厂家

相互尊重和信任不仅是人际交往的前提，也是厂商合作中要遵循的基本道理。在厂商合作中，毕竟所有的事情都需要具体的岗位人员参与完成，对生产厂家总体的认可是由对一个个岗位人员的信任构成的。经销商的员工只有保持对生产厂家人员足够的信任和尊重，才能为顺利开展工作营造融洽的氛围，才能为合作提供坚实的基础。

经销商对生产厂家的信任和尊重，不是一句无法落地的空洞话语。这不仅体现在日常的沟通态度和语言上，更重要的是在日常工作中本着共同的区域市场发展目标，开诚布公地提出自己的想法和建议，这才是正确的工作方式。在本书中，我们会系统阐述很多利他的工作思维和具体工作方法，这些都是为了践行经销商信任厂家的合作理念。

**4. 紧跟生产厂家的发展步伐**

生产厂家不断发展的过程，更需要经销商的支持和配合，坚决贯彻执行厂家的战略布局和市场策略。厂家发展的每个阶段都对经销商有相应的要求，需要借力经销商某一方面的资源优势，经销商必须适时调整自己的经营行为，以适应生产厂家的发展要求，这样才能跟得上生产厂家的发展步伐，实现共同发展。事实上，很多经销商每隔一段时间就会淘汰经销商，不排除这些经销商是生产厂家目前的重点经销商，但他们无法适应生产厂家发展阶段的要求，又不愿意改变，这样厂家就不得不痛下重手，采取淘汰经销商的举措。只有这样，生产厂家才能实施新的市场战略，有利于市场的良性发展。

生产厂家根据发展阶段的不同需求而淘汰无法跟上发展步伐的经销商既是自身发展的需要，也是市场发展的基本规律。作为经销商，唯一能做的就是要顺应发展潮流，适时调整自身的经营策略，不断发展壮大自己，增强自身的核心竞争力。只有这样，才能成为生产厂家的渠道典范。事实上，有长远发展眼光的生产厂家是经销商的良师益友，是经销商生存和发展的重要资源。这些优秀厂家不仅仅是依赖经销商的资源和能力，更愿意协助和辅导经销商，提升经销商的经营管理能力，从而让经销商更能做好品牌的市场销售工作，以真正实现厂商合力，打造区域市场竞争力。

**【思考】**

作为经销商或厂家人员，对另一方有哪些期望和要求？这些期望和要求合理吗？对方能达到吗？如果达不到，自己该做哪些适应性调整呢？请根据以上板块内容的阐述，写出你的想法。如表 2－1 所示。

**表 2－1　厂商发展期望表**

你当时的角色：厂家□　　经销商□

| 序号 | 期望点 | 对方的现实做法 | 自身在本期望点做了哪些工作 |
|---|---|---|---|
| | | | |
| | | | |
| | | | |
| | | | |
| | | | |

# 经营篇

【本篇导读】

经销商从个体化到公司化运营，作为一个参与市场竞争的经营实体，经销商发展的第一步就是要选择将要进入的行业并选择可以长期合作的品牌厂家，确立基本的经营方向。本篇将从三个方面系统地阐述经销商确定基本经营方向的步骤和工具、方法，提升经销商的整体经营能力。

第一，选行业。

能否准确选择行业直接决定经销商的发展成败。特别是跨入一个新的行业，对经销商来说尤为重要，看准了就能大发展，否则将会亏损。选择比努力更重要，经销商选择行业除了凭借商业直觉外，还要建立起科学的方法予以分析验证，提高选择行业的正确性。

第二，选厂家。

如何选择将要合作的具体厂家，经销商可能有不同的经验和教训，是经销商发展中积累的巨大财富。有的经销商有经商头脑，稍加观察就能选择确定；但商业环境快速变化，新厂家不断加入，对经销商准确选择品牌生产厂家提出了更大的挑战，经销商要依靠经验，更要有系统的方法和工具予以辅助决策。只有这样，才能选择适合自己的厂家。

第三，谈合同。

合同就是厂商双方合作理念和发展方向的预演，是将双方经营意图落地的书面文件。在合同谈判过程中，需要厂商之间对区域市场未来的经营做出推演和预判。所以，经销商更要熟悉掌握合同确定之前要做的具体工作及方法，确定更适合双方利益的合同。

# 第三章

# 选对行业及品牌——让理念从源头落地

**【本章导读】**

“选对了方向就选对了未来”，这是我经常向经销商灌输的基本经营思想。在经商的过程中，首先要选定符合市场发展趋势的行业品类，这些品类或者当下已经是成熟市场，不需要市场教育，而且有足够的市场容量；或者这些品类市场刚刚起步，市场还不够成熟，但绝对代表未来市场发展趋势和方向，经过一段时间的培育和运作，一定能形成一股市场流行潮流。其次，选定了行业和品类之后，接下来就是选择具体的合作品牌厂家，同是一个品类，厂家不同，也会造就不同的经营结果。因此，经销商在明确经营定位之后，要同时考虑进入的细分行业品类及选择具体的合作厂家这两个核心问题，从而保证从源头上承接企业定位，为持续稳定经营打下良好的基础。

事实上，相对于现在对厂家如何选择经销商的理论研究和实战方法，对经销商如何选择行业及厂家可供参考的理论和方法几乎没有，经销商大多凭自己的直觉、从众、经验、阅历、胆略来选择自己将要进入的行业，可谓存在着很大的风险。这种知识不对称现象不仅对经销商不利，对厂家也不利：经销商不会挑选合适的厂家，也意味着厂家挑选不到合适的经销商。本章将从经商的原点出发，讲解经销商为何要进入新的行业，并给予一套科学的方法体系，以协助经销商看准行业、找对厂家。

# 一、选择比努力更重要

## （一）案例：经销商张老板满腔热情的首次创业之辛酸历程

2015 年，张老板还在东南沿海一家生产电机产品的厂家打工，从事销售工作，负责北方片区。自认为已经了解了产品知识，掌握了一定的客户资源后，张老板谋划着自己创业。于是，他凭借着在行业内多年的人脉资源，找到了一家小电机厂家，取得了某个省份的经销权，就开始了紧锣密鼓的筹备工作。在省会城市的机电批发市场租好门面和仓库，注册公司、备货等都有条不紊地进行着，梦想着自己成功的样子。

张老板天生是个业务猛将，有很强的业务开发能力，再加上有一定的客户资源，业务开发起来并不费力。张老板经销的产品价格比原来老东家的低了不少，的确具有竞争力，一些注重价格的设备厂家开始与张老板建立了合作关系。但好景不长，出现的一系列麻烦让张老板措手不及。

第一，产品质量出现问题。其中一家设备厂开始和张老板合作后，连续出现质量问题。产品使用过程中噪音大、发热严重，客户已经严重不满，要求退货，并追究因为售后服务而产生的损失。好在得到了厂家技术人员的支持，张老板邀请到厂家技术员现场查看了解，认为选型不当，又帮客户重新选型才得以化解这场质量风波。

第二，订货产品经常出现差错。厂家定制的非标产品，由于技术审核不严格，导致经常发生差错，没有按照约定的技术标准生产，导致客户无法使用，而厂家又推卸责任，不愿意退货，并提出要收取改装费用，给张老板带来了不小的经济损失，也延误了对客户的交货期。

第三，竞争对手开始低价抢夺客户，大打价格战。张老板的低价产品抢走了原来其他品牌产品的业务，市场上产品价格总是“没有最低，只有更低”，原有品牌的供货商开始以更低价维系业务，导致张老板不得不降低价格维持合作，大打价格战，最终搞得两败俱伤，哪家也没有利润。

第四，厂家跳过张老板，直接与客户合作。张老板在和有些使用量大的客户谈判时，由于价格问题迟迟不能进入。客户就直接向厂家询价，由于张老板没有向厂家报备客户，厂家也没授予张老板区域独家经销权，厂家业务人员直接报了低价开始合作，等张老板发现后向厂家抱怨，但无济于事，没有得到厂家的任何解决方法，张老板辛辛苦苦开展市场推广，而让厂家顺手摘取了果实。

不单单是这些问题，货期不稳定、延迟交货都给市场持续经营带来了不稳定的因素，张老板不得不经常去厂里催货，但还是无法按照约定的时间发货，导致客户抱怨。更严重的是，从 2016 年开始，由于环保风暴的影响，各种原材料价格大幅上涨，厂家价格一年之内就提价 3 次，并且幅度很大，而相应地提高客户售价却难度很大，严重地降低了经营利润。

经过一年的运作，张老板筋疲力尽，感觉彻底失去了方向，做生意该遇到的问题一个不少，不该发生的问题也发生了。首先，客户关系肯定是越来越差，客户逐渐不信任张老板了；其次，从厂商关系来看，技术支持、订货、发货、对账、回款、质量售后处理等业务环节都没有理顺，张老板和厂家互相抱怨；最后，从财务角度核算下来，处于亏损状态。

张老板很困惑，是当初选择错了还是由于自己能力不足呢？

## （二）经销商对经营选择的困惑

俗语云："男怕入错行，女怕嫁错郎。"对于经销商来说，选择比努力更重要。各地一些成功的经销商，在很大程度上就是看准了行业的发展趋势，在发展过程中抓住了能够引领市场的产品，并得到了厂家的正确引导和资源支持，从源头就注定了成功，将市场做得风生水起，成为当地知名的品牌经销商。

还有一部分经销商就没有那么幸运了，当初在厂家人员的激情鼓励下，筹措资金，开设门店，满仓进货，憧憬着发大财的美好生活。当真正开始做市场推广时才发现，原先认为独特的产品在市场上遍地都是类似的产品，不得不促销甩货，但还无力扭转滞销的局面。而当初承诺"有任何问题就找我"的厂家人员也不出现了，调换货无门，代垫的市场推广费用无法兑现，经销商不得不含泪关门歇业。

类似的经营场景相信每位经销商都听说过或者见到过乃至曾经经历过。是经销商错了吗？是厂家不负责任吗？一切都已过去，损失最大的就是经销商，而留给经销商的最大收获就是其中的教训和经验。除了经销商自身的运营能力有高低差异外，经销商选择品类及品牌厂家的不同，也决定了经销商的经营成败。

近几年，各行各业产品推陈出新的速度越来越快，以满足不断变化的消费者购买需求和各级渠道成员的经营需求，总体上已经处于绝对的供过于求阶段。作为经销商，面对众多的产品及品牌，如何选择适合自己市场竞争状况和自身经营需求的产品及品牌厂家成为困扰经销商经营的一大核心问题。

总结起来，经销商在选择品类及品牌时，主要存在以下四大困惑。

### 1. 增加经营品类或品牌的真正目的是什么

经销商的发展壮大，往往伴随着经营业绩的增加、经营品类及品牌的增加、区域的扩张、人员的增加等。但很多经销商自始至终没有搞明白何为生意的本质？作为经销商，都知道首要的目的就是盈利，但如果不明白经营的本质而盲目扩张，就无法实现既定的目的。更严重的是，很多经销商缺乏清晰的长远发展规划和经营理念，随着不断地扩张，将慢慢失去经营方向，陷入发展困境。

在经销商群体中，经销商增加品类和品牌的观念与出发点从表象上各不相同，主要有以下三种类型。

第一，攀比型。这类经销商认为，自己目前经营的行业规模太小了，而隔壁的赵老板经营的是大行业产品，看着其他人日进斗金，自己并不比赵老板差，为何不能进入？这山望着那山高，盲目攀比，想尽办法进入一个新的行业。

第二，资源利用最大化型。这类经销商认为，自己有某些方面的资源，如自己有很完善的渠道网络和客户资源，客户也需要其他品类的货，为何不能找这些品类的厂家也一并向客户顺带卖货呢？或者从内部看，自己现在经营的品类有很明显的淡旺季，就想增加淡季旺销的产品来平衡经营。这样就稀里糊涂地进入了一个不熟悉的行业品类。

第三，市场通吃型。还有的经销商认为，自己现在卖高端的产品，而有的客户需要低端的产品，这样就失去了一个市场，为何不能也经销一个低端的品牌，这样就把这个区域市场的这类产品所有需求层级的客户都搞定了，垄断了整个市场。

而以上三种经销商经营心态，也对应着增加品类或品牌的不同的选择方式和方法。同时，还需要从外部市场和内部现状两个方面来具体分析，才能真正成功引入新的品类和品牌。

**2. 选择熟悉的行业还是陌生的行业**

诚然，很多经销商不管是最早起步还是后续经营中，都喜欢进入自己熟悉的行业。事实上也的确如此，经销商现在经营的行业都或多或少地与该行业有着某种联系，如自己原来在该行业的厂家做过，或者在该行业其他经销公司服务过，或者自己的亲属或朋友也在干这行，这些或紧或松的关联，都表明自己或多或少地熟悉这个行业，有一定的资源和经验可以利用，从心理上就感觉比较踏实，也就是我们通常说的“懂行”。这样会给实际运作带来很多便利。

也有的经销商认为，熟悉的行业固然有很多资源可以利用，但对于某些行业，经销商看透了行业的一些潜规则再也不愿意重新进入。还有些经销商知道一些行业竞争激烈，三角债盛行，经营非常艰难等。当经销商有机会再次进入这些曾经熟悉的行业时，也多半不会再进入该行业，而是选择其他行业。事实上，随着需求的快速变化，行业细分和品类创新也越来越快，经销商的选择余地也越来越大。对经销商来说，相对陌生的新行业，从市场角度会逐步培育发展；从运作策略来看，可以借鉴其他行业成功的经验，也会带来更大的运作动力和收获。

从经销的市场出发点来看，决定我们进入行业的首要因素是“该行业在该区域有多大的市场规模和潜力”，或者是将要进入的行业产品是否是区域客户需要的，能否满足客户的需求。只要消费者有未被满足的需求，经销商就可以在该区域引入这个行业，而不论受制于自己是否熟悉这个行业而定。

**3. 如何分析一个具体的行业**

当前，让经销商这个群体的从业人员来具体分析一个行业是否值得进入是一件相当困难的事情。在与一些经销商的沟通中，经销商也常问“现在××行业怎么样，赚不赚钱”之类的问题，的确真的难以具体回答，特别是对一些刚刚兴起的行业更是难以决策，而往往成功者都是敢吃螃蟹的人。比如，在农村乡镇市场10年前推广太阳能热水器产品，5年前推广净水器产品，都是第一批经销商取得了成功。如果你问这些经销商当初是如何分析的，可能他们无法具体回答，但有一点他们或许会说“城里人早就用上这些了，农村人有钱了肯定也要用，享受好生活，只是时间早晚而已”等，多么朴实简单的话，道出了这些经销商进入行业时真实的分析判断过程。

事实上，经销商在选择进入新行业时，一定要多看多走，多了解市场信息，有调查才有发言权。如果对某个行业产品有大概的意向之后，就可以查询网络信息，多参加行业的展会去了解；也可以到一些邻近市场实地考察一下。这些都是非常实效的分析方法。如果当地已经销售了该类行业的产品，就要多了解具体的经营档次、针对的客户群体等。

**4. 如何选择一个厂家**

到底该选择什么类型的品牌厂家合作，需要根据每个经销商的具体情况而定，没有统一的标准，但有一些基本的规律可循。规模小的经销商，渠道网络、运营经验和资金实力、团队等都相对较弱，但有创业激情和执行力，就想找大品牌厂家合作，得到更多的资源支持便于开展市场运营工作，而大品牌厂家正好有较强的市场推广能力。而对大经销商来说，公司运营已经走上正轨，想利用自己的各项资源优势，需要找一些毛利高的小厂家品牌操作，同时一些小品牌厂家由于缺少资源，也正需要这样的大经销商来全盘操作市场，快速进入市场。

这就是我们常说的“大企业找小经销商，小企业找大经销商”，各行各业厂家基本都有这样的心态。反过来，经销商也有自己的看法，“看不起小企业，受不了大企业”，这也是很多经销商选择厂家的主要心理。很多从事快速消费品行业的经销商都知道，大品牌不赚钱，只能带货，并且压货严重，经销商只是纯粹的搬运工，承担着仓库物流功能，毫无地位和话语权，这些公司将不再是经销商选择品牌厂家的核心考虑要素。而对小品牌厂家，经销商挑三拣四，利用小品牌厂家急于抢占市场的心理，想尽办法争取更多的合作支持政策。

适合的才是最好的。经销商的成功，很大程度上取决于选择了一个适合经销商发展需要的厂家。优秀的厂家能够带领经销商一起成长，做大市场，获得财富。厂商能够互相成就，各自发挥好自身的优势，形成紧密的利益共同体和荣誉共同体。

## 二、经销商进入新行业的动因

企业发展由弱小变强大的过程，一方面是原有行业经营持续稳定；另一方面是不断地进入新的行业，找到新的业绩增长点。一个企业进入一个新的行业，一般都会经过缜密的规划，根据自身的资源和优势、行业发展潜力进行充分的调研和论证，才能制定出正确的经营战略。

对于经销商来说，在经营的过程中也许会面临一些新行业发展的诱惑或者由于自身经营需要也在考虑进入新行业。但首先要考虑为什么要进入新行业或品类市场，是什么动因促使自己进入新行业。只有真正看清自己，才能很好地决策。

### （一）经销商进入新行业的三大动因

事物的发展由内因和外因决定。同样，经销商的发展也由内因和外因共同决定。当经销商发展到一定程度，就必然面临着持续、稳定经营的现实考虑。当现在的主营行业出现了不好的市场状况，就要考虑转行以保持公司的正常经营；当公司已经具备了优势的竞争资源时，也会考虑进入新的行业，使得资源效率最大化。

通过对多个经销商发展的历程分析，经销商进入新行业一般有三大动因。

**1. 充分利用公司的现有资源，为了更多地占领市场和开拓新市场，寻求规模最大化**

经销商的发展壮大，必然积累了一定的内部资源。比如，通过多年的培养，已经成长出多位能战善战的业务经理；在销售网络和客户层面，与下游各客户形成了密切良好的关系，客情关系稳定；在合作厂家层面，已经成为合作厂家的优秀代表，厂商关系稳定；在公司资金实力层面，已经有稳定充裕的现金流保证公司运营等。这些已经形成的人、财、物内部资源都是保证公司发展壮大的坚实基础。同时，也是经销商开拓新行业的基础保障条件。

第一，充分利用客户资源。

在工业品零配件领域，多种零配件的配套使用才能组成一个完整的使用功能，如电机 + 减速机 + 变频器组成常规的机电一体化产品，这样才能满足设备的基本功能。从事减速机产品经销商的王老板凭借经销一家国内知名品牌的减速机产品，积累了一定的客户资源。王老板发现客户同时采购其他品牌的电机、变频器、链轮、齿条、链条等配套产品，而自己也有一定的资金和精力，完全可以为客户提供这类产品。王老板就打算经销一家品牌的电机，这样就能满足客户的整体采购需求，提供一站式服务，提高了客户的满意度和忠诚度。王老板正是基于充分利用客户资源，按照满足客户机电产品一站式配套采购的需求而组合产品，形成合理的经销产品结构，从而提高市场竞争力。

同样在快速消费品领域，经销方便面产品的张老板也有烦恼，该类产品有典型的淡旺季销售周期。每年的夏季是方便面类产品的传统淡季，销量出现了明显的下滑，而公司经营固定费用一点没有减少，员工不能辞退，车辆照样需要折旧，而且每天还需要送货、跑市场，仓库租金、门面租金也一分都不能少。最令人揪心的是，早上一车货出门，下午经常是半车货回来，汽油消耗不说，员工还要考虑高温费。通过走访终端客户及同行经销商考察学习，张老板果断地找到一家矿泉水和茶类饮料的品牌厂家，取得了所在市场的经销权，这样就在方便面销售淡季期间，有饮料品类实现了互补，从而实现稳定经营，不因淡旺季而产生损失。

第二，充分利用团队资源。

团队的成长是企业发展壮大的重要保证。按照传统的战略管理思想来说，总是按照“定战略、搭班子、带队伍”的逻辑展开事业布局和规划。但在现实的企业经营中，往往是“先人后事”，正是因为有这个人，才有布局这个新行业的战略。公司如果没有合适的事业领头人，再好的战略也难以落地实现。很多企业新行业的拓展就因为有了一个优秀的带头人，才得以顺利推进。

作为经销商，当团队成长起来后，现有的平台无法充分容纳这些优秀的人才以后，经销商往往会考虑经营机制的创新，为团队成员开创一片新的天地。在当前经营机制创新的时代，经营机制为团队的不断裂变提供了很多可以借鉴的方式。品牌负责制、阿米巴经营、承包机制、合伙人机制、分公司制等形式的思想和方法得以落地，充分地调动了人员的积极性，发挥了团队的最佳效能。如果没有产品平台，经销商往往会考虑进入现有不同品类的行业，寻找经销机会，为团队的成长提供更多的产品平台保障。

第三，充分利用供应商资源。

现合作的厂家进入新的行业，经销商往往也会跟进取得经销商资格。一是因为经销商与厂家合作关系稳定，双方能够足够信任；二是经销商有能力和资源来从事新行业的运营，对双方都是有利的。当然，在现实经营中，有些厂家针对新行业品类的招商，重新寻找新的经销商，按照品类区分经销权，最大化地抢占区域市场的优质经销商资源，以促进品牌推广。

因此，经销商必须不断提高自身的经营能力，将目前经销的品牌在当地做成同类产品的第一品牌，同时也要注重自身品牌和信誉建设，成为区域市场的优质渠道商，这样才能成为品牌厂家的首选经销商。

**2. 优化资源配置，寻求效益最大化**

很多经销商只是抱怨做生意很累、不赚钱，但对为什么不赚钱，怎样才能赚钱，普遍缺乏思考和分析，都是跟着感觉走。在商品经济不发达、信息不发达的年代，敢于闯荡，他们还能赚钱，但在信息社会，如果不具备基本的财务分析能力就不能清楚自己的经营结构和资源配置效率。其中，分析经营品类的毛利贡献和结构就是基础性工作。很多经销商，如果问他们每种产品的毛利是多少，他们往往还能回答，问他们每天的经营成本和费用具体是多少元，常常答不上来。再问他们每天保本点是多少，也就是每天的销售额多少才能不亏损，更是茫然。这样很容易出现盲目经营、惯性销售的现象，既不知道卖什么品牌赚钱，也不知道哪些品牌亏钱，简直是一本糊涂账。

在既定的资源配置条件下，如何最大化地利用资源是企业经营首要考虑的问题。对于经销商来说，每年都要分析具体的经营情况，砍掉哪些、维持哪些、增加哪些行业品类。因此，就会有进入新行业、引入新品牌的考虑，将人财物资源尽可能投向高回报的行业才能保证企业的稳定发展，寻求效益最大化。

**3. 调整经营方向，寻求新的业务增长点，规避经营风险**

行业发展都有一定的周期性。当一个行业逐步没落时，经销商就要尽快调整经营方向，寻找其他成长性行业的进入机会，这就是我们常说的“二次创业”，以规避经营单一业务的风险。在这个时期，对于经销商来说，就是一个重新定位的过程，往往表现为进入了一个新的行业。

## （二）经销商进入新行业的两大方向

行业分类，是指从事国民经济中同性质的生产或其他经济社会的经营单位或者个体的组织结构体系的详细划分。国民经济行业分类用国民经济行业分类与代码（GB/4754－2011）表示：A. 农、林、牧、渔业；B. 采矿业；C. 制造业；D. 电力、热力、燃气及水生产和供应业；E. 建筑业；F. 批发和零售业；G. 交通运输、仓储和邮政业；H. 住宿和餐饮业；I. 信息传输、软件和信息技术服务业；J. 金融业；K. 房地产业；L. 租赁和商务服务业；M. 科学研究和技术服务业；N. 水利、环境和公共设施管理业；O. 居民服务、修理和其他服务业；P. 教育；Q. 卫生和社会工作；R. 文化、体育和娱乐业；S. 公共管理、社会保障和社会组织；T. 国际组织。

对经销商来讲，这个分类方法有点宽泛，不够具体。从狭义上看，经销商一般按照细分行业进行分类，在快速消费品领域，如我们经常见到的主要经营糖果类产品经销商、饼干类产品经销商、牛奶类产品经销商、奶粉类产品经销商等，可能同时还经营其他相关品类产品。同样在建材领域，有主营室内装修瓷砖、木地板、厨卫家电、卫生洁具、灯具灯饰、涂料油漆、壁纸等不同类别产品的经销商，我们可以将此理解为不同的行业或品类。

总体来说，经销商进入行业无外乎熟悉的、陌生的两种情形，就是前面提到的经销商面临的困惑之一。生意场上有句老话：“隔行如隔山。”讲的是每个行业经营都有很大的不同特性，表现为在原材料、技术水平、工艺水平、资金需求、市场运作能力等重点企业核心竞争要素上存在巨大的差异，对企业的能力要求也不一样。对于经销商来说，选择进入新行业也是同样的道理，也要根据自身的资源和能力优势与要进入行业需要的能力进行对比，看是否有能力进入该行业，并选择合适的方式、合适的时间进入。首先是产品知识需要学习；更重要的是市场销售模式和方法有很大不同，都需要全新学习。

**1. 方向一：相关化进入**

相关化进入是以现有的经销产品市场为中心，向水平方向扩展，同时经销多个同类厂家的产品或者与该产品紧密相关的产品，扩大经销品牌范围。从公司内部发展来看，有利于发挥公司积累的该品类的市场运作经验，打造专业的品类经销商。从市场运作来看，能够提供给销售终端及客户多样化的产品选择，满足客户一站化购买需求，最大化占领市场，形成该品类的市场垄断地位。比如，其一，经销商同时经销多个品牌厂家的瓷砖产品，分别设立不同的销售门店，这类产品用途相同，基本制造技术也相同，属于属性完全相同的多元化；其二，经销商经营床上用品，又经营布艺沙发、布饰等产品，这些产品基本用途属性和技术等都不相同，但存在较强的市场关联性，可以利用原来的分销渠道销售新产品。

相关化进入是容易成功的一种方式，是经销商为使资源效应最大化而采取进入新行业时多选择的一种方式。但很多品牌厂家都想抢占优质渠道资源而布局品牌专营经销商，很多经销商也有应对措施，如采取品牌独立运营机制。

相关化进入给经销商带来了稳定专业的品类运营效率，但也存在很大的风险，受制于总体行业的发展状况，受行业影响较大。如经营建材瓷砖类产品的经销商，就受制于房地产行业发展的影响，房地产火爆时期销量就大，而近两年受政府对房地产紧缩调控政策的影响，行业发展不景气，建材类瓷砖产品销量下滑，给经销商带来了很大的经营风险。

**2. 方向二：非相关化进入**

非相关化进入是指与现有的产品领域没有关联的产品品类，完全属于不同的行业属性，市场毫无相关之处，所需要的客户群体、经营方法、销售渠道、品牌推广方式等必须重新确定。在这种情况下，经销商一般都是寻求新行业市场成长机会、调整经营方向时选择的一种方式，以赢得更多的经营回报。对于经销商来说，原有的公司资源和运作经验完全不能采用，相当于全新开拓一个新的事业领域，有很大的难度，需要一定的魄力，因循守旧的经销商很少有敢于尝试的。但如果能成功操作新品类，肯定会让公司取得长足的发展。

**【思考】**

作为经销商，你应该也有进入新行业的经历，可以尝试按照表 3 – 1 的逻辑整理，将当初的情景描述出来，复盘一下，积累经验，以供更多的同行参考。

**表 3 – 1　行业进入动因及方式复盘**

经销商名称：

| | |
|---|---|
| 原从事行业发展状况 | |
| 公司整体经营情况 | |
| 考虑进入新行业的动因 | |
| 进入新行业的方式 | |

## 三、根据行业生产周期选定行业

### （一）认识行业生产周期理论

在管理学中提出的行业生产周期理论，定性地描述了一个新的行业从出现到完全退出社会经济活动所经历的发展过程，并利用横轴代表时间、纵轴代表产量，抽象地概括了时间－产量的关系，指出行业的生命发展周期主要包括四个发展阶段：导入期、成长期、成熟期、衰退期，如图3－1所示。

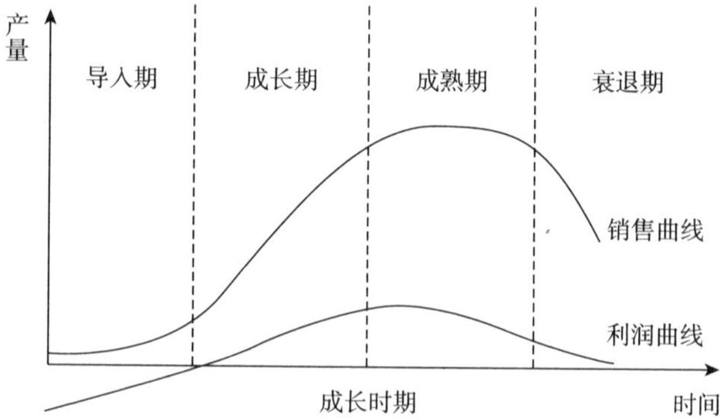


**图3－1　行业生命发展周期示意图**

### 1. 导入期

通常，较少数具有市场意识的企业，精准洞察客户需求，开发能够引领客户需求的产品，并推向市场。在这一时期，客户总体需求较少，市场处于培育期和教育期，同时产品设计尚未成熟，还处于不断迭代完善中，技术变动大，产品未完全定型。因此，行业发展具有很大的不确定性，前期投入高，市场前景不明朗，销量少，可能不但没有盈利，反而普遍亏损，对于企业来说具有很大的经营风险。

阿里巴巴马云曾说："每一次新的机遇的到来，都会造就一批富翁。"任何一次财富的缔造必将经历四个阶段，即"看不见、看不起、看不懂、来不及"，当别人不明白的时候，他明白自己在做什么；别人不理解的时候，他理解自己在做什么；当别人明白了，他富有了；当别人理解了，他成功了。

而在每个新行业的发展中，大多数经销商在这个阶段比厂家要慢半拍，很多经销商都没有接触过也可能没有听说过该行业或产品。而只有部分先知先觉的经销商接触了该行业，并且投入了一定的资源，配合厂家开始了初步的市场推广。

### 2. 成长期

随着行业新进入者对市场的培育，企业采用广告投放、消费者促销等形式的市场宣传，激发了一定的客户需求，逐步被消费者接受。市场进入成长期，即将进入高速增长期，也是产品的销售爆破阶段。这一时期的市场增长率很高，需求高速增长，同时技术已经稳定，产品成型，不断有新的厂家参与。

由于市场前景良好，厂家的区域招商形势也越来越好，众多经销商看好行业和产品的发展趋势，有利可图，一些有实力和先见之明的经销商快速取得了领导品牌的区域代理权。这样厂商互相促进，市场逐步繁荣，销量增长迅速，厂家和经销商都取得了丰厚的业绩回报。

这一时期，虽然领先厂家取得了一定的市场领导地位，品牌逐步建立；但与此同时，更多的生产厂家参与其中，大多采取跟随策略，依靠低成本抢占市场，市场竞争更加激烈。随着产品产量的不断增加，市场需求日趋饱和，生产厂商不得不进行技术创新，降低各项成本来赢得竞争优势。只有拥有很强的技术研究开发实力、市场营销能力、雄厚资本实力的企业能最终占领市场，更多的生产厂家将因为竞争激烈处于低利润状态，往往被淘汰或被兼并。

**3. 成熟期**

这是一个相对较长的时期，在这一时期里，市场增长率不高，在某些情况下，整个产业的增长可能会完全停止，其产出甚至下降。技术上已经成熟，形成典型的买方市场，厂家优胜劣汰，行业盈利能力下降，少数有竞争优势的大厂商垄断了整个行业的市场，每个厂商都占有一定比例的市场份额，市场趋于稳定状态。同时，厂家的竞争从价格手段转向各种非价格手段，如开发有独特性的产品、提高质量、改善性能和加强售后维修服务等，或许能够有新的增长。

每个行业成熟期的时间长短往往存在很大差异，并没有严格的界定。总体来说，行业成熟表现在以下三个方面。

第一，产品系列非常丰富，已经满足了消费者的需求，产品普及程度较高。产品的基本性能、功能、型号规格等已经标准化，行业生产能力接近饱和，市场需求也趋于饱和，买方市场出现，消费者已经充分接受。

第二，技术成熟。产品生产技术、工艺等非常成熟，没有行业机密，行业进入门槛技术壁垒低。

第三，行业价值链成熟。行业内企业间供应商、厂家、经销商、零售商等已经建立了良好的分工协作关系，市场运作规则合理，利益分配趋于稳定。

**4. 衰退期**

行业衰退是国民经济新陈代谢的表现，是客观的必然，也是社会不断发展进步的自然结果。行业衰退分为自然衰退和偶然衰退。自然衰退是一种自然状态下的发展，由于市场需求变化、产品上游供应资源变化、新产品的出现、效率低下等原因导致产品在稳定期过后必然进入衰退期，需求严重下降，产品品种及竞争者数目减少，很多企业将转型。偶然衰退是在偶然的外部因素作用下，提前或延后发生的衰退，如某项新技术的突破，新的替代品出现导致行业发展艰难，当正常利润无法维持时，该行业将慢慢消亡。

### （二）灵活运用行业生命周期基本理论找准行业最佳切入时机

行业生命周期的四个阶段只是对行业发展共性的、定性的描述，说明了一般行业发展可能经历的发展阶段，仅仅从整个行业的角度考虑问题，有一定的局限性。但不同行业、同一行业在不同的区域都可能存在差异。该理论的出现，对企业的发展战略制定提供了一种行之有效的分析思维框架。

作为经销商，在选择进入行业时，可以根据该理论对行业做出基本定性判断。在实际操作中，可以关注行业发展的关键性指标，判断行业发展所处的具体阶段，根据所处阶段来决定是否进入该行业，以及具体如何进入的方式和方法，从而可以提高进入行业的成功率。

#### 1. 行业发展阶段的关键性指标定性描述

行业发展阶段的关键性指标定性描述如表 3－2 所示。

**表 3－2　行业发展阶段的关键性指标定性描述**

| 关键性指标 | 导入期 | 成长期 | 成熟期 | 衰退期 |
| --- | --- | --- | --- | --- |
| 行业规模 | 小 | 迅速增加 | 逐步减少 | 快速减少 |
| 增长率 | 高 | 较高 | 降低 | 负增长 |
| 利润率水平 | 低 | 高 | 稳定 | 低/严重亏损 |
| 技术水平 | 低 | 高 | 稳定 | 老化 |
| 企业兼并 | 少 | 少 | 频繁 | 频繁 |
| 国家产业政策 | 鼓励 | 积极鼓励 | 稳定 | 限制 |

#### 2. 获取行业网上信息的方法

我们通过网络查询以上定性指标，从一些专业研究文章中可以得到部分有价值的信息。网络查询具体的三个有效途径。

第一，行业网站或协会网站。我们进入行业或协会的官方网站，可以查询到具体的行业发展年鉴报告、行业中重点企业的发展介绍及行业发展的大事件。这些报告中涵盖的行业规模、市场竞争情况、新品上市、重组及兼并等信息，都是我们可以据此判断行业发展真实状况的主要可靠信息来源。

第二，企业网站。进入该行业的重点企业官方网站，可以查看“企业新闻”“区域招商”等栏目，一般都能查询到该行业的信息。如查询到该企业持续开展空白区域的经销商招募工作，就表明该行业可能处于成长期，厂家当前的核心工作为市场布局，广泛开发经销商，处于快速发展期。

第三，上市公司公开披露信息。如该行业的领先企业为上市公司，我们查询年报等公开披露的信息可以了解到真实的情况，销售额、利润额、企业的发展及投资动向等，我们就可以据此判断出行业的发展阶段及前景。

**3. 获取市场真实信息的方法**

当然，这些网络信息查询只能给经销商一个大概的方向，很多成功的项目机会还更多地依赖于经销商的战略眼光和前瞻性判断。除此之外，为了验证基于网络信息的判断，实地的市场考察调研、行业从业人员的访谈也是必不可少的。

经销商可以具体开展以下三个方面的工作，在这里先做一些简单的介绍。在后面如何考察具体的品牌厂家时，将会系统地介绍一些实用有效的具体方法、工具。

第一，实地走访区域市场。

通过前期对网络资料的深度整理，找到行业中该产品销售良好的区域，一些企业的样本市场或者首批启动的区域市场是经销商考察学习的重点。

在快速消费品行业，这是经销商经常使用的方法，经销商通过走访当地的经销商、分销商、二批商、各种类型的零售终端，可以了解到产品的在售规格、市场推广方式、各级渠道成员的利润分配、消费者对产品的接受程度。这样经销商就可以对该行业有了更加深度理性的认识，以便于决策。

第二，参加行业展会。

行业展会是行业发展的晴雨表和风向标。每个行业都有成熟的行业展会，亦即业界公认的好展会，厂家可以展示新技术、新产品、进行公司形象宣传，以及开展招商活动，一般都会吸引全行业产业链的参与者参加或者参观。每年参加展会的展商数量、展会面积及规模、参观人数等都是反映行业发展是否良好的重要数据。

在快速消费品行业，号称“天下第一会”的全国糖酒食品交易会是全国食品行业重要的经济活动。该展会从 1955 年第一届糖酒会开始，由中国糖业酒类集团公司主办，分别在春季、秋季举行，糖酒会以其在行业内广泛的影响力，因其规模大、效果显著，得到了糖酒食品行业专业人士的普遍赞同和肯定，并不断显示出自己独特的魅力。对于经销商来说，参加糖酒会可以最大限度地全面了解行业发展趋势，结识新厂家，寻找进入行业的机会及产品。当然，还有一些细分行业的展会也越来越有价值。如中国糖果展览会，由糖果、巧克力、果冻、蜜饯、饼干、零食及休闲食品厂家与经销商、供应商参加，已经成为亚洲最具影响力的展会之一，并为行业构筑起一个最佳的贸易和交流平台。

第三，行业人员的深度访谈。

在以上两个方法了解的信息基础上，我们可以寻找行业参与人员进行深度了解，如我们可以拜访某个厂家的老板或者销售负责人，深度了解一些行业的关键信息。有必要的可以去实地参观工厂，了解更多真实的信息。

相信通过以上途径和方法，我们会对要进入的行业有了更加直观、深刻、理性的认知，这便于我们更好地进行决策。

### （三）经销商选择行业的基本标准

经销商都想进入操作容易、赚钱多的行业。在当今时代，行业发展的信息非常透明，经销商完全可以经过认真的评估规避行业选择源头的风险，选择适合自己的行业进入，从而确保稳定经营。总体来说，一般经销商选择行业有以下基本标准。

**1. 进入大市场的行业**

大市场主要表现为总体需求规模大，并且是高频刚需类的产品。这类市场多为通用性产品，如米、面、油等食品类，就是通常统称的大行业，产销规模大，消费者每天都要消费。但这些都是竞争激烈的市场，需要精益运营，以规模取胜，总体利润也相对稳定，可以作为一个长久的生意运作。

**2. 市场处于成长期的行业**

从行业生意周期来看，处于成长期的行业多表现为消费者已经基本成熟，不需要进行市场教育，市场投入见效快、增量明显，能增强经销商的经营激情和信心。而且该类市场处于成长期，后续还有很长的发展时间，能够为经销商成长带来长久的空间。

**3. 自己喜欢的行业**

唯有热爱才能持久，才能产生结果，做一行，爱一行。日本著名企业家稻盛和夫曾说：“热爱是点燃工作激情的火把。”无论什么工作，只要全力以赴去做就能产生很大的成就感和自信心，而且会产生向下一个目标挑战的积极性。成功的人往往都是那些沉醉于所做的事的人。一方面，因为热爱从事的行业，经销商就会用心钻研行业知识和市场经营方法，可以快速进入经营状态；另一方面，因为热爱，就会产生很大的经营激情，更能保障事业的稳步推进。

**【思考】**

作为经销商，你肯定清楚地记得选择目前从事行业时的决策情景，或者你此时正在考虑进入某个新的行业，可以尝试按照刚才学习的逻辑整理一下思路，也许会有更好的发现，更好地做出决策。行业信息汇总如表3－3所示。

**表3－3　行业决策信息汇总表**

行业名称：　　　　　　　　　　　　　　　　　　时间：

| 方法 | 信息途径 | 了解的具体信息 | 我的判断 | 对决策的价值 |
|---|---|---|---|---|
| 网络信息查询 | 1. 行业网站或协会网站 | | | |
| | 2. 企业官网 | | | |
| | 3. 上市公司公开披露信息 | | | |
| | 4. 其他 | | | |
| 实地调研 | 1. 实地走访区域市场 | | | |
| | 2. 参加行业展会 | | | |
| | 3. 行业人员的深度访谈 | | | |
| | 4. 其他 | | | |
| 最终决策结果 | | | | |

### （四）行业发展阶段切入的具体策略选择

在2000年左右，有经销商进入家庭净水设备行业。当时的市场还处于导入期，消费者接受度不高，还需要经历长期的市场教育，经过几年的艰难推广依然没有取得预期的业绩后，不得不关门转行，而该行业近几年才逐步被市场和用户接受。这就是常说的“早一步是死，晚一步也会死”。

同样，有的经销商进入行业后能够坚持下去，跟上厂家和市场发展的节奏，取得了生意上的成功，很多经销商都是依靠成功进入一个行业而迅速发展起来的，奠定了永续经营的基础。在常温液态奶行业，蒙牛牛奶的成功造就了一批成功的经销商。1999年蒙牛初创之时，无人知晓，推广起来非常困难，消费者还没有喝牛奶的习惯，并且有强大的竞争对手伊利，初期合作的经销商都在蒙牛公司人员的指导下，按照铺货要求、陈列标准铺货，同时开展消费者试喝等推广活动，前期都在投入，还没有取得很好的市场效果。功夫不负有心人，真正的转机出现在2003年。这一年，发生了两件震惊国内外的、让人无法忘记的大事。一件是2003年2月开始于广东的非典，一直持续到5月份。在对抗非典的过程中，全中国人都认识了钟南山，全中国人也都知道了抗生素。因为钟南山和抗生素能对付非典，什么东西含抗生素，答案是蛋白质，什么东西蛋白质含量丰富，答案是牛奶。喝牛奶，强壮13亿中国人！几乎是非典后的一夜之间响遍全中国，于是，一个全民喝牛奶的消费习惯在这一次焦点事件后开始引爆，喝牛奶快速被老百姓接受。

另一件大事就是2003年10月16日，“神舟五号”顺利返回，这在中华民族发展史上是开天辟地的大事。蒙牛正是看准了这一点，以“举起你的右手，为中国喝彩”为口号，推出了“航天员专用牛奶”的广告，并铺天盖地地出现在北京、广州、上海等大城市的路牌和建筑上，全国30多个城市的大街小巷蒙牛广告随处可见；蒙牛的电视广告也出现在全国几十家电视台的节目中，一夜之间，蒙牛聚焦焦点事件，引爆全国市场。很多蒙牛经销商借助天时地利人和，抓住这个机会，积极配合厂家制定的销售方案，市场迅速动销，销售额也有了较大幅度的增长，成就了一批经销商。

我们身边也经常见到以上类似的行业和经销商，他们真实的经营状况都在见证着一个个行业的潮起潮落。一般情况下，根据行业每个阶段的发展特征，经销商具体进入市场的策略也有规律可循，只要能够遵循基本的规律，大多数经销商还是能够盈利的。经销商除了要准确把握每个行业发展的阶段之外，还必须根据每个阶段市场发展的基本规律，制定进入行业的策略、资源投入方式、市场操作步骤等。只有这样，才能确保是一个有效的投资项目，才能取得预期的效果。

在行业不同发展阶段采取的市场策略，可以汇总如表 3 –4 所示。

**表 3 –4　行业不同发展阶段采取的市场策略**

| 发展阶段 | 策略 | 具体行动部署 | 下一步的行动 |
|---|---|---|---|
| 导入期 | 参与或观望 | 多途径主动了解行业发展趋势及状况<br>观察先期进入者的经营状况 | 根据判断，做出是否进入的决策 |
| 成长期 | 抢占知名品牌的经销资格 | 考察重点厂家，寻求合作机会<br>做好内部资源准备，随时找准机会进入 | 加大市场推广力度<br>最大化地市场布局<br>培育新品牌产品 |
| 成熟期 | 调整品牌结构<br>改善盈利水平 | 同时考虑经销其他同类品质稳定、高毛利的产品<br>充分利用现有经销知名品牌形成的市场资源，带动新接手品牌的销售 | 巩固市场定位<br>采取多项推广措施<br>扩大销量 |
| 衰退期 | 逐步退出 | 库存处理<br>考虑转行 | |

**【思考】**

作为经销商，你目前从事的行业，从开始经营到现在都采取了什么策略，取得了什么样的业绩或者教训，你可以尝试按照表 3 –5 的逻辑思路梳理整个经营过程，相信你会有更深的理解和体会，对后续经营或许有很大的帮助。

**表 3 –5　经销商全经营过程回顾表**

经销商名称：　　　　　　　　　　　　　　时间：

| 经营期间 | 从事的行业 | | | |
|---|---|---|---|---|
| 进入期<br>经营描述 | 刚进入时的市场状况 | | | |
| | 进入时间 | | 行业所处发展阶段 | |

续表

| 经营期间 | 从事的行业 | |
|---|---|---|
| 进入期经营描述 | 当时的市场状况 | |
| | 我采取的行动 | |
| | 取得的市场业绩 | |
| | 成功经验 | |
| | 失败教训 | |
| 发展期的标志性事件 | 事件 1 | |
| | 事件 2 | |
| | 事件 3 | |
| | 事件 4 | |
| 目前经营状况 | 市场竞争状况 | |
| | 我的经营状况 | |
| 未来设想 | 未来 3 ~ 5 年可能的经营构想 | |

## 四、八大步骤确定合作厂家品牌

经销商基于自身的发展需求，即在前面中我们讲解的经销商进入新行业的三大动因，运用行业生命周期理论选定要进入的行业，保证了总体方向正确，要进入的行业符合社会发展大势。经销商接下来就面临着选择和哪个品牌厂家合作，才能真正开始经营工作。有人将厂商合作比喻为夫妻结婚也不无道理。从经销商角度来看，经销商找到适合自身发展需要的厂家，可以理解为寻找到门当户对的厂家，都是比较理想的厂商合作案例。事实证明，经销商找到适合的品牌厂家，是生意快速成长的最佳途径。

### （一）案例：经历过两次生意失败的王老板换来的选择厂家真经

王老板在 20 世纪 90 年代开始经商，当时刚到而立之年，高中毕业，敢于闯荡，精力旺盛，倒买倒卖，摆过地摊，也开过门店，做过服装批发、建材销售、食品饮料类产品经销等；曾经一个人单枪匹马干过，也正式注册过公司，最多时也有接近20个人的团队，成功过，也失败过。厂家关门跑路，预付货款和代垫费用打了水漂，令王老板损失惨重，经历了经商以来最大的一次教训。

在2011年的时候，王老板成立的正星食品贸易商行主要经营膨化食品、饼干类产品，是河南和山东多家品牌厂家的区域经销商，有当地的“饼干大王”之称，是绝对的经营大户。但受制于这些产品的销售淡旺季影响，王老板一直想进入饮料类产品的销售，这样每年5月—10月就可以增加销量，分摊固定费用。

饮料行业品类涵盖很多，一时确实无从下手。王老板的周边经销商朋友也有经销这些产品的，从纯净水、矿泉水、茶饮料、碳酸类可乐、运动饮料、果汁类饮料等，各个品类都是非常成熟的产品。当时市场竞争很激烈，都有大的品牌厂家参与，也都基本形成了稳定的区域经销商结构。如当时娃哈哈在当地就有多个二批商，康师傅茶饮料卖得也很好，也有两个经销商。王老板都一一仔细分析，也找了身边的一些同行了解情况，并走访了下面的零食门店，希望能找到在饮料品类中新的发展机会。

既然传统饮料没有参与机会，只能另外重新寻找。恰逢当年3月份全国春季糖酒会在成都召开，这是中国食品界最大的展会，是厂商洽谈的最大线下平台，举办得红红火火。王老板有备而来，考察饮料品类。让王老板惊喜的是发现了一个新的品类，即苏打水。当年有两家参展的饮料小厂家A和B，总体上单品规格少，PET瓶，包装设计也没有特色，但很有卖点：宣传喝苏打水有利于健康，因为苏打水是弱碱性水，含小苏打（碳酸氢钠），有利于平衡人体的酸性物质，是追求健康人群的首选饮料。这样两家品牌厂家在宾馆搭建的展台人气很足，很多久经沙场的经销商都对此感兴趣，王老板也多方面主动了解。

经过两天的考察，经销商都迫不及待，看准了此类产品。王老板经过对比后，参加了A厂家的新品发布会和答谢晚宴。经历过此类招商套路的经销商都非常熟悉接下来的重点事情，那就是抢夺区域经销权，并现场宣布经销商政策，缴纳意向金。热闹的招商现场，热情的厂家人员，刺激的抽奖环节，惊喜的首批订货奖励政策，一切都似乎要将苏打水打造成饮料行业的超级大爆品。王老板顺利地取得了所在县城区域的经销权，缴纳了意向金，总算有所收获。

会后厂家将签约经销商和意向经销商拉到了工厂考察参观，新建的厂房和办公大楼，进口的罐装设备，忙碌的生产车间，处处都显示出厂家的资本实力，也让王老板彻底认定要跟厂家合作。王老板就这样开始了与 A 厂家的合作之旅。当时是 4 月份，正值饮料销售的起步阶段，王老板就与厂家签订了格式合同，紧接着打款发货，开始第一轮铺货推广。王老板因为有食品行业的经营经验，这些初期的市场推广工作都不在话下，下面的零售网点也陆续铺到位，因为是新品，零售店也都很感兴趣，但按照惯例都是先进货后结款，大量的推广工作还需要经销商和厂家来推动。

除了县城及乡镇的杂货店、二批商之外，该县城有 3 家大型超市，都是需要条码费和进场费的，按照行业运作规则，厂家同意经销商可以进入销售，也会给予一定的支持，如缴纳的条码费和进场费、基本的促销物料、促销员费用等。但这些都需要经销商先行垫支，发生的费用由厂家承担，一般要按照厂里的规定执行。王老板在取得厂家的书面同意后，支付了进场费和条码费、促销费等一共 2 万余元，并申报了一个档期的堆头特价促销活动，派驻了 2 名试饮促销人员。

经过一年的销售，该类产品不温不火，虽然通过广泛的铺货和促销活动，但该产品市场启动较慢，零售店动销并不理想，消费者对该类产品的关注度不高。紧接着到了第二年的 3 月份，马上进入饮料销售旺季，厂家召开了新一年的订货会和经销商答谢会，启动了更大一轮的进货促销活动和奖励政策，如进货 10 搭 3、一次性打款 20 万元以上有大奖等，以激起经销商更大的经营热情和动力，试图更大力度给予经销商启动市场的信心。王老板依据当时产品的市场表现，参与这个促销活动并不积极，但厂家业务人员不断给予王老板压力和诱饵，如参加订货可以尽早安排冲抵费用、申请更多的费用支持等，如不参加订货，可能会取消经销资格，代垫的费用也可能无法报销。就这样，王老板在“胡萝卜 + 大棒”的谈判中打款 20 万元，幻想着获取更大的收益。

产品还在不温不火地销售着，王老板打款 20 万元的货也陆续发回了几车，王老板也采取了促销方式将货铺到零售网点，给予二批商和零售店更大的进货搭赠奖励。但接下来出现的事情，让王老板感觉到了异常。

首先，厂家业务人员答应的前期费用核销一直没有兑现。王老板按照厂里的要求准备好票据和凭证快递到厂里，给业务人员打电话沟通，但没有实质性的进展，总是找各种借口推脱。但由于还在正常合作，王老板又忙于推广新品，也没太重视这些费用核销。虽然王老板听说过有些厂家不兑现费用的事情，但王老板这次还是愿意相信厂家的实力和信誉。

其次，王老板打款未发的货还有一大半，还在不断地按照计划发货，但最近几次厂里都没能按照王老板要求的数量足额发货。问原因，厂里以近期招商形势好，很多新签约的经销商需要优先发货，只能暂时按照比例配发。王老板也认为厂家这样做有道理，理解厂家的这种做法，感觉厂里很有战略意识，制定的相关政策和制度还很人性化，能为经销商群体着想。

但随后的事情发展出乎王老板的意料，一直联系的业务人员打电话来说已经办理了辞职手续，以后的业务由新的业务人员管理。而此时向厂里提交的要货计划，一直无法得到发货的具体时间和数量。

王老板随即联系了认识的其他经销商，也都反映厂家最近的异常情况，就相约去厂里看下到底发生了什么事情。王老板一行受到了厂里总经理和营销总监的热情接待，厂里看起来一切正常，但核销费用和交货的事情还没有明确的答复，总经理坦言尽快安排人员办理。王老板一行就这样返回，继续开展新品的推广工作。可是没到一周，王老板接到了邻县一个经销商的电话，得知该厂家老板由于有其他投资亏损，多笔到期银行贷款无法按期归还，该处厂房及固定资产已经被法院查封了。王老板赶紧飞到厂家，此时大门口已经聚集了多个经销商、供应商、员工，大家都情绪激动，有的人拉起了横幅，有的人在和门口的执勤人员交涉，有的人为讨要工资，有的人为讨要供货款，有的像王老板一样为讨要已经付给厂家未发货的余款及其他市场代垫费用。但持续两天后也没见到高层领导，只有一个办公室人员出面接待，也没有得到明确的处理方案。

后来的剧情想必大家也能想象得到，王老板一边低价处理大量的库存产品挽回损失，一边加入了堵门、讨债大军。经过快一年的时间，虽然政府介入了后续的清算工作，但王老板也只拿回了未发货的余款，而代垫的费用由于缺少正式签批文件，再加上有些票据无法取得法院界定的正式发票，总体算下来 5 万多元费用无法兑现。

王老板进入饮料行业的经营之旅就以损失草草收场，继续经营着自己的老本行——饼干业务。虽然王老板这次失败了，损失了点钱财是小事，以后还能再赚回来，更重要的是从中得到了很多经验和教训，这是一笔巨大的财富。在后来的经营中，王老板凭借着经营实力和战略眼光取得了当红产品“六个核桃”的经销资格，算是搭上了饮料行业的致富专列。

看完王老板的失败经历，同时反观自己的生意，想必大家都有深刻的体会和想法，有的人庆幸自己没有遇到王老板的事情，合作的厂家都是注重长远发展和经销商利益的，但有的经销商可能会遇到王老板的事情，也可能财务上的损失更大。如有的经销商花费 10 多年时间，辛辛苦苦培育厂家品牌，在当地区域市场从无到有，将市场做得风生水起，见证了厂家一步一步发展壮大，到最后厂家以各种理由过河拆桥，更换新的经销商，给经销商造成了很大的财务损失，伤透了经销商的心，这样的事情太多了。

王老板上述经销某饮料的整个过程，见证了经销商群体的成长。他也成为中国千万经销商中很典型的一员。但过去的总将会过去，生意还是要继续的，如同人生一样，遇到了低谷和困境，但生活还是要继续。作为经销商，能做的就是要吸取教训，在以后的合作中一方面要靠胆略勇气；另一方面也要谨慎，讲究科学的做事方法，遵循行业的发展和事物的本来规律，才能更好地规避风险。

## （二）八大步骤选定合作厂家

在营销理论研究及实战操作中，对厂家选择合适的经销商已经确立了太多的理论与方法，而经销商如何挑选厂家则基本上靠经销商的社会阅历、眼光及见识，没有专门的理论体系和方法工具，因此经销商更显得被动。经销商如何挑选适合自己的厂家呢？与厂家挑选合适的经销商一样，经销商也必须去挑选适合自己的厂家。什么叫适合？的确是一个模糊的概念，我们必须将它具体化，形成一套可执行的方法体系。

那么经销商如何才能用科学的工作逻辑和方法工具选择合作厂家呢？我们总结出了八个步骤，这八个步骤从前到后，步步递进，直到达成厂商合作，每一步都有相应配套的工作方法及具体表格，能做到拿到即可用、即用即有效，希望能给经销商带来更大的帮助。如图 3－2 所示。

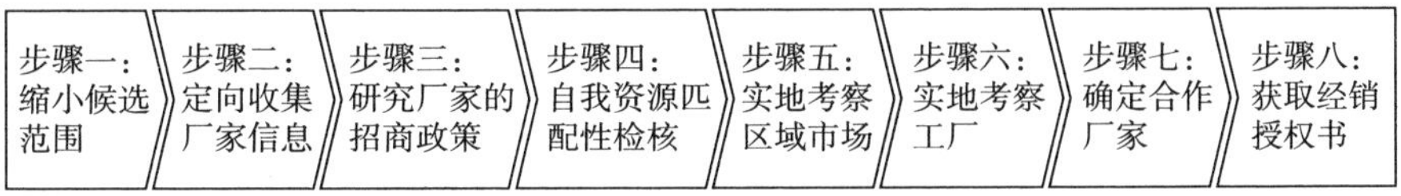


**图 3－2　选定合作厂家八步骤示意图**

### 1. 步骤一：缩小候选范围

我们在明确进入的行业后，就要立即收集该行业的厂家名单，可以通过网络信息查询、行业专业杂志翻阅方式，初步罗列出该行业的具体厂家，也可以寻求身边有该行业从业经验的朋友帮助，效率更高，信息更准确。一般要罗列出 10 家左右的厂家，再结合既有的初步信息进行综合排除、对比等，具有以下特征信息的厂家可以立即排除掉。

**（1）该厂家是采取直营模式直接销售的**

这类厂家以直营模式操作市场，自然不会发展经销商。这在工业品行业较为常见，特别是有些技术含量的成套设备厂家，一般会设置区域办事处，派驻相应的销售团队和技术人员，直接面向客户进行销售。

**（2）厂家在经销商所在区域城市没有招商计划的**

这种情况一般可以从其官网发布的信息中了解，如有招商信息发布，没有列出所在区域，或者在官网上明列该区域的经销商名称等。看到这些信息后，我们就可以将这些厂家排除在候选名单之外。

**（3）有些傍名牌、打擦边球品牌的厂家**

如有知名品牌“娃哈哈”，这家便注册一个“哇哈哈”，即我们通常说的假冒产品。这类小产品一方面是产品本身不被消费者接受；另一方面是不敢光明正大地推广，导致到处打游击，经销商做死一个产品换一个产品。

**（4）在该区域更换多个经销商的厂家**

厂家在该区域已经更换了多个经销商，不论是经销商原因还是厂家原因，该品牌已经在该市场经销商群体中留下了不好的印象，如压货严重、不兑现承诺、产品有历史遗留质量问题等，在该市场没有人愿意接手这个品牌，这样的厂家也要排除在候选名单之外。

以上四种可排除情况只是根据经验和惯例，可以在选择厂家时直接参照，提高选择的针对性和准确性，同时通过第一轮排除，提高工作效率。除此之外，还有很多其他的初步判断标准，经销商可以根据自己的实际情况进行判断排除。这种排除作业是没有绝对的标准。如有的经销商对某个省份的厂家有排斥，可能以前和该省份的厂家合作出现过问题，“一朝被蛇咬，十年怕井绳”，因此这个省份的厂家再好，经销商也不愿意合作。

这样初步筛选评估后，保留 5 家左右的厂家作为候选即可。我们使用工具表可以将这些厂家的基本信息罗列出来，后续逐步完善。候选厂家基本信息表如表 3 - 6 所示。

**表 3 - 6　候选厂家基本信息表**

| 序号 | 厂家名称 | 所在城市 | 进入该行业的时间 | 品牌名称 | 销售收入（万元） | 行业地位初判 |
|---|---|---|---|---|---|---|
| 1 | | | | | | |
| 2 | | | | | | |
| 3 | | | | | | |
| 4 | | | | | | |
| 5 | | | | | | |
| 6 | | | | | | |
| 7 | | | | | | |
| 8 | | | | | | |
| 9 | | | | | | |
| 10 | | | | | | |

在做此表时，为体现选择的主次之分，便于我们选择好的厂家，可以按照一定的逻辑将这些厂家排序，将一些具有某些指标优势的厂家排在前面，保证能优先关注、重视和分析这些厂家，从主要的厂家选择出适合的合作伙伴。

如以销售收入为标准，将年销售收入高的排在前面作为首选项。一般认为销售规模大的厂家更有资本实力和品牌效应，更有利于市场推广。

也可以按照厂家所在城市距离经销商所在城市的远近作为标准排序，将距离近的排在前面作为首选项，因为很多厂家都会将距离近的区域作为基地市场重点运作，那么该区域的经销商就会受到厂家的重视，优先得到市场资源支持。

也可以按照行业主产区和非主产区作为排序标准，将位于主产区的厂家作为首选项，因为有些行业受制于原材料或者产业传统影响，位于主产区的厂家会被消费者认为是好的产品，有很大的地缘原产地效应，这里厂家的产品会更容易被消费者认为是地道的、质量好的产品。这类典型的代表如辣椒酱类产品，消费者一般认为四川、贵州、湖南等省的厂家较为地道，产品质量好。同样，陈醋类产品就是山西为主产区，成为消费者的首选区域。

### 2. 步骤二：定向收集厂家信息

接下来就是要定向收集以上厂家的具体信息，以排序在前面的三个厂家为重点。厂家信息各种各样，要全方位收集，越详细越好，有时可以从一个细小的信息判断出是否是适合自己的合作厂家。在这个过程中，我们可以先借助互联网途径查询，有些信息可以通过接下来的区域市场走访及厂家实地考察进行补充及验证。

经销商应该关注厂家的要素很多，重点有以下方面，我们总结了十个必看项目，可以称之为“十看法”。通过这十看，可以将厂家看个明明白白、真真切切。

#### （1）企业背景

经销商要清楚厂家的背景，我们可以重点关注厂家的成立时间、股东构成、从事本行业的时间等。这些基本信息可以从公开的网站上查询到，如“天眼查”“工商局官网”，厂家的注册信息都能免费查询。一般情况下，企业成立时间长就代表是长期稳定经营的企业。查询股东构成信息及变动信息，股东结构稳定的企业也能代表企业经营稳定。

经销商要特别注意两类企业，在考察时一定多加留意。第一类是成立时间短，主要股东为企业法人且控股的，但该企业法人与现在的行业有很大的差异。比如，原来是从事工业设备行业的，现在进入的是食品加工行业。第二类是成立时间短，但控股股东为自然人，该自然人同时是多家不同行业的公司法人的。

#### （2）企业实力

企业实力是长远发展的坚实后盾。经济大环境低迷，经销商寻找合作厂家，企业的综合实力不可忽视。与实力强大的企业合作，经销商也会更有信心和底气。企业实力的表现有很多方面，首先，注册资金规模、注册资金高的企业，代表股东对企业经营有信心。其次，可以从公司官网上查看相关信息，如企业的年度销售收入、员工人数、生产基地布局、销售范围、上游的供应商、下游的客户等情况，一般可以判断出企业的经营实力水平。企业有足够的资金和技术研发能力、制造能力，就能够满足市场的大量需求。

#### （3）企业经营理念及发展规划

实力强大的企业会考虑长远发展，战略部署清晰，逐步推进，跟随这样的厂家一起发展能够走得更远更好。既然经销商与厂家是合作关系，经销商只有在发展方向与经营理念上认同厂家，才能更好地合作，相互促进，从而实现共赢。

在市场发展层面，厂家会将经销商看作自己的伙伴，会重视经销商的成长和利润。在企业发展层面，厂家重视人才培养、技术创新及承担企业的社会责任。经销商一般很难接触到厂家这方面的定性信息，一方面可以从企业官网上看到相关新闻，如每年的12月份前后，可以看到“企业召开年度总结及下一年度经营规划”的相关新闻，足以证明该企业很重视年度的经营计划，是一个管理完善的企业。在销售层面，如果厂家每月定期有“召开月度销售工作会议”的新闻，或者每年“召开经销商联谊大会”的新闻，也足以说明该企业非常重视经销商的管理及服务。

当然，这方面的信息，更多地依靠接下来的具体考察时，通过相关人员的交谈沟通来判断出企业的经营理念和发展规划。

**（4）产品力**

经销商毕竟是要靠分销产品实现盈利的，只有好的产品才能卖得更多，消费者更容易接受。因此，一个好的产品在很大程度上决定经销商的经营成败。那么什么是“好货”？“好货”具有哪些特征？经销商必须认真研究厂家产品的方方面面，主要包括如下内容。

第一，品牌名称及定位。好的品牌名称容易传播，自带流量。特别是品牌广告语和品牌定位是否精准，是否适合主要的细分人群至关重要。

第二，产品线深度和广度。即我们通常说的产品线是否丰富、SKU是否足够。比如，在饮料行业，包装规格有330ml、500ml，适合即饮消费，有1500ml、2500ml等分享装等。从口味上看，有绿茶口味、红茶口味、乌龙茶口味等。这些都体现了产品系列的多样化，能够满足消费者主要消费场景的需求。当然，对于一些新的快速消费品品类，厂家首次推向市场时，一般会一次性推出10个以内的产品，并会聚焦资源重点推广其中一个。通常，在第二年会有新的系列产品推出，以引起市场对品牌的持续关注。

第三，产品组合和定位。主要看厂家的各系列产品是否有明确的市场定位策略，即我们通常讲的哪些产品是高端形象产品、哪些产品是走量的、哪些是阻击竞争对手的产品，整体产品形成一个战斗梯队群。那么相应的，每类产品都应制定相应的价格体系、推广策略等。只有这样，才能确保该品牌在市场上能够有的放矢，赢得市场发展空间。

第四，产品包装设计。现实中，很多经销商多凭借自己的感觉，总认为这个品牌的设计效果及产品看起来不错。产品的包装是否符合品牌定位，以及产品在众多的产品中能否抢眼都直接影响产品的销售，我们称之为“产品静销力”。在快速消费品领域，通常在包装设计上有一个模拟货架陈列测试实验，即将新产品的包装打样后，再买来对应的竞品陈列在同一节货架上，找消费者进行挑选测试，对比产品包装的吸引力，看新产品的包装能否从货架上首先跳出来，吸引消费者拿取和购买。

第五，产品价格体系。产品在多个流通环节中的利润分配是影响渠道成员推广积极性的重要因素。一般来讲，产品从出厂价到终端零售价是厂家根据竞争情况而事先设定的，那么中间的价差就是渠道成员的分配范围。目前来看，渠道层级已经大大缩短，在快速消费品领域，一般渠道层级为厂家——经销商——零售店——消费者，主要涉及两层加价，即经销商从进货价（即厂家的出厂价）加价卖给零售店，零售店再加价卖给消费者，那么总体的价差在这两个加价层级中按照什么样的比例分配是经销商必须要关注的。其一，价差的大小；其二，价差在这两个层级的分配。一般来说，大品牌厂家的价差较小，经销商盈利较小；而小品牌厂家的价差较大，经销商盈利较大。

**（5）可能的获利空间**

盈利是商家的永恒追求！经销商看待眼前利益和长远利益的方法，则是商家眼光、素质、能力和寿命的分水岭。一是产品直接的售卖价差和各种奖励；二是产品形成的销量规模；三是通过推广该品牌对经销商商誉的建立；四是通过推广该品牌带动其他产品的连带销售利润；五是通过和该厂家合作带动经销商内部管理提升和团队成长等，这些都是经销商要综合考虑的。有的经销商在选择厂家时只看重单价产品的价差，不注重其他方面的综合评估。可能该品牌短期内能得到很多的利润，但不能长久卖，不能形成稳定的经营利润来源，这样也是不可取的。这类现象经常发生在一些小的杂牌跟风厂家的市场操作中。

**（6）市场支持力度**

厂家是否有一系列市场稳步操作的方案和方法，以及能否给经销商一定的市场支持都是评估厂家的重要考虑方面。经销商一般都喜欢选择知名品牌或广告投放量大的产品，他们认为大品牌比较保险。因此，在很多行业，经销商看重厂家在广告投入方面的规模有多大、是否有品牌代言人、是否有地面推广的方案等，这样厂商才能形成推广合力，共同做大品牌。在工业品领域，厂家是否有相应的区域展会支持、技术推广会支持等都是要考虑的。首先，单纯靠经销商的力量和能力，品牌推广较难；其次，要考虑厂家的支持力度、促销政策、贸易政策（铺底或账期）等。

**（7）协销力度**

好厂家不但给好产品，还会给好的销售方法和管理支持，并协助销售。一般体现在给予人员支持，在工业品领域，一般会派驻技术人员，特别是在市场推广前期，陪同经销商共同拜访客户，帮助客户选型及解答客户的疑问，同时宣传企业。厂家会要求经销商人员去厂家学习相应的产品知识和技术知识，以便对产品和技术有深入的了解。

**（8）服务支持与保障**

厂家产品质量保证、售后服务支持是经销商们的“定心丸”，售后有保证，不用为售后服务犯愁，可以将主要精力集中在产品销售和市场推广上。这也是经销商要着重考察的方面，在工业品领域这点更加重要。在经销商没有一定的技术能力开展售后服务的情况下，只有依靠厂家的支持，那么对服务的响应能力、解决能力是做好市场的关键。这些要看厂家是否有一定的制度文件予以保证，如退换货制度、三包政策、备品及备件供应、现场服务等，还要看能否按照制度予以执行。

**（9）市场管理规范**

对于以经销模式运作市场的厂家来说，是否有完善的市场管理规范对该模式的正常运行具有重大作用。一个市场管理规范的厂家，对经销商的经营能形成一种制度的保障，经销商更加放心，能够考虑长远发展。如对经销商影响最直接的经销商设立、评估、撤销及更换的管理，是很多经销商非常关注的。厂家随意更换及撤销经销商在各行各业都发生过，有的是按照厂家的制度来操作的，有的就是人为因素造成的，以至于厂商之间反目成仇，不但给该品牌在当地带来了不好的市场影响，而且厂商双方都造成了一定的经济损失。所以，厂家要有完善的市场管理规范，除经销商重点关注的制度外，还有涉及市场费用投放、资源支持、市场行为奖罚条款等都要事先约定好。具有多年市场管理经验积累的厂家，一般都会逐步规划，形成制度性的文件，并根据出现的新情况定期更新，作为指导厂商合作的纲领性文件。比如，有的厂家编制成“厂商合作十不准”，设置合作行为高压线；有的编制成服务及管理手册供经销商参照执行；还有的将管理规范直接体现在合同文件中，更强化了制定的严肃性和执行力。

**（10）与你对接的企业关系人（销售人员）**

再好的制度也是需要厂商共同执行的，是靠人来实现的，因此对经销商来说，负责服务对接的销售人员为人处世的方式也对厂商能否稳定合作起到关键性作用。当然，我们不是夸大人的作用，对厂商来说，也要依靠制度的规范来确保双方的利益。但现实运作中，人的因素往往起添加剂的作用。真诚的、贴心的销售人员能够起到催化作用，会同时站在厂家和经销商两个角度思考问题，求同存异，目标明确，架起厂商沟通的桥梁和纽带，厂商之间会起化学反应，厂商合力，彼此配合默契，共同将市场做强做大；而不负责任的销售人员，往往会考虑自身的利益，如为了完成业绩拿到奖金，而不断给经销商压货或给予口头承诺而不帮助经销商分析市场问题和开发客户。长久下去，这样的销售人员将不受经销商的欢迎，最终路越走越窄。因此，经销商在选择合作厂家时，一定要考虑人的因素，可以多打听下销售人员的人品及能力，遇到不合适的销售人员，可以坚决地向厂家管理人员提出更换的请求。

以上的“十看”只是从大的层面上介绍了经销商在选择厂家时要考虑的基本方面，只能起到辅助参考作用，并不能完全照搬。在现实运作中，不同行业还有很多不同的侧重点，可以有选择性地重点考察某些方面。如工业品领域，要重点考察“服务支持与保障”，消费品领域要重点考察“产品力”。

经销商在具体执行时，可以参照表 3 - 7 候选厂家信息盘整表，将重点关注的 5 个品牌厂家逐一整理汇总。有些信息可能暂时无法通过网络查询，将会在以下几个步骤中通过实地区域市场调研及厂家考察获取。

**表 3 - 7　候选厂家信息盘整表**

厂家名称：

| 序号 | 项目 | 具体信息 | 我的评价 |
|---|---|---|---|
| 1 | 企业背景 | | |
| 2 | 企业实力 | | |
| 3 | 企业经营理念及发展规划 | | |
| 4 | 产品力 | | |
| 5 | 可能的获利空间 | | |
| 6 | 市场支持力度 | | |

续表

| 序号 | 项目 | 具体信息 | 我的评价 |
| --- | --- | --- | --- |
| 7 | 协销力度 | | |
| 8 | 服务支持与保障 | | |
| 9 | 市场管理规范 | | |
| 10 | 与你对接的企业关系人（销售人员） | | |

### 3. 步骤三：研究厂家的招商政策

厂家的招商政策一般会重点关注两个方面的内容。

其一，是对经销商的资格要求，即经销商应该具备什么样的硬件和软件条件，如有多大的仓库面积、多少台配送车辆、多少专用资金、能够覆盖的下游网点类型及数量、多少业务人员和管理人员、是否有信息化管理能力等，这是厂家招募经销商的准入门槛条件。经销商就要据此评估自己能否达成厂家的这些条件。

其二，是厂家具体的经销政策，合理的经销政策能够有效地激励、指引经销商的经营行为。经销政策是经销商必须重点关注的内容。比如，是否有品牌保证金、单次最低进货数量限制、月度/季度/年度奖励政策、货款结算账期及方式等。还有一些行业涉及前期大量费用投入的，如建材行业要进行展示门店装修，这就要考虑费用补贴或分摊比例。当然，这些政策内容有统一的标准，也可以根据市场的实际情况及厂家的市场布局战略，厂商之间可以具体谈判，以制定出更加合理有效的区域政策。目的都是为了该品牌能在本区域长远发展。

在具体执行时，经销商可以按照表 3－8 厂家经销商政策盘整表了解到的信息汇总整理，然后再综合评估。经销商可以通过厂家发布的招商信息初步了解，一些更细致的信息还必须和厂家管理人员更深入地洽谈，要等到双方有明确的合作意向之后才能确定。

**表 3－8　厂家经销商政策盘整表**

厂家名称：

| 序号 | 项目 | 具体规定细则 | 备注 |
| --- | --- | --- | --- |
| 1 | 对经销商的资质要求 | | |
| 2 | 品牌保证金 | | |

续表

| 序号 | 项目 | 具体规定细则 | 备注 |
| --- | --- | --- | --- |
| 3 | 最低进货额限定 | | |
| 4 | 货款账期及结算方式 | | |
| 5 | 月度/季度/年度奖励政策 | | |
| 6 | 市场费用及资源支持 | | |
| 7 | 装修支持 | | |
| 8 | 人员支持形式 | | |
| 9 | 铺底产品支持 | | |
| 10 | 其他 | | |

**4. 步骤四：自我资源匹配性检核**

经销商因经营的产品不同，需要投入的资金、人力、物力等资源也不同。厂商之间的渠道职能分工差异，也影响经销商的资源投入。经销商找合作厂家，重要的是双方资源的匹配性要高，形成互补效应，才能发挥合力。

对于一般的快速消费品行业，经销商只要有一定的仓库、资金、配送车辆、人员就可以了，厂家需要经销商的仓库存货、物流配送零售店的能力比较强。而对于一些面向特定行业销售的工业品来说，除了人、财、物资源之外，厂家还要求经销商有一定的社会关系和行业背景关系。比如，石油行业设备、市政工程类产品、面向房地产工程类的产品等，这些行业的运作，厂家能够提供的就是产品和技术支持，而实际的销售工作很多都依赖于当地的经销商广泛的人脉资源、属地客情关系来开展具体业务，彼此职能分工不同，最终是要实现产品的销售。同样，对于一些分渠道运作的厂家来说，如在建筑陶瓷行业，有家装门店零售、工程销售、装修公司渠道（设计师）三个典型的细分渠道，这三个渠道对经销商的能力要求有很大的差异，厂家一般也是分开招募适合的经销商独立运作。

经销商就要根据厂家的招商要求逐条对比，看自己能否满足？满足的程度怎么样？如果不能满足，自己可以采取哪些方式和途径改善？同样，厂家在选择经销商时，除了对经销商经营理念进行考察之外，也要对经销商的资源条件进行考察，毕竟做市场还需要大量的人、财、物投入，才能确保成功拓展市场。

在具体执行时，经销商可以按照表 3 - 9 经销商资源匹配性检核表，将厂家对经销商的要求和自身做出对比，做到知此知彼，便于开展后续的具体合作谈判工作。一旦有多家经销商争抢同一个厂家的经销资格，往往能认真评估自身，经过细致考虑的经销商才能有更大的胜出机会。

**表 3 - 9　经销商资源匹配性检核表**

| 序号 | 项目 | 具体规定细则 | 自身资源状况 | 符合度 | 不符合项的改善计划 |
|---|---|---|---|---|---|
| 1 | 流动资金 | | | | |
| 2 | 仓库类型及面积 | | | | |
| 3 | 配送车辆类型及数量 | | | | |
| 4 | 业务人员数量 | | | | |
| 5 | 下游网络类型及数量 | | | | |
| 6 | 企业开票资质 | | | | |
| 7 | 信息化管理软件 | | | | |
| 8 | 类似产品的操作经验 | | | | |
| 9 | 特定的社会关系 | | | | |
| 10 | 其他 | | | | |

### 5. 步骤五：实地考察区域市场

经销商在完成以上四个步骤的工作之后，就要进行实地的区域市场考察工作，进一步把握厂家的具体产品销售情况，同时多途径了解厂家的管理理念和市场管理水平等信息，以便更准确地评估是否符合自己。现实操作中，很多经销商没有看重这一步骤的工作，根本没时间去外地调研考察，即使有也是走马观花，凭着经验和感觉直接和厂家合作。殊不知，由于前期自己了解得太少，只是听了厂家的一面之词，导致经销商在后续的操作中出现了和自己设想不一样的情况，引起沟通误会，厂商矛盾越积越多，最终会导致合作的失败。

那么，既然前期区域市场考察很重要，这个工作做得越细致，就越能提高选择的准确性。经销商到底要考察哪些方面的信息？如何考察及得到相对准确的信息？考察的信息到底如何用？在这里，我以快速消费品行业为例，介绍经销商考察区域市场的步骤和方法，以供经销商们参考执行。

**（1）精准选择考察区域**

经销商可以通过前期网络查询得到的信息初步判断厂家区域市场运作的状态。如该产品已经在某些区域局部试点推广销售，可以选择这些区域作为考察对象。如果是该产品尚未开展销售，只是处于先期招商阶段，我们可以选择其他厂家同类产品销售比较好的区域作为考察对象。

比如，一家企业的招募经销商在广告中这样描述："目前，企业已成功打造出川渝1.0样本市场，正在加速布局西北、陕西、河南等周边2.0市场，未来将逐步开拓华东、华北3.0市场，进一步走向全国。"我们可以由此判断出四川和重庆市场已经运作成熟，可以作为考察的重点。

在具体选择考察市场时，要坚持两个原则。

原则1：根据产品的适销市场类型选择考察的具体市场，如一线城市、二线城市、地级市、县级市、乡镇及农村市场。

原则2：重点考察与自己所处市场经济发展水平相当的城市。

**（2）全面考察零售网点**

考察区域市场重点查看各类零售网点产品的铺货及动销情况。网点的选择要全面，并有代表性。经销商在考察时，可以将信息记录成表格。

查看零售网点类型及数量建议如表3-10所示。

**表3-10 零售网点类型及数量建议**

| 序号 | 零售网点类型 | 查看数量 | 备注 |
| --- | --- | --- | --- |
| 1 | 大型连锁卖场 | 2家 | 具体数量可以根据产品的适销网点灵活调整 |
| 2 | 标准超市 | 5家 | |
| 3 | 便利店 | 10家 | |
| 4 | 杂货店 | 10家 | |
| 5 | 特通网点 | 5家 | |

零售网点查看重点信息及目的，如表3-11所示。

说明：如果厂家的该类产品还未全面上市销售，可以查看和此类产品相似的其他厂家产品。

**表 3-11　零售网点查看重点信息及目的**

| 序号 | 信息点 | 查看目的 |
|---|---|---|
| 1 | 产品的 SKU | 看哪些产品是厂家的推广重点 |
| 2 | 进货价及零售价格 | 价格带卡位及进销差价<br>可以针对零售店多了解 |
| 3 | 货架上产品的生产日期 | 产品的畅销程度 |
| 4 | 在货架的具体陈列位置 | 看网点对产品的重视程度 |
| 5 | 是否有促销及形式 | 看厂商的市场推广能力 |
| 6 | 询问柜组人员产品销售情况 | 产销的畅销程度及消费者的接受度 |
| 7 | 询问现场沟通的消费者<br>对产品的接受程度 | 消费者对产品的看法及购买理由 |

**(3) 访谈区域渠道成员（经销商/二批商）**

通过零售网点可以询问得知该产品的区域经销商的名称和地址，这样就可以慕名登门拜访。一般情况下，都是同行且不在一个区域，说明来访目的，当地经销商都会热情接待，都会将自己和厂家合作的真实感受和现状说出来的。拜访经销商也是有套路的，大致可以按照以下步骤展开。

第一，表明身份及来访目的，抱着学习交流的心态来拜访，将更有助于了解到更多有价值的信息。

第二，夸赞经销商的市场运作，是自己学习的榜样。可以将自己在零售网点看到的信息反馈给经销商，如自己有更好的市场操作经验也可以与经销商交流。

第三，重点了解经销商和厂家合作的点点滴滴。如厂家的经营理念、老板的为人处世特点、厂家给予的支持和服务、目前订货、发货、费用承担、返利、业务人员的工作方式、奖励政策等都尽可能询问到具体的细节、执行规则等。那么经销商就可以将了解到的信息与“步骤三：研究厂家的招商政策”中通过网络了解到的信息进行对比，就可以看出厂家制定的政策和实际执行中的差异点，从而判断出厂家的做事风格。

如经销商允许，可以查看下经销商的仓库库存情况，看经销商的库存多少，就可以判断出经销商的出货能力。当然，一般情况下很避讳，如果我们能给当地经销商朋友提出很多建设性的市场操作经验，赢得经销商的认同，那么经销商会将最真实的情况告诉我们，这一点是非常关键的。

**（4）产品还未全面上市销售**

如果厂家的该类产品还未全面上市销售，在考察的城市没有经销商，我们要找的就是其他厂家同类产品的经销商，详细了解该类产品的市场发展现状、经营特点、消费者接受度及总体的发展趋势，以供我们做出判断。

**（5）具体执行**

在具体执行时，经销商可以按照表 3－12 某一品牌区域市场实地考察记录表，初步选择调研的市场，拜访当地的经销商，走访二批商，查看零售网点或用户，将眼睛看到的、耳朵听到的都认真记录下来，必要时可以拍照片以备查阅。等全部考察完成之后，用这些市场调研的信息形成一份简短的调查报告呈送给厂家，也必将会对未来的合作带来更大的帮助。

**表 3－12　某一品牌区域市场实地考察记录表**

| 第一部分：零售网点查看记录 | | | |
|---|---|---|---|
| 序号 | 网点名称 | 网点类别 | 现状描述<br>（真实填写看到、听到的信息） |
| 1 | | | |
| 2 | | | |
| 3 | | | |
| 4 | | | |
| 5 | | | |
| 6 | | | |
| 7 | | | |
| 8 | | | |
| 第二部分：当地经销商交流信息 | | | |
| 序号 | 项目 | 信息描述 | 我的判断 |
| 1 | 经销商背景 | | |
| 2 | 厂家对经销商的要求 | | |
| 3 | 厂家对经销商的支持 | | |
| 4 | 该品类的市场发展情况 | | |
| 5 | 市场推广的经验和教训 | | |

续表

| 第二部分：当地经销商交流信息 | | | |
|---|---|---|---|
| 序号 | 项目 | 信息描述 | 我的判断 |
| 6 | 销售业绩情况 | | |
| 7 | 对与厂家长期合作的信心 | | |
| 8 | 对我将要经销该品牌的建议 | | |
| 9 | 其他 | | |

### 6. 步骤六：实地考察工厂

经销商从网上查到相关信息，并对厂家的典型市场进行详细的调研考察，对该类产品是否在当地有市场这个问题有了较为系统的认识，相信也有了准确的判断。但以上都是经销商从侧面了解到的信息，想要全面了解厂家，就有必要正面接触厂家，以验证侧面得到的信息的真实性，同时也能真实地把握该厂家对经销商是否重视和支持经销商发展。

经销商可以通过网站等渠道找到电话，先电话咨询，找到对接人，并安排时间预约拜访。经销商实地考察的真实体验至关重要，即使前面已经决定和厂家合作了，经销商如果有不好的考察体验，也可能不会选择和该厂家合作。同样，经销商通过前期的考察对接下来是否合作还没有足够的信心，但通过拜访有了很好的现场体验，就会打消经销商的疑虑，坚定合作的信心。

经销商来厂参观考察时应该坚持“大处着眼、小处着手”的原则，不放过看到的每一个细节。关键操作点如下。

#### （1）厂家接待人员的态度和做事风格

负责接待人员是否注重礼仪。接待人员一般为招商部人员或者直接是负责该区域的销售人员，将来可能就是与自己直接打交道的人员。从这些人的言谈举止就可以看出厂家的企业文化、经营理念的落实情况。业务人员不注重礼仪，我们可以想象该厂家不重视基本的交往礼仪，也可能对后续的合作产生影响。

#### （2）考察公司展示厅

公司展示厅是公司的“面子”，无论是经销商、供应商等外部单位来人时，厂家一定会安排客人到此一游。这里一般张贴公司文化、品牌、理念、发展历程等信息，有的还展示全系列的产品，经销商可以全面了解公司的情况。

**（3）考察厂家的生产线**

生产线是否先进、现场管理是否好决定着产品质量，经销商必须重点关注。在快速消费品行业，如食品工厂，能够看到操作人员戴口罩、帽子，工服整齐干净，厂房入口处有洗手的地方，代表厂家注重食品品质，那么经销商就值得和厂家合作。同样，在工业品行业的工厂，能够看到现场 5S 管理规范，各种物品、工件、工具摆放整齐，各制造工序有流转记录卡、工艺操作规范，很大程度上代表厂家注重产品质量，那么产品就值得推广。这些都是最基本的观察要点，在很大程度上能够代表厂家的生产品质。

**（4）看厂家的技术部**

技术部是一个公司的核心，产品在市场中能否有可靠的质量和创新是引领市场的关键，虽然许多经销商并不是技术出身的，是外行看内行，但从一些关键点可以看出一些门道。看下有多少人、年龄结构是怎样的、老中青搭配是否合理等；看下墙上张贴的牌匾，获得了哪些专利成果，正在开展哪些新产品研发等信息。经销商可以据此得知厂家的产品布局和新产品开发能力。只有不断创新、敢于研发投入的厂家才能更好地引领市场发展，就值得经销商跟随。

**（5）考察厂家的仓库**

仓库是经销商最值得考察的地方，经销商可以分别看下原材料仓库和成品仓库。一是看仓库的管理水平，是否按照“先进先出”、分类陈列、标实明确等原则，是否有防火措施等；二是看成品仓的库存情况，估算厂家的库存量，可以得知产品的流转速度和供货能力。特别是供货能力是接下来正式合作特别关注的一个因素，厂家有足够的现货供货能力，就能很快地响应经销商的需求，满足市场需求。

**（6）与厂家营销高层面谈**

经销商与厂家负责营销的管理层人员见面沟通是必不可少的一个环节。在此之前，经销商一定要清楚营销组织的管理架构、管理层级有哪些，自己所在区域属于厂家的什么类型市场。与高层沟通，经销商首先要真诚沟通，显示出自己愿意与厂家合作的态度，也要不卑不亢，不要刻意讨好对方，听取厂家招募经销商的选择标准、对经销商的支持和管理方案。这个时候，经销商将自己在市场考察中发现的好的方面和待改善的方面逐一与厂家领导沟通，想必一定会赢得厂家领导的赞许，这样对拿到经销商资格和取得经销政策支持都有很大的帮助。从厂家的角度来看，厂家也愿意看到经销商积极主动的工作状态，对有想法的经销商也会刮目相看；将市场交给这样的经销商，厂家也会有很大的信心。

**(7) 考察过程中的细节关注点**

除了以上经销商在厂里要重点开展的六项工作之外，经销商也要注重一些细节的观察，有时候“窥一斑而知全豹”，从多个细节看清厂家的实力和资信状况。有些经销商考察厂家时会遇到，但没有加以提炼、总结。可以从以下方面观察和打听。

第一，看员工上下班是否按照既定线路行走、员工到内部食堂就餐是否排队。

这些都可以观察到，如果员工行走有序、自觉排队，代表着厂家管理规范，员工有素养，管理理念已深入到员工的日常行为中。想必这样的员工制造出来的产品也会值得信赖，质量肯定可靠。

第二，看内部食堂伙食。

员工食堂能体现一个厂家对员工的待遇和态度，不论是员工自己付钱还是厂家为员工提供免费的餐食，只有重视员工餐食水平和质量的企业，员工才会有幸福感，自然会用心工作，制造出好的产品。有的公司在餐饮管理上更加人性化，专门开辟出一个公共操作间，员工可以购买喜欢的食品，按照家乡的口味自己制作餐食。有的厂家无视工人的工作和生活条件，老板只看到“利润”两个字，这样的厂家很难长久生存，而且一般都是在做低端、劣质产品。

第三，询问员工工资发放是否准时。

经销商在厂区碰到员工，可以侧面打听下工资水平、工资是否每月按时发放、年底是否有奖金、逢年过节是否有额外福利等。公司能够每月按时发放员工工资，这样的企业肯定是讲信誉的，也是值得合作的。

第四，看厂区卫生间是否干净。

卫生间的管理水平体现了一个企业的文明程度，也足以看出厂家的管理水平和员工素养。我们也常听说因为卫生间不干净而影响生意的案例，外贸客户来国内考察合作伙伴，只看了卫生间，就取消了与这家国内厂家的合作计划。

经销商考察厂家的时候就更应该在细节上下功夫，从某些细节看出厂家的长远发展理念和前景。但不是说所有情况都让经销商满意了，厂家的实力就有了绝对的保证，是绝对可以放心合作的；也不是说某些方面不能达到经销商的要求就证明厂家没有实力，不能合作。这要辩证地分析和看待。在具体执行时，经销商可以按照表3－13某公司实地拜访记录表，完整地记录在厂拜访考察期间的真实情况，做出综合对比。

**表3－13　某公司实地拜访记录表**

厂家名称：　　　　　　　　　　　　　　　　拜访时间：

| 第一部分：厂家真实信息记录 | | | |
|---|---|---|---|
| 序号 | 考察项目 | 现状描述<br>（真实填写看到、听到的信息） | 我的判断 |
| 1 | 厂容厂貌 | | |
| 2 | 礼仪礼节总体印象 | | |
| 3 | 生产线情况 | | |
| 4 | 技术研发情况 | | |
| 5 | 仓库管理情况 | | |
| 6 | 细节关注点 | | |
| 7 | 其他 | | |
| 第二部分：合作初步洽谈信息 | | | |
| 序号 | 项目 | 信息描述 | 我的判断 |
| 1 | 区域及品项授权约定 | | |
| 2 | 厂家对经销商的要求细则 | | |
| 4 | 厂家对经销商的支持细则 | | |
| 5 | 厂家对我的总体建议 | | |
| 6 | 其他 | | |

### 7. 步骤七：确定合作厂家

经过以上六个步骤的详细工作，相信经销商对选择哪个厂家合作就非常清楚了。在具体执行时，经销商可以按照表3－14待合作厂家综合评估表将多个厂家的信息综合对比，找出最适合自己的厂家作为合作伙伴。

根据调研过程中得知的厂家对经销商的种种不良信息，经销商会直接将这些厂家排除在外，不会和这些厂家合作。通常有以下情形的厂家，建议经销商不要与之合作。

情形1：厂家不讲信誉，承诺的政策不兑现，或者经常改变政策。

情形 2：厂家经常采取压库方式销售，导致经销商库存压力大，不得不经常大促销消化库存，毛利因此降低。

情形 3：厂家不遵守区域独家经销协议，在一个区域设置多个同类经销商进行销售，导致市场经营混乱。

情形 4：厂家经常无正当理由更换经销商。

情形 5：厂家业务人员和管理人员有吃、拿、卡、要行为。

很多经销商都认为有品牌的厂家是一定要找准机会合作的。事实上，当前市场环境下，消费者细分化、个性化，导致大品牌效应递减，大品牌具有的带货功能越来越弱化，销量锐减，毛利减少。而一些小众品牌，由于切入了适合的细分市场，深受消费者欢迎。所以，经销商选择厂家的方式也要相应变化。经销商不要唯品牌论，要看厂家的总体发展势能。

**表 3－14　待合作厂家综合评估表**

| 序号 | 评估项目 | 厂家 1 | 厂家 2 | 厂家 3 |
|---|---|---|---|---|
| 1 | 厂家经营理念及规划 | | | |
| | 评估分数 | | | |
| 2 | 产品情况 | | | |
| | 评估分数 | | | |
| 3 | 对经销商的具体政策 | | | |
| | 评估分数 | | | |
| 4 | 与厂家要求的匹配性 | | | |
| | 评估分数 | | | |
| 5 | 企业总体管理水平 | | | |
| | 评估分数 | | | |
| 总分 | | | | |
| 候选排序 | | | | |
| 最终选择厂家及理由 | | | | |

填表说明：

①按照每项 20 分，共 100 分评估。

②在对应的栏目的上栏中先填写基本信息，下栏中填写具体的评估分数，

分数越高，表明此项对选择越有利。

### 8. 步骤八：获取经销授权书

#### (1) 获取经销授权书

通过以上七个步骤的详细调查和分析，经销商可以最终选择其中一家意向合作厂家。在这一步，经销商要通过谈判沟通，取得厂家对产品的经销授权资格证书，即“授权书”，才能有正式资格销售厂家的产品。

通常情况下，厂家和经销商就经销意向达成一致后，厂家会要求经销商填写一份经销资格申请表，每个厂家在具体操作时不完全一样，多数情况下要求经销商如实填写自身的资源情况、申请的经销区域、品类等，提供基本的公司工商税务信息，再交由厂家管理人员层层审批，最终成为有资格经销厂家产品的一员。厂家的经销授权书有多种版本和格式，有“授权书”“经销资格书”“合作伙伴证明书”等，无论哪种叫法，都主要载明六个主要项目：授权公司、授权期间、授权区域、授权级别、授权渠道、授权产品，并由总经理亲自签署。

第一项：授权公司。指经销商，一般以正式的公司名称为准。

第二项：授权期间。一般一年一授权，载明授权证书的有效期间，以厂家财务年度期限为准。

第三项：授权区域。以厂家和经销商约定的为准，一般按照行政区域单位划分，可以为单一区域，也可以为多个区域，要看经销商销售服务覆盖的范围。

第四项：授权级别。有些厂家实行分级经销商管理机制，即按照一定的标准将经销商分为多个等级，每个等级享受不同的销售政策，主要是价格水平差异。一级经销商价格低，二级经销商价格高。

第五项：授权渠道或行业。指厂家和经销商约定的产品限定的销售渠道或者客户群。如在快速消费者行业，厂家将同一个区域的多种零售网点细分，分为专业运作 KA 卖场的经销商，专业运作特殊通路的经销商，专门负责小型超市、乡镇市场的经销商。而在工业品机电行业，也有按照客户行业类别划分授权的，比如某个授权经销商只负责本区域特定行业客户的销售和服务工作。

在当前全渠道销售的大背景下，有些厂家对线上销售做出了特别约定，获得授权后，经销商才能开展线上销售。

第六项：授权产品。厂家授权产品也有讲究，一般和第五项授权渠道或行业相对应，仅对授权渠道相对应的产品进行授权。也有的厂家和经销商共同研发定制产品，厂家可以将此产品单独授权，可以在全渠道销售。关于这些厂商的合作案例，我们将在后续的章节重点讲述。如图 3－3、图 3－4 所示。

证书编号：[illegible]　Panasonic

系统集成合作伙伴

本证书证明 [illegible]
为松下电器机电（中国）有限公司的系统集成合作伙伴，可在授权范围内采购松下产品并在系统集成后进行销售活动。

This certificate certifies that [illegible]
is a Business Partner for Panasonic Industrial Devices Sales (China) Co., Ltd.
They are eligible to sale their own products systematic integrated with our company products in Authorized Area.

本证书有效期：自 2018年04月01日 起至 2019年03月31日
Term of validity : from 2018年04月01日 to 2019年03月31日

主营业界：自动化
销售区域：中国地区
采购产品：工业控制产品、电机

未经我司专门授权，贵司不得通过互联网销售上述对象产品。
You are NOT authorized to sell the abovementioned products via internet except the prior written authorization issused by us.

Panasonic Industrial Devices Sales (China)Co.,Ltd
松下电器机电（中国）有限公司

图 3－3　松下电器机电（中国）有限公司的系统集成合作伙伴授权书

metabo®

PROFESSIONAL POWER TOOL SOLUTIONS

DEALERSHIP CERTIFICATE

经销商网络授权书

This is to certify that (兹证明):

[redacted]有限公司

being our authorized dealer of metabo store in JD, is allowed to sell and promote Metabo Power tools and accessories.

为京东麦太保官方旗舰店的授权网络经销商，允许销售推广麦太保电动工具及附件。

Validity: from 1st Jan, 2017 till 31st Dec, 2017

有效期限：2017 年 1 月 1 日—2017 年 12 月 31 日

For and on behalf of

Metabo Powertools (China) Co., Ltd

麦太保电动工具(中国)有限公司

Hermann Hirsch

海尔曼·赫希

Managing Director

Sales & Marketing

Asia – Pacific and North America

市场销售 亚太区及北美区 总裁

图 3－4　麦太保电动工具（中国）有限公司的网络经销商授权书

（2）授权书关键要素的谈判

授权书中载明的要素都非常关键，直接影响经销商的经营。因此，经销商要尽力争取对自身有利的条件。当然对某些要素，厂家也会有硬性的规定，可能难以更改，或者需要最高层的审批才能更改。这个步骤是真正考验经销商谈判能力的环节，经销商要想赢得理想的谈判结果，就必须把握好谈判的策略方法和节奏。

第一，双赢策略。

谈判就是心理战，经销商要凭借自己的实力争取到最有利的合作政策，当然也要多站在厂家的角度思考，实现双赢。区域市场是厂商共同做大的，离开了任何一方都无法成就品牌，好的厂家给了经销商一个展示能力的平台，是厂家成就了经销商。经销商要抱有感恩的心态，再优秀的区域经销商也是厂家成就的，离开了厂家，经销商将成为无本之木、无源之水。因此，自认为优秀的经销商，不能凭借自身优势而提出过多的条件，不能抱着“这个市场你不找我就没有人能做”的想法。同时，品牌大企业也不能过度压制经销商，不能抱着“我给你发财的机会而你必须听我安排”的心态。以上两种心态是不可取的，厂商必须多问自己“如果能合作，我能给对方带来什么”。所有的合作条件必须能够为双方带来好处，有利于品牌的成长和发展。经销商要明白厂家给予的任何条件都必须以自己的业务来证明，当然厂家前期的投入有时是理所当然的，但经销商必须让厂家知道这样的投入能够带来哪些市场效果。

第二，要给厂家足够的信心。

经销商作为厂家在区域市场的主导角色，在谈判中一定要让厂家感觉到“这个市场交给我，厂家尽管放心”，要给予厂家足够的信心，让厂家感觉到选择自己是最合适的，但不能夸夸其谈、不切实际。首先，从经营理念上，经销商认同厂家的经营理念，并保持高度一致。其次，要熟悉区域市场，再结合厂家的发展策略，能够提出一套符合市场实际情况的操作方案，这才能给予厂家信心。

比如，在谈到授权区域时，多数经销商会要求更大的行政区域范围，在县城的经销商要求获取整个地级市区域的经销权，在地级市的经销商要求获取多个相邻地级市区域或者整个省份的经销权。经销商提出这样的要求无可厚非，但一定要给厂家足够的理由和事实，一定要展示自身的资源配置能够覆盖整个区域范围，同时自己要熟悉整个市场。

第三，速战速决。

经销商运作区域市场首先是要在厂家的大战略推进下启动，更重要的是快速布局好自己的区域市场，除了精细策划外，还需要踩准市场发展的节拍。在快速消费品行业，一般从正式签约、首批进货、第一轮铺货大概需要一个月。

时间就是金钱，同样，终端货架就是金钱。运作时令性较强的产品，必须把握好各项工作最佳的开展时间节点，如啤酒和饮料等销售旺季从5月份开始，而最佳的铺货时间在2月份，终端的开发和铺货政策实施都在此阶段落地，错过了这个时节，就错过了一年的销售时机。

因此，经销商看准了某个品牌就速战速决，快速签下合作协议。一是为了快速把握市场先机；二是多家争夺经销资格时，更需要果断出手，真正具有可持续发展能力的企业少之又少，尤其是快速超常规发展的厂家更是“绝对的稀缺资源”，能有幸搭上大船一同出海遨游，应该是莫大的人生幸事。

第四，适时展示自己的实力。

在前期建立联系和沟通交流中，厂家的相关人员应该到经销商处拜访过，并且也会通过其他渠道了解过经销商的情况。但为了充分展示自己的经营实力和能力，经销商可以适时邀请厂家领导来本区域市场考察和指导，让厂家人员对自己运作市场有更大的信心。

比如，在谈到授权级别时，肯定要争取区域独家一级经销商，以减少区域竞争，同时与厂家合作的话语权较大，对自己的经营有利。而厂家可能有顾虑，有总体市场布局规划，可能会按照渠道或行业，以及产品细分类别设定不同类型的经销商，或者根据对经销商的实力评估确定一级、二级经销商。经销商既然想争取这样的权利，就要拿出自己的软硬件实力，结合自己的优势，只要事实和理由充分，厂家肯定会满足经销商的要求。经销商一旦争取到自己想要的条件，在接下来的市场运作中一定要全力以赴，用业绩来证明自己。

**【思考】**

作为经销商，你目前经营最成功的一个品牌有赖于当时独到的眼光和科学评估，应该摸索出了一套实效的选品经验和心得。你可以按照表3－15的逻辑思路梳理出来，可以应用到后续选择新品类合作伙伴的实践中。

**表3－15　经销商选择品牌厂家过程回顾表**

经销商名称：　　　　　　　　　　　　　　　　时间：

<table>
<tr><td colspan="2">选择的厂家</td><td colspan="2"></td><td>行业</td><td></td></tr>
<tr><td colspan="6">一、当时候选厂家情况</td></tr>
<tr><td>序号</td><td colspan="2">厂家</td><td colspan="3">厂家详细情况</td></tr>
<tr><td>1</td><td colspan="2">厂家1</td><td colspan="3"></td></tr>
</table>

续表

| 序号 | 厂家 | 厂家详细情况 |
| --- | --- | --- |
| 2 | 厂家 2 | |
| 3 | 厂家 3 | |
| 二、当初选择 × × 品牌的主要依据（最打动你的方面） | | |
| 序号 | 项目 | 项目详细信息 |
| 1 | 产品 | |
| 2 | 政策 | |
| 3 | 企业管理水平 | |
| 4 | 经营理念与规划 | |
| 三、当初选择 × × 品牌的主要过程 | | |
| 序号 | 阶段 | 你开展了哪些具体工作 |
| 1 | 考察阶段 | |
| 2 | 评估阶段 | |
| 3 | 签约阶段 | |
| 你的主要经验总结 | | |

# 第四章

# 年度合同——成功合作的基础

【本章导读】

经销商获得厂家授予的授权证书已经迈开了厂商合作关系的重要一步，接下来面临的就是实实在在的经营管理工作，首当其冲的是年度合同的签订工作。对于厂商年度合同，厂家的心态是什么？经销商的心态又是什么？从实践上看，双方多处于博弈状态，针对具体的条款讨价还价，年度业绩目标、资源投入政策、具体奖罚措施等，都是站在各自的立场上争取更大的、更可靠的利益保障。事实上，厂家总是凭借专业知识和有组织地推进，又有法律顾问起草的格式合同文本，最大限度减少厂家合作过程中可能出现的风险。在这个过程中，经销商往往处于弱势地位，很大程度上受制于厂家，总体上由厂家主导推动，完全按照厂家的格式合同条款约定。经销商无法改动任何一个数据，甚至是厂家直接分配好的业绩目标数字。

处于弱势地位的经销商，如何利用专业的技能来思考，在厂家合同文本的基础上，制定一份独有的合同，这是很多经销商的切身需求。接下来从认知合同的本质、如何提升合同的质量，到如何制定属于本区域市场状况的专属政策角度，为广大经销商提供一套系统的思维模式和工具方法，建立一种互惠双赢型、高度信任的厂商合作关系，让厂商年度合同真正成为推动合作成功落地的助推器。

## 一、从两个案例看年度合同的重要性

### （一）案例 1：从“解释权归厂家”看条款执行的异议处理

某品牌区域经销商 2016 年回款业绩总额为 560 万元，按照合同条款对应的奖励额度，可得到 3% 的奖励，奖励总额为 560 × 3% = 16.8 万元。在 2016 年订单中，此经销商向厂家申请过多次订单优惠支持，正常结算价下降 2%，共计 100 万元，且都经过厂家领导审批同意。但在奖励核算时，此 100 万元没有计入 2016 年总体业绩中核算，只是算了 460 万元，且 460 万元对应的奖励比例只有 2%，经销商只能得到 9.2 万元的奖励。

16.8 万元与 9.2 万元的差距，经销商当然会据理力争。找到厂家销售经理争取利益，但厂家以“合同解释权归厂家”为由，彻底伤透了经销商的心。

翻开很多的厂商年度合同，一般在末尾都有“本合同的解释权归 × × 公司”这样一句话，可能经销商也没能想到有哪些事项在合同中没有约定，一时也想不出来。而在实际合作过程中，很多事情都无法在合同中明确表达。一旦遇到没有界定的事项，并且涉及利益问题需要处理时，或者遇到某项条款执行异议时，最终决定怎么执行的是厂家一方。不管是厂家为了回避难以执行的条款，还是厂商之间还未能预料到可能发生的执行问题，事实上，这句话明显地保障了厂家的应得利益。即使经销商据理力争，也总是处于弱势地位。

2% 的价格下浮与 3% 的奖励，孰轻孰重？根本原因是厂商之间在合同中没有界定正常价之外的销售业绩是否有奖励，并且在价格优惠审批中没有界定此项情况的执行细节，对重要条款的履行条件设定模糊。

### （二）案例 2：从“合同条款与其他文件有异议时，以本合同条款为准”看厂商管理文件乱象

A 区域经销商是某品牌的区域独家经销商，因近期统一提高出厂价，A 经销商要提高所服务的甲客户的产品售价，但一直没有谈拢。甲客户通过查询接触到该品牌 B 区域经销商，以低价合作。

这是典型的经销商窜货冲突。A 经销商得知情况后，立即投诉到厂家，经过调查，情况属实。相信遇到过区域窜货冲突的经销商都有深刻的体会，先不说本次窜货造成的实际损失大小，但就此可能引起的价格下降、品牌声誉、与其他经销商的关系都带来很大的负面影响。有相关管理制度的厂家按章法处理，该罚款的罚款，该警告的警告，该取消合作关系的就立即取消。但没有相关管理制度的厂家，只是协调处理，找到一个让双方都能接受的折中方案。

该厂家也是一个管理规范的公司，翻开合同查询，查到有关市场管理的条款，具体如下。

公司对于各种窜货现象决不姑息纵容，除通过合理的区域划分管理，从根本上保证各级分销渠道成员的合法经营权益外，公司将强化管理力度，一旦查实为窜货行为，将按以下方式处理。

发现第一次，罚款 2 万元；

发现第二次，罚款 3 万元；

第三次窜货，立即取消其经销商资格，并不再享受任何奖励。

同时，经销商翻开了厂家制定的管理文件——《关于市场窜货的管理规

定》，有厂家的盖章，并发送至各经销商，表明要按此制度执行。条文中的规定：窜货发生的销售金额（按照出厂价计算）计入受窜区域的年度销售业绩，并按照2倍金额从窜货经销商的年度销售业绩中扣除。

怎么办？

按照合同条款约定，厂家得到罚金，而A经销商完全没有任何利益补偿，还因为窜货导致无法提高销售价格，长期受损。按照厂家的管理文件，A经销商得到了一定的业绩金额补偿，可以计入全年销售业绩得到各种奖励。

合同执行一切看条款，有双方签字盖章，“合同条款与其他文件有异议时，以本合同条款为准”，A经销商无法力争，只能接受。不过总算守住了这个甲客户，只求能有更大的销量。

相信很多经销商都遇到过这样的事情，厂家会根据不断发生的市场现象，发布一些针对性的管理制度，但经常会发生制度条款重复、重叠、冲突等现象，有时又没有时间界定，执行起来自然无法找到具体依据，而厂家尽可能找到能维护自己利益的条款。

以上两个案例只是冰山一角，合同条款的约定模糊、执行条件不完善，都为厂商顺利合作埋下了风险和隐患。比如，还有市场费用支持与报销，交货期延期或者断货造成的合同罚款风险、质量问题的处理和售后费用的承担等。针对这些问题，我们在厂商年度合同中必须清晰界定，或者以相关的管理制度作为补充说明，视为合同附件的一部分。只有这样，才能保证厂商合作顺畅，减少纠纷。

**【思考】**

如果你是经销商或者厂家的销售管理人员，应该也遇到过厂商合同执行出现异议的情况，请将这些异议案例写出来，并将最终如何处理的经验做一下总结。如表4－1所示。

**表4－1　厂商年度合同执行异议改进表**

你当时的角色：　　　　厂家□　　　　经销商□

| 序号 | 原异议条款内容 | 厂商双方的异议利益诉求 | 解决方式 | 后期改进方案 |
|---|---|---|---|---|
| 1 | | | | |
| 2 | | | | |

续表

| 序号 | 原异议条款内容 | 厂商双方的异议利益诉求 | 解决方式 | 后期改进方案 |
| --- | --- | --- | --- | --- |
| 3 | | | | |
| 4 | | | | |
| 5 | | | | |

## 二、厂商对年度合同的态度

厂商年度合同既涉及双方的合作利益，又是双方顺利开展合作的指导性、纲领性文件。双方都会从自身角度争取应有的利益和权利。签好合同，是双方都想达到的目标。但我们对合同的本质还没有清晰的理解和领悟，可能争取了一时的利益，对于长远经营来说还是有影响的。理解了合同的本质，我们才能真正签好合同，建立更加稳固、着眼于长远的厂商战略合作关系。

### （一）何谓合同

合同，又称为契约、协议，是平等的当事人之间设立、变更、终止民事权利义务关系的协议。合同作为一种民事法律行为，是当事人协商一致的产物。在厂商合作关系中，合同的界定有非常狭义的理解，特指厂家和经销商之间就达成经销产品而签订的合作协议，主要界定了经销商、厂家的权利和义务，以及商务条款，如价格、年度目标、各项奖励等。有人说合同就是一个目标，有人说合同就是一种信任，但这都是一些表面的认识，认为厂商之间建立买卖关系，互为所需。商家分销厂家的产品获取经营利润，而厂家通过商家的分销，让产品销给客户，扩大了市场影响力，有助于建立品牌。

为什么要签订合同？合同在本质上是厂商之间在自身对市场认知的基础上，达成对未来市场经营的共同预期和愿景，包括销量、资源投入、品牌占有、经营利润等，通过合同条款的约定，特别是对于权利、义务、利益等的界定，指引双方开展有针对性的市场销售行为，为厂家在该区域的产品销售和品牌建立指明了方向，它是一个简易版的区域市场计划书，体现了厂商双方对该区域市场共同的经营思维。

但在实际执行过程中，在初步达成对市场的基本认识后，特别是对于新建立的合作关系，厂家和经销商对市场都会有一个基本的预期。接下来双方都会在具体的条款上讨价还价才能达成共识，因为双方站在不同的立场，认知的信息不对称，需要不停地博弈、争论。既然是一种博弈，博弈就存在筹码，谁的筹码大、有底气，谁的博弈能力就强，能争取的有利条件就多。相反，谁的筹码小，就没有竞争力，能够争取的条件就少，对自己就不利。对经销商来说，如何增加自己的筹码，以此来获取更有利的合作条件是需要认真思考的。

### （二）厂商对待年度合同的两大心态类型

谈判就存在博弈，有博弈就存在各自筹码的大小。品牌大的厂家，实力强、产品好，经销商都抢先占有。他们会有选择性地寻找经销商，也会制定系统的选择标准，这样厂家的地位就强势。相反，小品牌厂家或者是刚入行的厂家，为了打开市场，饥不择食，面对强势的经销商也要敬畏三分，没有经销商选择标准。

从多年接触的案例现实来看，厂商在对待年度合同时，主要有两大心态，如图 4－1 所示。

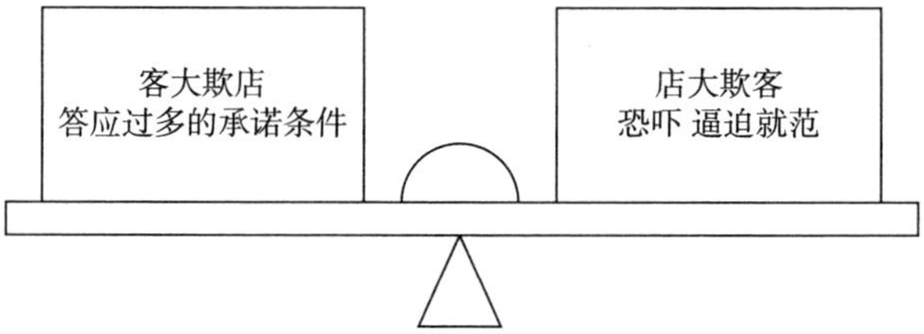


**图 4－1　厂商对待年度合同的两大心态**

#### 1. 店大欺客型

厂家的实力强、品牌好、产品有竞争力，再加上有很好的管理基础，自然在厂商合同谈判中处于有利地位，对经销商的发展会起到促进作用，会带动经销商的发展，只要你愿意跟着厂家的步伐走，一般不会犯大错，能少走弯路。所以，遇到这样的厂家，经销商宁可“受欺”，做一个听话的执行者。特别是刚入行的经销商，或者经销商原来缺乏此类产品的销售经验时，这一点尤为重要。

这样的“受欺”，主要体现在以下方面。

第一，具体政策条款上“受欺”。

在进行合同条款洽谈时，厂家往往抛出自己的数据，如 1 ~ 3 年的销售目标、客户发展数量、人财物投放等，经销商可能完全没有讨价还价的余地。经销商可能认为作为新品牌进入市场，自己又缺乏经验，目标太高不现实；即使凭借自己多年的生意直觉，认为只要努力一定能够完成，还认为目标不高，但也表现出为难的状态，以便争取到更多的政策支持。实际上厂家心里有底，这些数据不是凭空想象的，一定是基于厂家在进入市场之前就做了大量实实在在的基础工作，是经过演练推算的，并且有了初步的策略方法；经销商只要照章执行即可，经销商完全不用顾虑这些表面的数字高低。

第二，具体工作安排上“受欺”。

在基本的目标绩效、人财物等投入达成一致后，就是执行问题。这样的厂家有很强的市场管理能力，在考察合作阶段，有严格的选择标准，一旦签约合作，对经销商高度负责，厂家会有一整套市场开发与管理的工具和方法。厂家派团队进入，让经销商完全按照既定的方法，有步骤地开展工作，具体参与到经销商的日常经营管理工作中，但任何方案都由双方协商确定。在这个阶段，厂家将和经销商形成紧密的工作模式。比如，如何组建团队，主导新员工的招聘工作，开展产品知识培训，带领经销商人员到厂家学习；如何进行市场调研和客户分析，协助经销商快速地进入工作状态，完成经营布局并展开实质性的市场工作。

经销商很乐意接受这样的“受欺”。相反，也有部分经销商是真正地受欺，遇到强势的厂家，只给目标，不给方法。特别是厂商合作多年，经销商业绩没有达到厂家的期望的状况下，基于厂家销售经理追求业绩的心态，对待经销商更是大棒政策，压指标，爱干不干，不干就换人，更加激起了经销商的抱怨情绪。现实很残酷，经销商投入了很多的资源和精力来运作市场，业绩不佳不是经销商一方面的原因，在一定程度上厂家也有部分责任，经销商为了保住自己的区域授权，受制于厂家的不合理政策，接受更高的年度目标，减少部分的人财物支持。这种现象在快速消费品行业非常普遍。厂家要业绩，业务人员要奖金，对经销商采取高压政策，压货、压货、再压货，频繁要求经销商做促销，但不给足够的费用支持。更多的厂家要求经销商进入更多的零售终端，承担更多的条码费和客情费用等，经销商成了厂家的仓库或搬运工。而在工业品行业，这种方式更多体现在结算政策的收紧和授信支持的减少，面临着多种回款考核政策，经销商的资金周转受到严重影响。

这些不对等的、不符合双赢策略的合作条款，厂商双方都是受害者。经销商没有盈利和持续发展能力，慢慢会收缩，甚至会寻找其他更有盈利机会的行业和品牌，而厂家不得不去寻找和开发更多的经销商来收拾市场残局。如果厂家不改变对经销商的强势心态，更换了经销商也是不成功的，这样的事例很多，更换了多个经销商也无法成功运作，最后无人敢接手，厂家只得彻底放弃市场。

**2. 客大欺店型**

这样的经销商多属于区域王，有多个好品牌的区域经销权，下游客户网络资源多，团队建制完善，自然成为很多厂家心目中的香饽饽。特别是一些新品牌厂家，想打开这个区域市场，自然会找到这些经销商。凭借这些资源和筹码，经销商摆出强势姿态，要求厂家提供更优惠的人财物等支持政策，厂家也得咬牙接受。对于处于招商期的品牌来说，遇到急功近利的业务人员，厂家为了树立渠道榜样，更是主动给予更优惠的合作政策来获得这些区域王，以便起到很好的全国示范效应。

诚然，很多经销商在这些优惠政策的支持下，加上自己的资源优势，能够将该品牌快速地推广成功。相反，也有部分经销商为了自己原有的品牌经营利益，特别是和原有经营品项具有很大同质性的产品，采取了“雪藏政策”，消极推广，将本有很大市场潜力的品牌扼杀在摇篮中，使得厂家失去了成功推广的可能性。当厂家意识到这些后，不得不舍弃这些区域王，另寻他人。这种现象在工业品领域很多，同样性价比的产品面对的是同一个客户群，存在替换性，非此即彼。一方面有原有经销品牌的业绩压力；另一方面又没有足够的精力和理由向同一个客户推广新的品牌，只能在厂家的推动和要求下做些没有实际效果的事情。

**【思考】**

如果你是经销商或者厂家的销售管理人员，请根据以上板块内容的阐述，写出厂商之间对于年度合同的心理状态，并思考这些状态是否影响品牌的发展。如表4－2所示。

**表 4－2　厂商关系状态分析表**

你当时的角色：　　厂家□　　经销商□

| | | |
|---|---|---|
| 厂商关系类型：　客大欺店 □　店大欺客 □ | | |
| **序号** | **具体表现** | **给品牌发展带来的影响** |
| 1 | | |
| 2 | | |
| 3 | | |
| 4 | | |
| 5 | | |
| 6 | | |
| 7 | | |

## 三、厂商对于年度合同认识的三重境界

按照自然年度进行经济核算的厂家，每年从 12 月份开始，摆在厂商面前最大的任务就是年度合同的签订工作。厂家会制定下一年的区域业绩目标，通过业务人员与经销商的多次沟通来完成此项工作。但不同管理水平的厂家和经销商，对年度合同的重视程度也不同，不同的认知也将造就不同的经营结果。在与多个经销商和厂家负责人沟通后，我总结出厂商对于年度合同的认知有三种境界。如图 4－2 所示。

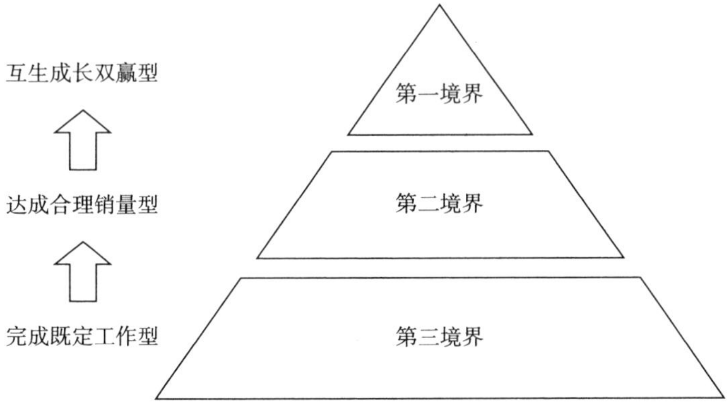


**图 4－2　厂商对于年度合同认知的三种境界**

### （一）境界之一：完成既定工作型（低级境界）

有一些厂家对经销商不重视，每年与经销商签订合同也是草草了结。双方签订合同只是一种形式，双方对合同的具体条款、数字等一般不会计较，双方签字盖章即算完成。出现这样的情况，有的是出于客观的原因，如销售模式选择以直销为主，自然对经销不重视。也有出于主观的原因导致厂家对某些区域的经销商不重视。主要有以下四种情形。

**1. 厂家主要依靠直销模式进行销售，对经销渠道不重视**

从厂家角度来看，经销商作为一个补充的销售渠道形式，可以提高销量或者完善市场布局，厂家的渠道管理人员算是完成了一项工作，在接下来的市场管理中也不会投入精力，处于有单就接、无单也无人跟进管理的状态，任其自由发展。对于经销商来说，厂家提供一个系列的产品，依靠自己的努力或者该厂家品牌本身自有的市场效应，也能实现一定的销量，对于投入不大的小本生意来说，也是不错的选择。

在这种市场情形下，经销商的确面临着尴尬的处境。厂家以直销为主，已经建立了符合直销模式的运作团队和管理体系，转为经销模式的可能性较小，自然不会投入资源来支持经销渠道的发展。因此，经销商不应该将此品牌作为重点，只能先依靠自己的力量发展。试图依靠这样厂家发展壮大的可能性较小。

**2. 厂家以经销模式为主，但对非重点市场不重视**

这种情况下，厂家的产品在该区域适应性不强，消费习惯不同，市场规模较小，厂家还没将此区域作为重点开发的市场，经销商的发展多是自发形成的，既然有经销商愿意运作该品牌，多数厂家会同意开设经销商。随着市场的逐步发展，这种情况呈现出阶段性的特征，由非重点市场转为培育市场进而成为重点市场的演变路径，厂家对区域经销商的重视程度也逐步提高。

在快速消费品市场，这种情况尤为突出。浙江一带的黄酒被誉为养生酒，但由于消费习惯不同，在北方市场很难突破，浙江一带的生产厂家自然不会将北方市场纳入重点运作范围，此区域的经销商自然不会得到厂家的支持，即使像塔牌、古越龙山、和酒等知名品牌也是依靠全国性 KA 系统有选择性地进入一些北方市场，但总体销量不容乐观。当然，随着中国人口的流动性加速，也带动了一些消费习惯和潮流的融合，如发端于南方消费的凉茶品牌，最早由王老吉凭借防上火的卖点迅速在南方市场流行。在初期，厂家将主要资源投放在南方，以餐饮即饮为突破口得到了消费者的认可，进而发展到日常饮用、节日礼品等多个消费场景中，使得凉茶成为一个开创性的全新品类，在饮料市场中占有一席之地。在初期市场推广的过程中，凉茶厂家在区域布局上首选南方市场为重点市场精耕细作，如王老吉最早将具有消费引领作用的温州市场作为重点，打造样板市场。此时，厂家一直将北方纳入非重点市场，纵然该区域有先觉意识的经销商愿意运作该品牌，也得不到厂家的人财物支持，只能依靠自有力量自然发展。在随后的几年里，厂家逐步将市场向北拓展，原来不受重视的经销商也能得到厂家的支持，厂商合力，迅速打开了市场。

**3. 厂家依靠密集分销模式，在一个区域设置多个经销商，厂家对同一个区域内销量较小的经销商不重视**

“广开户”是很多厂家一贯实施的市场策略，厂家总抱着东方不亮西方亮，或者多户相互竞争和互相牵制的心理运作市场。也许在市场开发前期会取得一些销量，利用多家经销商的资源能迅速打开市场。一旦市场格局形成，多个经销商之间总会有销量大小差异，销量小的经销商也会受到厂家的区别对待，与销量大的经销商相比，得到厂家的人财物资源支持也会少很多。

也有例外的情况，在快速消费品领域由于销售终端的运作差异性较大，根据经销商资源的不同，很多厂家分别设置了适应不同销售终端模式的经销商，如专业运作现代零售终端的 KA 型经销商、专业运作 BC 类店的经销商，以及专业运作城郊流通渠道的经销商等，分渠道模式设置经销商。在这种情况下，厂家会根据经销商的不同分别给予相对应的人财物支持，充分发挥各个经销商的优势资源，使各个终端运作更加精细化，实现协同效应。

**4. 一些需要调整的区域，厂家对于这些经销商也不重视**

策略性调整经销商是厂家经常发生的市场管理事项，有的是因为经销商跟不上厂家的发展要求，有的是经销商有其他更好的同类产品品牌选择，不重视该厂家的产品运作，厂家不得已另寻经销商运作。不管何种情况，厂家除暂时性同现经销商签订合同外，摆在厂家面前更大的挑战是如何找到更适合的经销商，以及如何顺利地与现经销商妥善解决市场遗留问题，如客户资源、库存产品及物料、市场费用、应收款项等。

### （二）境界之二：达成合理销量型（中级境界）

厂商年度合同的最基本的要素即年度任务，即当年因购买产品付给厂家的货款总额，也有公司称为销售目标，即当年厂里的发货总额。因为每个公司对此的称谓不同，我们在这里统称为回款目标。回款目标一般是与各种奖励条款对应的，如年度返利的点数，因此厂商之间都看重此数字的大小。

接下来就是厂商对于具体数字大小的讨价还价过程，厂家一般会总体制定年度的增长要求，直接下达给经销商。

典型的场景是这样的。

**"××老板，你看厂里今年总体要比去年增长30%，我们去年做了300万元，我们这里有基础，今年给你下达400万元的任务。"**

**经销商老板："做不到，最多能保持去年的水平，今年行情更不好，各行各业都因为环保限制，工厂开工率不足，消费者没有钱，我们的产品更难销售。"**

**厂家销售经理："我没法给厂里交代，你看另一个区域的陈老板，和你一起开始做的，区域还比你的小，今年给他500万元的任务，我们的400万元是最低的了。"**

**经销商老板："去年我们也是冲刺了，压了一些库存还在仓库里，等着年初处理呢，这个任务再减少点。"**

**……**

厂家销售经理从"官方下达"（讲解公司的增长硬性要求）到"例证强化"（讲解其他同类区域市场的任务），意在让经销商必须按照这个任务签订年度合同。而经销商也有自己的考虑，从"行情不确定性"（表明今年市场环境不好）到"库存压库"（表明为完成去年任务压了库存），意在减少今年的任务量。厂商双方都站在自己的立场上，通过多个回合的谈判，但很难达成一致的任务量目标。

一直僵持着也不是办法，接下来怎么办呢?

厂家销售经理和经销商老板不得不坐下来，共同商定一个可行的数字。厂家销售经理一般对经销商的销售情况是有所了解的。在工业品行业，销售经理们已经掌握了科学的市场分析方法，一般会分行业、分客户帮助经销商分析市场销量来源，以现实数字为基础，将销量仔细客观地分解，让经销商心服口服。如表 4 – 3 所示。

**表 4 – 3　区域市场分行业销量来源分析表**

| 序号 | 行业 | 主要客户 | 去年销量 | 今年预计销量 | 增长率 |
|---|---|---|---|---|---|
| 1 | 行业 1 | | | | |
| 2 | | | | | |
| 3 | | | | | |
| 4 | | | | | |
| 5 | | | | | |
| 行业 1 小计 | | | | | |
| 6 | 行业 2 | | | | |
| 7 | | | | | |
| 8 | | | | | |
| 9 | | | | | |
| 10 | | | | | |
| 行业 2 小计 | | | | | |
| 11 | 行业 3 | | | | |
| 12 | | | | | |
| 13 | | | | | |
| 14 | | | | | |
| 15 | | | | | |
| 行业 3 小计 | | | | | |
| 16 | 其他行业 | | | | |
| 17 | | | | | |
| 18 | | | | | |
| 19 | | | | | |
| 20 | | | | | |
| 其他行业小计 | | | | | |
| 总计 | | | | | |

现实中，经销商往往认为销售经理们夸大数字，将每个客户的运作想得过于简单和理想化。经销商对于市场也有自己的小算盘，一旦认为这两个数字相差不大时，就会在半推半就中将合同盖章确认。经销商如果认为数字偏差太大，的确难以接受，就会据理力争，拿出自己的理由，厂家销售经理可能会适当予以减少，给对方一个顺水人情，让经销商记得自己的好。殊不知，一般销售经理们都事先将目标任务适当放大了，即使减少了一些，最终的数字也都在销售经理们的掌控之中。当然，经销商具体能完成多少销量受很多因素的影响，但有一个厂商双方共同约定的数字目标，经销商也会调动各方资源，尽最大努力完成。很多工业品经销商，每年 12 月份的核心工作就是收款，以便能在 12 月 31 日之前将所有的现金、汇票转至厂家。

在中国还有一个特殊的行业——服装行业，品牌厂家通过区域授权代理的模式销售，每年两次的新品发布会，在发布会上代理商就必须签订下一季节的进货任务，具体细分到各个系列产品的颜色、款式、尺寸等。一般每年 10 月份发布次年春夏款的服装，每年 5 月份发布当年秋冬款的服装。品牌厂家将全国代理商分批召集到厂里，将所有开发的新款服装一字摆开，给每个代理商一个任务数字，各地代理商们带着自己的店长、分销商等核心人员，在琳琅满目的展品中挑选心目中的爆款，一点一点地凑着达到任务数字。从品牌厂家的角度，服装行业属于典型的期货制，经销商选了这些款就必须预付货款，厂家就按照这些品种和数量采购原材料并生产，在约定的时间分配发送到市场。数字多少就代表着品牌厂家的销售业绩，因此厂家在任务目标上没有丝毫让步，代理商们只能接受，没有讨价还价的空间，除非考虑彻底放弃该品牌。在实际运营中，品牌厂家也定期会采取销售培训、陈列指导等销售促进措施，帮扶代理商将积压在仓库的服装快速卖掉，从而实现销售。

经销商都有这样的想法：今年目标高，厂家明年肯定会给更高的目标。所以，经销商即使明知自己可以轻松地完成高目标，也不会轻易答应厂家的高目标，一直在压目标状态下发展，现实并不是经销商想象得那么简单。一方面，品牌厂家基于市场竞争及股东回报的要求，每年会制定高速度的销售增长目标，高增长并不以经销商的意志决定，每年的目标任务还是会大大超过经销商的心理预期，跟不上厂家的发展要求和速度，有可能逐步会边缘化或者被淘汰，经销商必须奋勇前进。而在高增长的背后，带给经销商更大的资金需求挑战。特别在工业品行业，经销商普遍存在销售容易、回款难的现实，而厂商之间的合同都是以回款金额为任务标的的，经销商如果不能控制好自己的回款工作，在销售收款和厂家回款之间产生一个不断扩大的资金缺口，就直接影响着对厂家的回款额度，经销商想要达成厂家的回款任务，只能不断通过短期借贷、自有投入等方式筹措资金，以此完成厂家的回款目标。

因此，厂商之间谈判商定的合理目标也是相对合理而已，经销商往往还是被厂家带着发展，在压力下前进。事实证明，正是厂家不断地提高目标任务，不断给予经销商压力，很多经销商在目标任务的鞭策下得到了长足的发展。经销商销售规模提高了，团队壮大了，管理规范了，更重要的是经销商形成了良好的发展势头，对竞争品牌形成打压，更有利于销量的增长。

### （三）境界之三：互生成长双赢型（高级境界）

生意合作是厂商双方的事情，厂商如同一个战壕的战友，双方的目标是一致的。厂家依靠经销商的资源实现销售，打造品牌；而经销商要依靠厂家的产品和支持销售产品，赚取利润。那么，实际的运作中，厂商双方就必须高度信任，协同作战。厂家既要给目标，也要给具体的策略方法和资源支持；经销商要支持，也要拿出具体的行动计划。更重要的是，通过合作，双方的管理水平、盈利能力等都能得到显著的改善和提升，共同成长，形成双赢的发展结果。

营销管理完善的品牌厂家，一般将厂商年度销售合同工作纳入公司年度营销工作的整体布局之中系统考虑。从厂家的角度看，厂家都是以销售为龙头，制定的运营策略都建立在对营销端的分析基础之上，只有依靠营销端的市场信息、销售数据，才能制定切实可行的年度运营计划。对于以经销商渠道为主的品牌厂家来说，年度计划的制定更是需要经销商的高度参与，首先最基础的是需要经销商提供一线的市场信息，终端客户的技术需求、产品发展趋势、所在区域重点行业的用户，以及对厂家的具体建议和意见等，以此为参考制定合理的公司发展策略。

在现实的企业运营中，以经销商为销售主渠道的品牌厂家，越来越重视经销商的意见和建议，采取不同的形式，将经销商组织早已纳入了公司的基础建制。比如，有些厂家分区域主导成立经销商联盟组织，这些组织在厂商关系建立与管理、发展方面发挥着很大的作用，在厂商协同化之路上已经取得了很好的市场效果。通常情况下，这些组织在厂家主导下成立，在该区域经销商群体中选举联盟主席、副主席、秘书长等关键岗位人员，主要是由认同厂家经营合作理念、有独到经营方式的经销商担任，负责本区域市场的销售协调、信息反馈等事宜，定期组织区域会议，商议具体的销售策略等，以团队的力量和智慧同厂家沟通，是厂商之间沟通的纽带，更是厂商关系建立的参与者和主导者，真正与厂家融为一体。具体到年度合同签订工作，一般区域经销商联盟会先组织内部会议，邀请厂家相应的业务管理人员参加，一起商讨出本区域的目标计划、政策调整建议等，并反馈至厂家的决策部门。从经销商的角度看，经销商应该紧跟厂家的步伐，应该在厂家的指导下发展，有效贯彻执行厂家制定的销售策略和具体行动部署，才能取得优秀的市场业绩。

正是基于这样高度的信任和共同目标的合作理念，厂商双方从签订年度合同时就能围绕着品牌发展的核心课题来研讨工作，一起分析市场并探讨营销策略，制定出切实可行的年度营销方案与政策。厂商双方共同制定的方案才能得到彼此的认可，进而得到有效的落地和执行。只有这样，厂商之间才能形成市场合力，共同发展市场。

**【思考】**

如果你是经销商或者厂家的销售管理人员，请根据以上板块内容的阐述，写出厂商签订年度合同时的状态，并思考有哪些好的经验、做法或者值得改进的地方。如表 4 – 4 所示。

**表 4 – 4　厂商年度合同签订过程分析表**

你当时的角色：　　　　厂家□　　　　经销商□

| | | | |
|---|---|---|---|
| 你认为当时处于何种类型：<br>完成既定工作型 □　　达成合理销量型 □　　互生成长双赢型 □ | | | |
| **序号** | **项目** | | **经验或者不足** |
| 1 | 厂商共同分析市场状况 | 是　　否 | |
| 2 | 厂商共同商定年度目标 | 是　　否 | |
| 3 | 厂商共同制定销售政策 | 是　　否 | |
| 4 | 厂商共同制订行动计划 | 是　　否 | |

## 四、双赢年度合同的两大步骤

凡事预则立，不预则废。厂商合作中最重要的事情——年度合作合同签订，厂商双方就应该好好谋划，根据市场的实际状况，按照科学有效的方法，制定出双方都满意、切实可行的年度合同。

### （一）双赢年度合同的标准

#### 1. 厂商年度合同是一个年度区域市场运作的总指引

年度合同的核心要素之一是年度销售目标，即经销商的年度进货额。对厂家来说，这个目标是该品牌在该区域当年要完成的销量，是厂家非常关注的，是厂家年度总目标的分解；而对经销商来说，是经销该品牌这一年度要完成的销售任务，是否完成影响着自己当年的收入，也影响下一年的经销权资格。所以，基于年度销售目标为核心要素而建立的厂商年度合同构成了厂家和经销商当年运作的共同关注点，是市场运作的总指引。厂商都围绕着目标的完成而展开具体的市场和销售工作。

因此，厂商年度合同界定的年度销售目标一定是厂商双方达成共识的，在具体的销售目标方面，并不是双方拍脑袋确定一个数字，一定是经过严谨的市场分析而确定的。同时，销售目标的完成一定要有资源保障和切实的行动计划，一定是有迹可循的。它的完成是双方共赢的。

#### 2. 厂商年度合同要能最大化激励经销商发展

“经销商一年完成这么多销量，到底能赚多少钱”，除了经销商基本的经营毛利之外，经销商还非常看重的一部分就是厂家给予的各种物质和现金奖励，还有一部分是精神奖励。有些行业平时基本是平价出货，一年能够赚多少钱就看厂家给予的各种奖励金额了。区域市场销量的实现最终要依靠经销商主导实现，能够最大化激励和引导经销商完成是年度合同要解决的首要问题。有效的合同奖励条款能激励经销商向前冲，确保销量目标实现，拿到了该得的各种奖励，同时厂家也能达成年度既定的战略目标。

### 3. 厂商年度合同要有助于品牌在该区域的长远发展

市场的发展和品牌推广是需要多年积累的，体现为对品牌系统长远的运作规划，制定品牌阶段性的发展计划。而体现在区域市场经销商的运作层面，就直接表现为实现的销售目标、占有的销售网点、大客户的合作数量、年度的销售目标增长率等实际的指标，这些数据指标是要逐年规划的，是环环相扣的，有具体销售类的指标，也有市场建设类的指标。有的企业为了单纯的销售指标，不断向经销商压货，而经销商不得不经常采取降价、促销的形式进行销售，长此以往就影响品牌的建设。因此，体现在合同中的一些指标必须也要经过慎重考量、双方协商而定，更重要的是体现厂家经营市场的意志和决心，并符合品牌的长远发展计划。

## （二）达成双赢年度合同的四大步骤

厂商之间签订年度合同看似是一纸合同简单的签字盖章的动作，其实在签字之前需要双方付出很多的时间和精力，才能最终达成双赢标准的合同，也是真正能够切实可行的合同。

在现实签订年度合同中，厂家有专业的团队来操作，相关经验更多。有时候，厂家闭门造车，不清楚各个区域的竞争情况，也没有人主动了解区域情况。经销商一般缺乏专业知识，可能了解区域的竞争现状，但无法提出更好的思路，同时不主动思考，被动接受厂家的政策条款。因此，在厂商合同签订中，厂商可以按照上一章节中阐述的第三个最高的境界——互生成长双赢型的合作模式，签出一份真正双赢的合同。经销商可以从以下四个步骤开展工作，变被动为主动。如图 4 – 3 所示。

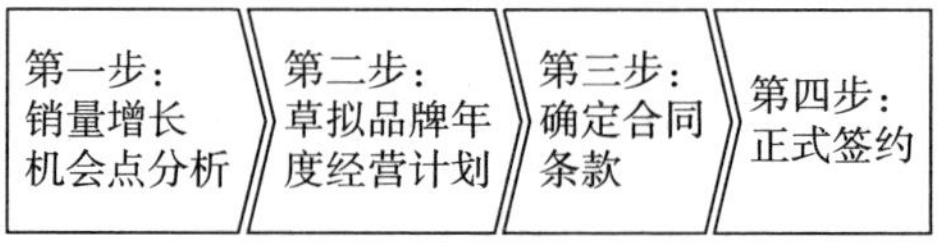


**图 4 – 3　达成双赢年度合同的四大步骤**

### 1. 第一步：销量增长机会点分析

数据分析的目的在于从数字中发现进攻方向，也就是资源投入方向。一旦方向明确后，我们就能在合同签订时与厂家以事实为根据进行谈判。在年度合同签订前，经销商要做好内部基础销售分析，准确把握销售现状，并根据市场的发展情况，找出可能提升销量的各营销要素关键点和操作策略，通过汇总整理，就能明确销量增长总量、增量方向、增量途径，这样就能初步确定基本的销售目标，并推动初步的策略方向支持目标的实现，相当于将目标做了一次多维度的自下而上的预演推算，这样就能保证目标实现有具体的方向和策略保证。

在具体操作时，我们总结出“营销要素分析法”，即通过关键营销要素的现状分析找出可改善的机会点，形成具体的销售策略，从而促进销售，找出增量空间。这些营销要素主要有六个，即产品、渠道、客户、区域、推广、内部管理。经销商可以通过这六个营销要素维度的销售分析，分别找出增量机会点。

**（1）产品增量机会点**

产品维度分析，就是要找出哪些规格的产品有销售增量的机会，增量的途径在哪里。首先要分析每个规格产品的销售结构占比，再结合厂家规划的产品组合策略，进而调整下一年产品的销售方向，明确每类产品的角色定位。经销商可以按照表 4 –5 产品销售分析表，对销售数据做系统分析。

**表 4 –5　产品销售分析表**

| 序号 | 产品规格 | 本年销售金额 | 本年销售占比 | 毛利率 | 产品定位 | 策略调整 | 增量比例 |
|---|---|---|---|---|---|---|---|
| | | | | | | | |
| | | | | | | | |
| | | | | | | | |
| | | | | | | | |
| | | | | | | | |
| | | | | | | | |
| | | | | | | | |

结合“销售额占比”和“毛利率”两个指标对所有产品进行四象限归类分析，分为“利润型”“走量型”“培育型”“问题型”四类。如图 4 –4 所示。

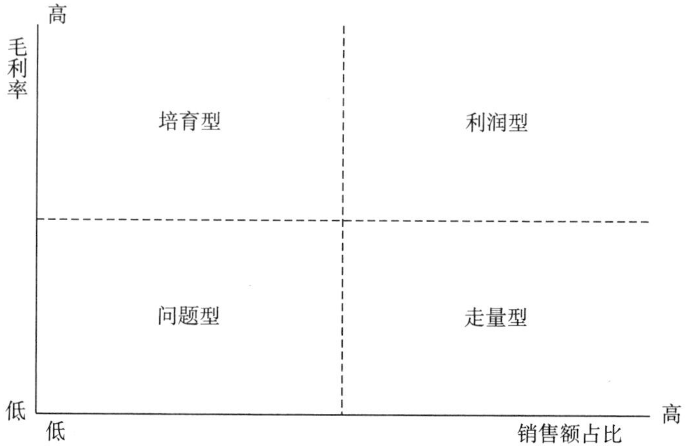


**图 4－4　产品分类矩阵图**

利润型产品：这类产品销售额占比和毛利率都较高，是经销商经营利润的主要来源，是经销商重点投入资源运作的产品。同时，也应该是厂家重点推广的产品，经销商必须跟上厂家的推广节奏和计划。

走量型产品：这类产品销售额占比较高，但毛利较低，该规格产品已经在市场上推广多年，市场接受度高，属于畅销产品，终端网点必须销售的，销量已经达到一个高点，毛利水平不高。但可能会占用经销商大量的人财物资源，经销商可以维持目前的资源配置。厂家对此类完全成熟产品可能会采取更新升级、创新等方式，让此类产品继续保持市场竞争地位，经销商只需配合厂家的销售推广计划即可。

培育型产品：这类产品销售额占比较低，但毛利较高，属于厂家和经销商重点培育的产品，持续推广，此类产品将逐步增加销售额。

问题型产品：这类产品销售额占比和毛利率都比较低，属于逐步放弃的产品或者补充类的产品，经销商不需重点关注，自然销售即可。

通过以上初步分析，经销商要结合自己内部的产品规格销售结构和厂家制定的产品策略，做相应的策略调整，使得推广工作与厂家制定的策略相适应，哪些规格产品要增加投入、哪些规格产品要减少投入、哪些规格产品要砍掉、要增加哪些规格产品，这些产品是否有增量机会。这些都要明确。如某个规格产品在本区域销售额占比较高，属于利润型产品类别，但该规格产品不属于厂家的主推产品，那么在生产备货、研发、技术支持、推广资源等方面，厂家都不会投入更多的资源，经销商可能在接下来的销售中受到影响，必须逐步调整自身的产品角色定位，找到厂家主推产品的方向。

**（2）渠道增量机会点**

产品销量实现的渠道维度分析就是要找出可能提升销量的渠道类型，这个渠道就是我们要重点投入资源运作的渠道，同时这个渠道类型也符合厂家制定的重点渠道类型。

首先要分析每种渠道类型的销售贡献占比，再结合厂家规划的渠道组合策略，进而调整下一年产品的渠道方向，明确每类渠道的角色定位。经销商可以按照表 4－6 产品销售渠道分析表，将销售数据做出系统分析。

**表 4－6　产品销售渠道分析表**

| 序号 | 渠道类型 | 本年销售金额 | 本年销售占比 | 主销产品 | 策略调整 | 增量比例 |
|---|---|---|---|---|---|---|
| | | | | | | |
| | | | | | | |
| | | | | | | |
| | | | | | | |
| | | | | | | |
| | | | | | | |

通过以上数据分析，我们就能找到销量来源的主要渠道。例如，在快速消费品领域，渠道类型的分类一般分为 KA、标准超市、便利店、杂货店、二批商、特通渠道、电子商务平台等全渠道类型。我们按此分析，很容易发现每类渠道的销售贡献。接下来经销商就要结合公司制定的渠道策略，据此优化目前每个渠道的资源配置，找出可能提升销量的渠道类型，再结合主销产品的规划，进一步分析可以将每种渠道类型主销的产品规格予以匹配，就形成了“渠道＋产品”的复合分析，进一步精准把握产品的销售渠道，形成在某个渠道重点推广某类产品的具体市场策略规划。

同样的道理，在工业品领域，可以将产品可能应用的行业进行归类，按照产品的应用行业进行具体的销量贡献占比分析，进而可以找出产品主要适合销售的下游应用行业，就是我们要重点投入资源运作的行业，形成该类产品在某个下游应用行业的竞争优势。同时，经销商除了自发地进行行业拓展外，还要结合厂家制定的行业拓展规划而自觉地跟进厂家的策略步伐，因为厂家规划的重点行业，厂家一般会投入相应的资源，如参加主攻行业的展会和技术研讨会、开发主攻行业的专用产品、开发主攻行业的龙头客户等。这些都是厂家相应的资源投入布局，经销商应该抓住厂家的市场推广大势，从而更加快速地开发客户、提升销量。

**（3）客户增量机会点**

产品销量实现的客户维度分析就是要找出可能提升销量的主要客户，这些主要客户就是我们要重点投入资源运作的客户，通常也叫作“VIP 客户”或“战略客户”，这些客户可能贡献了 80% 的销量，销售规模较大。很多企业都成立了类似的大客户部，专门服务这些客户，足以表明这些客户对公司发展的重要性。在这里，我们先假设该类客户的销售毛利率、回款政策等都在公司的可控范围内。

首先，要对现有客户盘点分析，按照销售额贡献占比维度进行分析，按照“二八原则”找出占据公司 80% 销售额的那部分客户，具体可以按照表 4－7 产品销售客户分析表来分析。

**表 4－7　产品销售客户分析表**

| 序号 | 客户名称 | 本年销售金额 | 本年销售占比 | 累计销售占比 | 增量比例 |
|---|---|---|---|---|---|
| | | | | | |
| | | | | | |
| | | | | | |
| | | | | | |
| | | | | | |
| | | | | | |
| | | | | | |

通过以上分析，我们很难准确判断某个具体客户的增量空间和机会点。除了对这些销售规模大的客户要采取策略维持销量规模外，我们更要关注“需求规模大，而采购我们产品比例较小的客户”，这类客户才是要重点投入资源运作的客户。在工业品领域，有很多类似的案例。客户总体对某类产品的需

求量很大，有多个这类产品的供应商，并且这些供应商供应的产品质量水平大致相当，但客户采购的产品较少，我们就要仔细分析客户的年采购总量、其他同行供应商的情况等，并据此调整产品价格、销售政策、技术支持水平、服务标准等具体可能影响销量的要素。

第一，需求总量。主要包含三个数据：该客户上一年度该品类总的采购金额、公司对该客户的出货金额、对比得出第一个关键性数据，即对该客户的份额占比，此数值代表着公司在该客户供应商中的定位，采购量是一个直接的体现数据。一般情况下，此数值超过 80%，代表着已经成为该客户的战略供应商。

第二，分产品系列的需求结构。对公司供应产品的分系列结构进行占比分析，由于每个系列所代表的利润水平、技术先进性等竞争性的不同，也就表明了公司产品对于供应商而言的综合盈利能力强弱。如 A 系列产品占比高，又是技术先进性产品，那么这类产品就要追求高毛利。

第三，细分产品规格的竞争态势分析。选择客户主要的需求规格，从月用量、对应的供应商及价格三方面综合分析，发现每个细分规格产品的竞争能力。

同时设法了解：为什么考虑选择采购这些厂商的产品？未来继续采购的可能性？以后还会不会更换品牌？

第四，竞争对手运作情况。从定性的方面分析每个供应商的运作能力，如合作年限、结算政策、分销模式、与客户内部的关系网结构等，找出客户对各主要竞争对手服务满意度的总体评价，这些因素将对决策有很大的影响。

在具体操作时，我们可以按照表 4 – 8 重点客户需求结构分析表进行分析，以便对一个客户采购全貌进行精准的把握，制定出切实可行的销售策略，进而赢得更高的采购金额占比。

除了现有客户提升销量外，还要有计划地开发新客户，增加销量。经销商要仔细盘点可能开发的客户、开发进度、具体的资源配置等。

在具体操作时，可以按照表 4 – 9 新客户开发进度表执行。

**表4－8　重点客户需求结构分析表**

| 客户名称 | | | | | | | | | | | | |
|---|---|---|---|---|---|---|---|---|---|---|---|---|
| 总量及占比分析 | 该客户年需求总量（万元） | | | | 对该客户的年出货量（万元） | | | | 供应量占比（%） | | | |
| 产品类型 | A | | | | B | | | | C | | | |
| 年需求量 | 金额（万元） | | | | 金额（万元） | | | | 金额（万元） | | | |
| | 占比% | | | | 占比% | | | | 占比% | | | |
| 供货厂商 | 排名 | 厂商名称 | 金额（万元） | 占比 | 排名 | 厂商名称 | 金额（万元） | 占比 | 排名 | 厂商名称 | 金额（万元） | 占比 |
| | 1 | | | | 1 | | | | 1 | | | |
| | 2 | | | | 2 | | | | 2 | | | |
| | 3 | | | | 3 | | | | 3 | | | |
| | 4 | | | | 4 | | | | 4 | | | |
| 重点产品规格及各厂商报价 | 产品规格 | 月需求量（台） | 厂商 | 价格（元） | 产品规格 | 月需求量（台） | 厂商 | 价格（元） | 产品规格 | 月需求量（台） | 厂商 | 价格（元） |
| | | | | | | | | | | | | |
| | | | | | | | | | | | | |
| | | | | | | | | | | | | |
| | | | | | | | | | | | | |
| | | | | | | | | | | | | |
| | | | | | | | | | | | | |

续表

| | | | | | | | | | | | | |
|---|---|---|---|---|---|---|---|---|---|---|---|---|
| 重点产品规格及各厂商报价 | | | | | | | | | | | | |
| | | | | | | | | | | | | |
| | | | | | | | | | | | | |
| | | | | | | | | | | | | |
| | | | | | | | | | | | | |
| | | | | | | | | | | | | |
| | | | | | | | | | | | | |
| | | | | | | | | | | | | |
| | | | | | | | | | | | | |
| | | | | | | | | | | | | |
| | | | | | | | | | | | | |
| | | | | | | | | | | | | |

| | 项目 \ 品牌 | 品牌 1 | 品牌 2 | 品牌 3 |
|---|---|---|---|---|
| 各品牌供应商状况 | 业务开始时间 | | | |
| | 付款形式 | | | |
| | 销售模式 | | | |
| | 备货情况 | | | |
| | 与客户是否有内部关系 | | | |
| | 合作方式 | | | |

表 4－9　新客户开发进度表

| 序号 | 客户名称 | 开发时间 | 分阶段主要工作分解 | 资源支持 | 负责人 | 预计销量 |
| --- | --- | --- | --- | --- | --- | --- |
| | | | | | | |
| | | | | | | |
| | | | | | | |
| | | | | | | |
| | | | | | | |
| | | | | | | |
| | | | | | | |

（4）区域增量机会点

产品销量实现的区域维度分析就是要找出可能提升销量的市场区域，这个区域就是我们要重点投入资源运作的区域。在快速消费品领域，由于资源配置或者操作总体进度安排，市场的发展是有步骤安排的，每个区域市场发展是不均衡的。经销商很容易找出具体的强势市场、一般市场、弱势市场。

在具体执行时，经销商可以按照表 4－10 产品销售区域分析表，将销售数据做出系统分析，并分析出每个具体区域市场增量措施。

表 4－10　产品销售区域分析表

| 序号 | 区域名称 | 本年销售金额 | 本年销售占比 | 区域竞争态势分析 | 当前资源配置 | 策略调整 | 增量比例 |
| --- | --- | --- | --- | --- | --- | --- | --- |
| | | | | | | | |
| | | | | | | | |
| | | | | | | | |
| | | | | | | | |
| | | | | | | | |
| | | | | | | | |
| | | | | | | | |

通过以上数据分析，我们罗列出“区域竞争态势分析”和“当前资源配置”两项信息后，就能发现提升销量的具体策略和方法。比如，在快速消费

品行业，有些区域市场容量较大、竞品表现比较强势，但地理位置比较远，运输物流成本高，经销商难以有效配置资源精细化经营，而这些区域往往消费潜力巨大，对经营来说具有战略意义。这些区域经销商可以寻找一家二批商，签订合作协议，给予独家分销的区域保证，并制定相关的终端覆盖标准、铺货标准，配置一套管理体系，实现深度合作，从而提升该区域产品的覆盖率，进而增加销量。

同样，对于每类市场类型，我们需要找出具体的增量机会点。通常会按照调整产品规格、增加业务人员、开发更多的客户、增加服务资源等途径来实现销量增加。这些都是切实可行的措施，但要根据每个市场的具体情况具体分析制定。

**（5）推广增量机会点**

按照产品、区域、渠道及行业、客户维度进行销售分析后，我们在制定具体的提升销量策略时就会涉及加强推广、梳理推广方式，有针对性地分配推广资源，定产品、定区域、定渠道及行业，做到精准到位传播和推广，从而提升销量。

在具体操作时，经销商需要重新按照多维度分配推广资源，并注重多种推广方式的协同效应，明确主次，提升推广资源的使用效果。经销商可以按照表4－11推广资源分析表执行。

**表4－11　推广资源分析表**

| 序号 | 推广形式 | 实际发生费用 | 执行效果分析 | 策略调整 | 针对渠道/行业/针对产品/针对区域 | 费用预算 | 预计销量 |
|---|---|---|---|---|---|---|---|
| | | | | | | | |
| | | | | | | | |
| | | | | | | | |
| | | | | | | | |
| | | | | | | | |
| | | | | | | | |
| | | | | | | | |

通过以上分析，我们就能发现推广资源的使用方向，提高资源的使用效率。例如，在快速消费品领域，经销商主要涉及消费者促销、渠道促销、市场

宣传三类主要的推广费用，可以进一步细分为免费品尝、特价、买赠、特殊陈列、满减、促销品、户外广告等多种具体的实施形式。经销商要考虑各种推广形式的定向使用，只有明晰地规划出针对哪些渠道类型、哪些产品、哪些区域开展，才能达到推广的目的，才有可能提升销量。

在工业品领域，除了实施差异化的产品定价策略外，推广资源更多聚焦于展会和技术研讨会等品牌建设方面，着眼于打造品牌影响力，从而带动客户开发。因此，经销商可以配合厂家开展区域性的展览会、客户技术应用交流会、邀请特定客户来厂参观考察。通过这些形式，真正为本区域的客户开发带来帮助。

**（6）内部管理优化机会点**

按照以上逻辑多维度分析后，区域、渠道/行业类型、产品、客户等层面的业务方向可能会有所调整，进而涉及部门调整、职责权限、人员配置、资源配置、管理制度的变化，这些基于市场策略变化带来的组织调整都是为了切实保障策略的有效实施，经销商就需要对现有内部组织进行调整，这些都对销量提升带来帮助。

例如，为了重点拓展某个区域的业务，经销商需要增配人员、办公工具等，势必会带来区域销量的增加，也会带来运营资金的增加。另外，对新拓展的业务区域，可能重新制定灵活的管理制度和高激励的薪酬考核体系，这些变化都会对销售提升有影响，经销商需要全新规划。同时，针对原有业务，为了改善目前的运作管理，可能会对其进行优化调整，任何变化都是销量提升的机会点。

在具体执行时，经销商可以参照表 4 – 12 内部管理分析表执行，分析管理存在的改善点，更好地保障业务的顺利开展，从而提升业绩。

**表 4 – 12　内部管理分析表**

| 序号 | 管理项目 | 问题点 | 改善措施 | 预计对销售带来的促进效果 |
|---|---|---|---|---|
| | | | | |
| | | | | |
| | | | | |
| | | | | |
| | | | | |
| | | | | |
| | | | | |

### 2. 第二步：草拟品牌年度经营计划

经过第一步的销售分析之后，我们已经对销售状况有了准确的把握，同时也从产品、区域、渠道及行业、客户、推广、内部管理等层面发现了存在的问题点，并初步制定了销售提升的具体改善策略。在以上工作的基础上，可以说经销商比厂家更了解区域市场情况，如果经销商能够做出一份详细的品牌年度经营计划，我们拿着这样的方案和厂家谈判，还有什么难以达成共识的呢？厂商之间以此方案展开谈判，围绕着双方该怎么配合操作市场展开讨论，得到的应该都是可以立即执行的落地方案，而不是你该给我多一点支持、我少投入一点的讨价还价。

下面就以快速消费品为例，给出一个简要版的××品牌××区域××年度经营计划，经销商可以据此参考，草拟出自己的经营计划，用于接下来的年度合同谈判，真正有备而来，拿着方案来，带着行动走。如表 4－13 所示。

此模板从八个板块介绍了区域市场规划的逻辑和方法，涵盖市场分析、策略规划及行动计划、费用预算及目标，环环相扣。分别是：区域市场概况、区域同类产品竞争现状、分销渠道策略、市场推广策略、人员投入、需要厂家给予的支持、目标计划、管理体系优化，重在思考路径引导。其他行业的经销商可能在具体的策略规划环节有不同之处，可以根据自身行业的运作特点展开设计。

**表 4－13　××品牌××区域××年度经营计划**

制作：（××经销商）

<table>
<tr><td colspan="7">第一部分：区域市场概况</td></tr>
<tr><td colspan="7"></td></tr>
<tr><td colspan="7">第二部分：区域同类产品竞争现状</td></tr>
<tr><td>序号</td><td>品牌厂家</td><td>产品情况</td><td>进入时间</td><td>当地经销商情况</td><td>进入零售网点情况</td><td>销量情况</td></tr>
<tr><td>1</td><td>品牌 1</td><td></td><td></td><td></td><td></td><td></td></tr>
</table>

续表

| 序号 | 品牌厂家 | 产品情况 | 进入时间 | 当地经销商情况 | 进入零售网点情况 | 销量情况 |
|---|---|---|---|---|---|---|
| 2 | 品牌 2 | | | | | |
| 3 | 品牌 3 | | | | | |
| 4 | 品牌 4 | | | | | |

第三部分：分销渠道策略

（一）KA 终端操作

| 序号 | 终端名称 | 进入时间 | 销售政策 | 预算费用 |
|---|---|---|---|---|
| 1 | | | | |
| 2 | | | | |
| 3 | | | | |
| 4 | | | | |
| 5 | | | | |
| 6 | | | | |

（二）市区零售网点销售

| 序号 | 区域 | 网点数量 | 销售政策 | 预算费用 |
|---|---|---|---|---|
| 1 | | | | |
| 2 | | | | |
| 3 | | | | |
| 4 | | | | |
| 5 | | | | |
| 6 | | | | |

（三）二级分销商销售

| 序号 | 分销商名称 | 覆盖区域 | 分销规格 | 分销政策 | 预算费用 |
|---|---|---|---|---|---|
| 1 | | | | | |
| 2 | | | | | |
| 3 | | | | | |
| 4 | | | | | |
| 5 | | | | | |

续表

<table>
<tr><td colspan="5">第四部分：市场推广策略</td></tr>
<tr><td>序号</td><td>推广形式</td><td>实施细则</td><td>实施时间</td><td>预计费用</td></tr>
<tr><td>1</td><td>户外广告</td><td></td><td></td><td></td></tr>
<tr><td>2</td><td>试吃试饮</td><td></td><td></td><td></td></tr>
<tr><td>3</td><td>买赠</td><td></td><td></td><td></td></tr>
<tr><td>4</td><td>KA 特殊陈列及特价</td><td></td><td></td><td></td></tr>
<tr><td>5</td><td>活动赞助</td><td></td><td></td><td></td></tr>
<tr><td>6</td><td>其他</td><td></td><td></td><td></td></tr>
<tr><td colspan="4">合计费用</td><td></td></tr>
</table>

<table>
<tr><td colspan="4">第五部分：人员投入</td></tr>
<tr><td>序号</td><td>岗位</td><td>人数</td><td>主要职责</td></tr>
<tr><td>1</td><td>品牌经理</td><td></td><td></td></tr>
<tr><td>2</td><td>业务人员</td><td></td><td></td></tr>
<tr><td>3</td><td>专职促销员</td><td></td><td></td></tr>
</table>

<table>
<tr><td colspan="5">第六部分：需要厂家给予的支持</td></tr>
<tr><td>序号</td><td>支持项目</td><td>目的</td><td>具体支持细则</td><td>实施时间</td></tr>
<tr><td>1</td><td>人员支持</td><td></td><td></td><td></td></tr>
<tr><td>2</td><td>物料支持</td><td></td><td></td><td></td></tr>
<tr><td>3</td><td>车辆支持</td><td></td><td></td><td></td></tr>
<tr><td>4</td><td>培训支持</td><td></td><td></td><td></td></tr>
<tr><td>5</td><td>区域订货会支持</td><td></td><td></td><td></td></tr>
<tr><td>6</td><td>其他</td><td></td><td></td><td></td></tr>
</table>

<table>
<tr><td colspan="6">第七部分：目标计划</td></tr>
<tr><td>时间段</td><td>第一季度</td><td>第二季度</td><td>第三季度</td><td>第四季度</td><td>合计</td></tr>
<tr><td>总进货件数</td><td></td><td></td><td></td><td></td><td></td></tr>
<tr><td>网点开发数量</td><td></td><td></td><td></td><td></td><td></td></tr>
<tr><td>总出货件数</td><td></td><td></td><td></td><td></td><td></td></tr>
</table>

续表

| 第八部分：管理体系优化 | | | | |
|---|---|---|---|---|
| 序号 | 管理制度板块 | 优化策略 | 完成时间 | 负责人 |
| 1 | 薪酬体系改革 | | | |
| 2 | 制度流程优化 | | | |
| 3 | 网点服务标准 | | | |
| 4 | 销售政策调整 | | | |
| 5 | 团队培训 | | | |
| 6 | 其他 | | | |

### 3. 第三步：确定合同条款

经销商在完成以上两步工作之后，就要与厂家区域管理人员沟通，询问关于年度合同签订的时间安排，大致的销售目标及政策的变动方向，做到心里有数，并主动与区域销售人员商讨区域目标及行动计划，并就合同主要条款达成初步共识。

年度合同签订的顺利与否与厂商之间的沟通紧密相关，经销商一定要设法把握总体方向和进度。首先，经销商提前与区域销售人员沟通，除了提前了解年度政策的可能变动之外，更重要的是要与厂家的销售人员在一些关键性的政策上建立统一战线，达成高度共识，并且以经销商对市场的认知影响厂家销售人员进而影响厂家的区域市场决策，使得该区域市场决策向对经销商有利的方向发展。其次，经销商必须积极主动，并且拿出年度经营计划与区域销售人员共同探讨，让其看到这也是厂家区域市场计划的一部分，是双方共同的工作。

厂商在具体的年度合同谈判沟通中，一般都是厂家出具格式化的合同文本，厂商之间再具体商讨某项政策的数字大小、增减变化等。主要谈判的项目有以下八类。

#### （1）年度业绩目标

年度业绩目标也称为回款总额，指经销商购买厂家产品并给予足够回款的金额。厂家会根据每年的发展规划制定出年度的业绩总目标，进而逐一分解发布给经销商。这是厂商合同谈判的一个重点。厂家说 1000 万元，经销商说只接受 800 万元，大家讨价还价，争论不休，甚至厂家会以不答应目标就撤销经销权来要挟经销商，而经销商也会以撂挑子来要挟厂家降低年度目标。作为经销商，我们该怎么办呢？

第一，以事实为根据商讨业绩目标。

拿出自己采取“营销要素分析法”自下而上推演出来的预期销售额，经销商与厂家人员沟通，如实讲述自己的销售现实和市场状况。这个时候，经销商一般都会表示出销售增长有很大的困难，不会主动调高增长率，可能会控制在自然的增长幅度之内。有的经销商会推算出市场出现负增长，表现出对来年目标的增长感到压力和无奈。而厂家业务人员也有公司的总体布局，即使经销商表述的都是事实，也不会轻易相信经销商的“真实谎言”，只能强制将目标压给经销商。而此时只要目标有一定的合理性，经销商都会勉强接受，先答应下来再争取其他有利的政策资源。

第二，争取与实现目标相对应的政策资源。

既然实现目标有难度，那就要求厂家给予对应的资源支持。经销商通过区域市场的盘整分析，最清楚从哪些方面调整改善就有可能提升销量，知道具体增量的空间和机会点。那么，经销商就要从以上多个营销要素分析得出的改善策略与业务人员沟通，如果要完成这么高的业绩目标，就要从这些方面去改善，再商讨厂商之间的资源投入和工作配合事项。具体的政策资源就集中表现在价格水平、各种奖励形式、售后服务政策、人员支持等方面。

**（2）产品类别**

有些公司产品系列种类很多，在设定经销商经销权限时，就明确规定分品类划分经销权。比如，在快速消费品行业，厂家同时生产饮料、膨化食品、短保面包类产品等，经销商就可能争取更多的品类经销权，就能提升品牌销量，和年度业绩目标相对应。

而经销商要争取更多的品项经销权就要有对应的资源能力。首先，现有经销的品类每年能够完成既定的业绩目标；其次，在日常管理上配合厂家的工作；最后，自己一定要有经销该品类所需要的资源条件。只有这样，厂家才有信心将更多的品类交给经销商来运作。

**（3）价格**

厂家给予经销商的结算价格有两种形式：一是厂家给予所有经销商一样的价格，实行市场统一结算价，以便价格管控；二是厂家按照经销商授权等级的不同而给予不同的价格水平，实行差异化的结算价格。一级经销商销量规模大，结算价格低；二级经销商销量规模小，结算价格高，以鼓励经销商增加销量。经销商尽可能通过业绩证明，争取更高等级的授权资质，以获得更低的结算价格。

**（4）授信**

厂家给予经销商一定的授信支持也是常见的政策形式，特别是一些工业品企业有时采取授信支持，鼓励经销商开发有较长付款周期的配套客户。这里就涉及两个问题，经销商一定要与厂家确定明确的条款。一是授信总额。一般情况下，厂家按照经销商签订的年度业绩目标的一定比例核算授信支持总额，如10%的比例，那么在执行时，就直接抵扣经销商的进货金额。二是授信何时返还到厂里。厂家一般要求经销商在财务年度结束时返还授信金额。以上两点，经销商可以根据自身的情况及业绩目标的高低，合理地要求厂家给予最优惠的政策条件。

**（5）区域范围**

授权区域范围也是合同中重要的一项条款。厂家一般按照行政区域范围划分经销商的经营范围。比如，在渠道扁平化的大趋势背景下，快速消费品行业已经达到了按照县级行政单位为细分区域授权经销商，有的更下沉至乡镇一级。因此，经销商对于区域市场范围的争夺也是非常重视的，大的经销商通过在异地设立办事处、分公司、分销商等形式圈定市场范围。那么经销商要想争取更大的区域范围就要匹配相应的资源能力，只有自己做出实际的策略部署，厂家才会考虑将一些空白区域划归经销商运作，当然业绩目标也是需要相应增加的。

**（6）结算账期**

总体上，厂家对经销商都执行支持性的结算政策，采取月度发货月度结算，或者隔月结算等形式，最大可能地支持经销商的运作。涉及款项的条款都是厂商据理力争的，厂家有厂家的硬性规定，经销商也有自身的经营难处。当然，此条款很多情况下是可以商量的，只要合情合理，不违反公司制定的基本原则，并且回款信誉良好、讲究信用，不恶意拖欠，厂家对经销商基本是信任的。

**（7）各种奖励条款**

厂家为最大限度地支持经销商的发展，互惠互利，给予经销商各种各样的奖励。其中，在合同中规定的常规奖励方式主要有月度返利、季度返利、年度返利、年度增长奖、年度超额奖励、重点产品推广奖励、新产品开发奖励、大客户开发奖励等。首先，这些奖励项目厂家都会制定相应的实施细则，但一些具体的数字需要与厂商商榷。比如，很多厂家都执行年度业绩完成奖励，多采取坎级返利点数形式，完成的总量越高，对应的点数越大，这个对应的点数是可以谈判的。其次，奖励兑现的条件和标准也是可以商量的，一般厂家都会要求完成回款业绩指标，并且无欠款，就是说到年度决算的最后一天，经销商的应付账款为零。但经销商也可以根据自身的情况，设定一定的销售回款率（销售回款率 = 当期回款额 ÷ 当期销售额 × 100%），比如 98%，在业绩总额达标的情况下，只要销售回款率达成 98% 以上就可以兑现奖励。最后，奖励的兑现形式，是采取现金形式还是抵货款形式，还是二者结合，这些都是可以商榷的。

表 4 – 14 将经销商经常涉及的合同奖励条款罗列出来，供经销商参考。厂家没能在合同政策框架中涉及的，经销商可以根据自身的情况和区域发展规划，同厂家进行合理谈判。

**表 4 – 14　合同奖励条款**

| 序号 | 奖励项目 | 目的 | 奖励条件 | 兑现形式 | 执行细则 |
|---|---|---|---|---|---|
| 1 | 月度业绩返利 | 对完成当月的业绩进行奖励 | 完成当月目标 | 冲抵货款 | 双方沟通 |
| 2 | 季度业绩返利 | 对完成当季的业绩进行奖励 | 完成当季目标 | 冲抵货款 | 双方沟通 |
| 3 | 年度业绩返利 | 对完成当年的业绩进行奖励 | 完成当年目标<br>销售回款率 100% 以上 | 50% 现金兑现<br>50% 冲抵货款 | 双方沟通 |
| 4 | 年度业绩增长奖 | 刺激经销商每年市场有销售增量 | 对年度同比增长部分给予高比例奖励 | 现金奖励 | 双方沟通 |
| 5 | 重点产品推广奖 | 引导经销商推广公司的重点产品 | 对该部分产品形成的销售额单独按照一定的比例奖励 | 现金奖励 | 双方沟通 |
| 6 | 新产品开发奖 | 引导厂商联合开发新产品 | 对联合开发成功的新产品形成的销售额按照一定的比例奖励 | 现金奖励 | 双方沟通 |

续表

| 序号 | 奖励项目 | 目的 | 奖励条件 | 兑现形式 | 执行细则 |
|---|---|---|---|---|---|
| 7 | 大客户开发奖 | 引导经销商开发具有规模和品牌效应的大客户 | 对于新开发的大客户年销售额达到一定金额，给予一次性单项奖励 | 现金奖励 | 双方沟通 |
| 8 | 专营奖 | 引导经销商经营单一品牌产品，培养忠诚度 | 按照销售额给予一定比例的专营奖励 | 现金奖励 | 双方沟通 |
| 9 | 信誉奖 | 引导经销商按时回款，不拖欠 | 对于按时回款并不使用授信支持的，按照销售额给予一定比例的奖励 | 现金奖励 | 双方沟通 |

（8）资源支持

厂商合作中双方都需要投入资源，总体来说，厂家掌控的资源会更多，经销商要提升销量，赢得厂家的重视，就必须积极争取厂家足够的资源支持。到底需要哪些方面的资源支持，除了厂家提供的常规支持外，经销商要根据区域市场的实际情况和运作现状，可以提出专项个性化的支持方案，更好地支持市场运作。当然，这些资源支持能在格式合同中体现的就确定下来，不能体现的就要以合同附件的形式确定下来。

表4－15将经销商经常涉及的资源支持罗列出来，供经销商参考。

表4－15　厂家资源支持分类表

| 序号 | 支持项目 | 目的 | 执行细节 |
|---|---|---|---|
| 1 | 人员支持 | 协助经销商开发区域市场，特别是在合作初期或者新产品推广前，经销商非常需要 | 针对工业品需要技术人员支持，协同经销商拜访客户<br>针对快速消费品需要业务人员支持，协同铺货和开发终端客户 |
| 2 | 推广支持 | 通过推广活动，提升品牌在当地的影响力 | 针对工业品多以支持经销商参加区域性展会为主<br>针对快速消费品多以支持经销商开展大型促销活动或者区域订货会为主 |

续表

| 序号 | 支持项目 | 目的 | 执行细节 |
|---|---|---|---|
| 3 | 售后服务补贴 | 减少经销商的经营损耗，鼓励经销商自行开展售后服务工作 | 按照当年的销售额给予一定比例的直接补贴，所有售后服务问题由经销商自主解决 |
| 4 | 培训支持 | 提升经销商的管理能力和水平 | 厂家派人来区域市场培训，或者经销商参加厂家组织的培训课程 |
| 5 | 备货支持 | 提高经销商的区域市场客户服务能力 | 在工业品领域，对于交期较长或者非标的产品，双方协商备货数量 |

**4. 第四步：正式签约**

厂商经过漫长的洽谈沟通，终于将合同中的条款敲定了，相信经过这个过程的经销商一定有深刻的体会和感想。对于负责任的厂家来说，任何一个数字和文字的描述都至关重要，古语云“先君子，后小人”，以合同形式明确下来的条款都是为了有效地避免在执行过程中出现异议而设定的，原来没有发生过，不代表不会发生，任何市场情况的发生都要能找到合同条款依据。

对于正式签约，厂商之间有多种形式。有的厂家采取双方签字后互递或者业务人员上门签订的形式。也有的厂家非常重视，注重仪式感，毕竟这是厂商合作的重要事宜。厂家邀请经销商召开年度经销商大会时统一签订，并且按照签约额的大小逐一和厂家的最高领导签订，以体现对厂商合同的重视。

以下是一个快速消费品厂家典型的经销商年度合同版本，我们可以从中看出企业的管理水平和对经销商的发展指引。

# 战略互信　　发展共赢

## 厂商年度合同

××××年度

甲方（供应商）：____________________

乙方（经销商）：____________________

# 目　录

## ■ 公司信息

甲　　方：__________（下文称甲方）

法人代表：__________

地　　址：__________

邮　　编：__________

网　　址：__________

联系方式：__________

总　　　机：电话：__________传真：__________

销售管理部：电话：__________传真：__________邮箱：__________

客户服务部：电话：__________传真：__________邮箱：__________

财　务　部：电话：__________传真：__________邮箱：__________

物　流　部：电话：__________传真：__________邮箱：__________

乙　　方：__________（下文称乙方）

法人代表：__________

地　　址：__________

电　　话：__________

传　　真：__________

邮　　箱：__________

开 户 行：__________

账　　号：__________

税　　号：__________

乙方应提供以下有效的法律文件之复印件，以便甲方建立乙方的完善档案。(打“√”为甲方区域经理已经验证有效的文件)

□ 营业执照　　　　□ 银行开户证

□ 收货授权书　　　□ 法人代表身份证复印件

## ■ 一般条款和条件

本合同是上述商业单位依据“保障双方共同利益”的原则，愿意诚信合作，本着共同开发、共同受益的原则对当地市场进行经营，双方基于共同的市场经营理念，认真磋商后自愿签署以下具有约束力的文件。双方同意接受此文件全部条款的约束。

**一、资源互补、分工协作**

××重视渠道合作者的根本利益，××品牌将一切经销商视为事业的合作者，着眼长期合作共同培养品牌，实现双赢。甲乙双方在当地市场的分工定位是：

甲方：提供优质产品，并不断创造和满足消费者的需求；保持所属品牌的市场竞争力，保持领先的市场份额；帮助乙方提高市场覆盖、服务能力，完善经营系统，提供专业化服务。

乙方：制定在销售区域内零售、批发的长短期覆盖目标，并有效实施；负责甲方产品在签约区域和渠道范围内市场的发展和推动、销售目标的达成和终端陈列工作；及时准确为甲方产品提供配送服务。

**二、定义**

**1. 市场保证金**

为了保证乙方在本合同合作中不发生违规行为和保障违约责任而设立市场保证金，由乙方在确定与甲方进行本合同的合作并认可甲方的相关合作规定后向甲方缴纳，在合作期内如乙方未发生违规行为则可在合作期满后全额返还乙方的合作承诺基金，目的在于保障××品牌市场经营秩序和经销商经营区域的完整性。

**2. 断货**

在乙方负责供货的商场中，甲方已进场的产品出现零库存或库存无法保证正常陈列的状况，称为断货；在其他渠道中出现零库存或库存无法保证正常陈列的状况，视为断货。

**3. 价格**

未特别标注的价格均指含税价格。

**4. 市场费用**

甲方为支持乙方完成市场销售目标而提供的，用于提高甲方产品的销量，以及提升品牌形象而面向终端、渠道及消费者而发生的各项费用的市场基金，不是乙方的利润，其所有权属于甲方，市场费用的使用必须符合甲方《市场费用管理制度》的规定。

**5. 冲流货**

**（1）冲货**

①乙方在合同规定区域之外，低于合同规定价格销售甲方产品。

②乙方合同规定区域内的下游渠道成员，在合同规定区域外低于乙方供货价销售甲方产品。

③乙方将甲方任意产品或各产品之组合以整车或零担形式销往合同规定区域之外。

④乙方未经甲方同意，向合同规定区域之外任何商业单位报价，视为冲货行为之一。

**（2）流货**

①乙方在合同规定区域之内，向该区域之外的任何商业单位以整车或零担形式供货。

②乙方在合同规定区域之内，向该区域以外的任何商业单位低于合同规定价格供货。

③乙方之合同规定区域以内所属下游渠道成员，在该区域之内低于乙方供货价向区域以外的商业单位供货。

④乙方未经审批在跨区域零售系统内供货，属流货行为之一。

⑤乙方之合同规定区域之外任何商业单位向乙方询价时，未经甲方同意，乙方不得报价，如乙方报价，视为流货行为之一。

**三、经销商保证与承诺**

①乙方保证维护××品牌的声誉和品牌形象，承诺不以任何形式销售假冒、仿冒甲方商标和包装设计的商品，以及不以任何理由和借口销售过期、变质的甲方产品，否则一经发现，甲方可立即终止本合同并保留追诉的权利。

②乙方保证遵守××品牌的价格体系，并承诺未经甲方同意不以任何形式变价销售。

③乙方保证遵守甲方的经销区域限制，接受甲方关于冲流货管理、限制跨区域销售的约定。

④乙方保证遵守甲方××品牌岛等助销物料使用的相关规定及处罚条款。

⑤乙方保证遵守甲方市场费用管理规定，绝不以任何理由、任何方式挪用、侵占甲方各项市场支持费用或促销品，并保证及时垫付已经甲方销售总监书面确认的各项市场支持费用。

⑥合同期内，乙方如要新增加其他品牌的非甲方限制的同类竞品时，须提前七个工作日知会甲方。

⑦乙方保证积极配合甲方各项市场建设和拓展工作，努力建设下游网络，积极服务于各渠道合作成员，并及时保质保量完成甲方产品的产品配送。

⑧乙方应积极提供甲方所需的与甲方产品有关的销售数据，并做到准时、准确、完整。

⑨乙方应积极配合甲方的产品宣传、策划、广告及促销活动，不得单方面放弃，否则由此而造成的损失由乙方负责。

⑩甲方派出销售人员，负责协调双方的关系，协助乙方拓展市场，甲方人员有权对乙方仓库的甲方产品及助销物品进行清点和查看，乙方有义务提供方便。

**四、市场保证金**

①乙方在本合同签署后需按甲方要求向甲方交纳市场保证金，以保障甲方的市场正常价格体系和乙方的销售区域完整性。

②合同期满后30天内，如乙方未违反本合同条款，甲方须将市场保证金一次性全额返还。

③具体的市场秩序协力扣款比例，乙方应遵守甲方《经销商操作手册》中关于冲流货管理内容及相关管理规定文件约定。

④本合同签署后，如甲方在15个工作日内未收到乙方的市场保证金和首批货款，合同自动失效。

**五、供货**

**1. 订货**

①甲方仅在周一至周五接受乙方的订单和汇款。

②乙方向甲方下达订单的同时应将该批货款足额汇出，甲方确认乙方货款到达甲方指定账户后5天内将货物发出。

③乙方应遵循甲方对经销商最小进货量的要求。

④乙方每次下达所需订单，必须字迹清楚，并尽量采用电脑打印文本，订单中的每一项内容必须逐项填写，否则由此造成的失误甲方不予承担责任。

⑤甲方在发出货物后1个工作日内通知乙方到站地点，时间及实发品种和数量。

**2. 运输**

①甲方负责为乙方代办货物发运，到站运输费用由甲方承担（由乙方代为垫付后冲账），卸货费用和市内运费由乙方承担。

②保险：甲方购买铁路（或公路、船运）运输保险。

③甲方可以根据具体情况对乙方要货分批运送。

**3. 验收**

①乙方必须在货物到站后的铁路或公路规定的时间及时提货并当场验收，逾期甲方不负任何责任。

②乙方授权收货人在验收货物中，如发现产品的品种、数量与产品交货清单不符，应在验货第一时间与甲方客户服务部或区域经理联系并经过确认后再行收货，或暂勿垫付运费并取得承运人出具相关证明后即时书面传真甲方客户服务部以便及时处理；如验收无误，乙方须盖章认可，将产品发货清单回执联寄回或传真甲方客户服务部。

**六、价格与结算**

**1. 价格**

①价格见合同附件甲方提供的产品价目表；乙方享受价目表中的经销商进价，并按照批发价进行普通批发。

②甲方产品价格如有调整，应以产品调价书面形式提前7个工作日通知乙方，乙方须按调整之日起的新价格执行。

③乙方应严格执行甲方订立的价格体系，严禁低于甲方出厂价销售产品；如系上年度存货需低价处理，必须征得甲方同意，并提出处理方案获批后方可进行。

**2. 付款**

①甲方实行款到甲方指定银行账户发货之原则，乙方预付货款，甲方收到乙方货款后即安排发货。

②结算货币以人民币为准；付款方式另行约定。

③乙方必须足额支付每笔订单金额，甲方根据实际到款金额确认订单。

④甲方建议乙方的月初账户余额应不低于本月的销售目标额度。

**3. 对账**

①甲方按月邮寄或传真给乙方对账单，乙方须在收到对账单后5天内做出

确认，并将回执联寄回或传真甲方，若超过期限未寄回或传真甲方，视为乙方默认。乙方在约定时间内未能及时收到，应书面通知甲方财务部，以便查询。

②在甲方对账单约定的时间之内，如乙方对甲方发出的对账单有异议，请将异议内容填写于甲方对账单回执联，寄回或传真甲方，由甲方财务部门进行核对；甲方财务部将在收到对账单回执联 2 个工作日内做出书面回复。

**七、商品品质**

①甲方所提供给乙方销售的产品，必须符合中华人民共和国有关食品质量和包装的法律规定之要求。

②甲方提供的产品到达乙方仓库时，保质期剩余三分之二以上的，乙方应无条件接受。

③乙方仓库储存条件应达到 × ×产品的正常仓储要求和甲方的特殊要求。如因乙方仓储问题导致产品质量下降或变质，责任由乙方承担并进行销毁处理，不得以任何借口再行销售。

**八、退换货**

①乙方在接收货物后，如在保质期内因产品生产造成质量问题，经区域经理现场查实，销售管理部（含销售督导）审核，客户服务部经理审批后，允许退货；其他任何原因，皆不予退货；如有较大量库存，乙方应尽早与甲方联系，以期得到甲方的调换货帮助，但甲方不保证一定能给予调换。

②所有因甲方品质因素需要报废、退货的产品，乙方须在甲方检查后并在书面确认中注明产品、数量、生产批号、退货主要质量原因后方可进行处理，否则甲方有权不予承认。任何未经甲方客户服务部经理书面签字确认同意就自行退回的货物，甲方有权拒收。

③对于交通运输、商场退货、产品质量的原因给乙方造成的损失，甲方给予统一的破损补贴，按照乙方销售额的 0.1% 以产品实物形式给予补贴，每财年末结算一次。

④甲方接受乙方退货产品并确认给予核销后，甲方以确认的退货金额冲抵乙方当月销售款项。

**九、断货责任**

乙方在出现断货时应立即补货，积极配合甲方所执行的紧急补救措施，并承担因此造成的相关费用（如外地紧急调货的费用、超市延期交货的罚款等）。

如乙方在甲方书面通知补货的限期仍无法解决断货问题，甲方有权追究乙方的下列责任：

①赔偿甲方市场费用损失。

②取消乙方年终奖励。

③取消乙方经销权。

甲方因不可抗力造成的断货不列入此项责任。

**十、市场协力条款**

**1. 市场费用条款**

①乙方有义务及时垫付在乙方销售区域内由甲方销售总监书面确认的各项支持市场投入的费用。

②乙方确定已经了解并接受甲方的市场费用管理制度，乙方代垫的市场费用在费用率内进行核销，市场费用核销以财政年度考核，超过当年财政年度费用考核的部分由乙方承担。

③乙方必须及时、全面地向甲方提供符合甲方要求的市场投入费用核销资料。甲方将按市场费用核销流程给予核销，并依据实际核销结果，在费用核销审批后以货物冲抵形式予以兑现。

④乙方需要垫付的市场投入费用，必须由甲方销售总监书面签字确认后方可垫付；未经甲方销售总监或销售总监以上级别签字确认的各种市场代垫费用，一律视为无效，该费用由乙方承担。

**2. 通路建设条款**

乙方应无条件配合甲方因市场调整或合作变更需要进行的市场移交、终端门店转户和市场投入过户等工作。

**十一、反商业贿赂条款**

①甲方人员不得向乙方索取或变相索取任何物质利益，若有此类事情发生，乙方应立即向甲方销售管理部及以上的管理人员举报。

②乙方不能以任何形式对甲方人员进行物质赞助、宴请招待、礼品馈赠或金钱贿赂。甲方经查实，有权单方面终止本合同，同时有权按照该物资价值或宴请花费金额的5倍要求乙方支付违约金，严重者追究法律责任。

③乙方不得委托甲方业务人员代办汇款、汇票（含承兑汇票），或以任何名义给甲方人员提供借款，未经甲方总经理签字授权，乙方不得私自借款借物给甲方人员，否则由此造成的任何不良后果由乙方负责。

④反商业贿赂：××品牌营销专员不得向经销商索取或变相索取任何物质利益，若有此类事情发生，经销商应立即通知××品牌该区域主管，经销商也不能以任何形式对××品牌营销专员进行为获取利益或更优越的成交条件为目的的物质赞助或宴请招待；经销商不得私自借款借物给××品牌销售人员，否则由此造成的任何不良后果××品牌公司概不负责。

⑤保密约定：在任何时候、任何情况下，经销商均不能将××品牌公司的商业机密（如价格、销售数据、知识、技术等所有××品牌公司认为是“商业机密”的信息）披露给任何人或为自身目的使用等。

**十二、投诉**

如甲方各级销售人员在客户服务、费用管理、销售管理过程中有不良行为者，请致电、致函、发送短信或电子邮件等向甲方销售管理部以上的任何一级管理人员举报，××品牌将为举报者保密，并严格查实。举报联系方式为：

营销总监：电话：____________邮箱：____________

审计部经理：电话：____________邮箱：____________

**十三、保密条款**

乙方保证在任何时候、任何情况下，不会将甲方的商业机密（如价格、销售数据、知识、技术等所有甲方认为是“商业机密”的信息）披露给任何竞争对手或其他人。违反条款者，甲方有权终止合同，并追究经济损失责任，严重者，将诉诸法律。

**十四、解除合同条款**

①在本合同执行期间，如乙方连续 3 个月未能完成甲乙双方合同约定销售目标的 90%，则甲方有权终止本合同。

②在本合同执行期间，如乙方有严重冲流货行为，则甲方有权终止本合同。

③在本合同执行期间，如乙方严重违反甲方销售管理制度，则甲方有权终止本合同。

④在本合同执行 45 天内，如乙方没有达到 50% 以上铺货率，则甲方有权终止本合同。

⑤乙方如果连续两月未向甲方进货，则甲方将视乙方自动放弃经销资格。

⑥本合同书中规定的其他终止合作的条款。

**十五、其他条款**

①本合同为正式合同，有效期自××××年××月××日起至××××年××月××日止；有效期满，双方应本着真诚合作的态度，重新协商，订立新合同。

②合同有效期满时，如合同任何一方未提出异议，本合同内容自动顺延，直至新合同签订为止。

③本合同未尽事宜，经双方协商可另行订立附加协议，并与本合同具有同等法律效力。

④如出现合同纠纷，双方经协商不能达成一致时，任何一方可在甲方所在地人民法院提出诉讼。

⑤本合同一式三份，甲方执两份，乙方执一份，自双方签字盖章之日起生效。

⑥本合同最终有效签署人为甲方销售总监或销售总监以上职位者。

## ■ 商业条款

**一、市场保证金条款**

乙方在本合同签署后15天内，须缴纳______万元作为市场保证金（A级市场3万元；B级市场2万元；C级市场1万元）。

**二、品项范围**

甲方生产的全部系列产品。

**三、竞品限制条款**

为了保障厂商在销售团队、物流、仓储配送、渠道网络等方面的资源优势互补、共同赢利，甲方并不反对乙方销售与甲方产品同类的竞争产品，但也不支持；从双方战略合作的角度配合××品牌产品策略、防止机密泄漏，乙方承诺不经营××品牌的同类产品，如乙方确系实际经营所需增加以上品牌，需事先经甲方销售管理部审核认可，同时甲方保留因乙方经营同类竞争型产品而采取的经营区域或经营品项等合作条件或支持方面调整措施的权利。

**四、经销区域条款**

①甲方授权乙方可在______省______区域______渠道范围内销售约定的甲方产品品项。覆盖县（市/区）：______________________________。

②未经甲方单独授权，乙方不得在任何网络平台上销售甲方产品。

**五、市场费用率条款**

根据甲方城市级别划分，确定乙方销售区域为______级市场，相应市场费用率为______%。

**六、销售目标条款**

①甲方的财政年度为______年______月______日至______年______月______日。

②甲方根据乙方所签约范围内地区的市场情况，确定乙方的本年度的总销售目标（以甲方出厂价计）为______万元以上。根据乙方应承担的年度销售目标，甲乙双方共同商定月度/季度销售目标。乙方的月度/季度销售目标分解如下（根据实际合作的时间填写）。

| | 第一季度 | | 第二季度 | | 第三季度 | | 第四季度 | |
|---|---|---|---|---|---|---|---|---|
| | 月份 | 计划销售目标 | 月份 | 计划销售目标 | 月份 | 计划销售目标 | 月份 | 计划销售目标 |
| 目标____元 | 1 | | 4 | | 7 | | 10 | |
| | 2 | | 5 | | 8 | | 11 | |
| | 3 | | 6 | | 9 | | 12 | |
| | 小计 | | 小计 | | 小计 | | 小计 | |

③如合同期满，乙方的进货额少于合同规定的销售目标80%，甲方有权重新考虑或终止乙方经销权。

**七、付款条款**

①本合同签订后，乙方首批货款不能少于______万元，并一次性汇入甲方账户，货物可分批发出。

②乙方的单次最小订货量不应少于______万元。

③付款方式：☐ 电汇　　☐ 现金

**八、运输条款**

双方确认甲方交货地点：______________。

**九、销售奖励条款**

**1. 年度返利比率和条件**

①年度总销售目标返利

| 条件 | 返利率 |
|---|---|
| 年度总销售目标实际达成率≥90% | 0.5% |
| 年度总销售目标实际达成率≥100% | 1% |

②年度总销售目标返利具体计算方式

按年度销售目标实际达成率考核返利比率，计算时按照完成总额再乘以相应的返利率计算。

2. **重点品项考核返利比率和条件**

①品项销售目标返利

| | 品项 | 年度销售目标 | 品项返利比率% | 品项返利条件 |
|---|---|---|---|---|
| ××系列 | | | 2% | 各品项单独考核，完成年度目标90%以上（含90%） |
| ××系列 | | | | |
| ××系列 | | | | |
| ××系列 | | | 1% | |
| 其他 | | | 无 | |

②品项销售目标返利具体计算方式

按品项年度销售目标实际达成率考核返利比率，计算时按照该品项达成总额再乘以相应的返利率计算。

3. **返利说明**

①所有返利皆以出厂价的回款额计算。

②已预付款项，但未实际进货的部分，不计返利。

③返利于合同到期时结算。

④凡有冲流货及扰乱甲方价格体系等行为的乙方，以及在协议中有明确规定不能享受返利或被取消经销权者，均不能享受返利奖励。

4. **扣款规定**

| 发生违反财务制度情况 | 扣款方式 |
|---|---|
| 对账单经2次以上催促 | 扣除年度返利总金额的10% |
| 对账单经3次以上催促 | 扣除年度返利总金额的20% |
| 市场费用核销资料滞后两个月以上提交 | 扣除年度返利总金额的10% |

| 甲方： | 乙方： |
|---|---|
| 代表（签字）<br><br>公司（盖章）<br><br>日期：　　年　　月　　日 | 代表（签字）<br><br>公司（盖章）<br><br>日期：　　年　　月　　日 |

【思考】

作为经销商，你在与厂家谈判年度合同时是怎么操作的，一定有一套行之有效的经验。请根据以上板块内容的阐述，总结提炼出属于自己的成功之道。如表 4－20 所示。

**表 4－20　年度合同签订过程经验总结表**

| 序号 | 主要阶段划分 | 起止时间 | 开展的核心工作 | 具体的工作方法 | 经验总结 |
|---|---|---|---|---|---|
| 1 | | | | | |
| 2 | | | | | |
| 3 | | | | | |
| 4 | | | | | |
| 5 | | | | | |
| 6 | | | | | |
| 7 | | | | | |

# 管理篇

【本篇导读】

经销商在确定了厂商合作关系后，经营方向已经明确，接下来最重要的是找到正确的做事方法，即提高公司管理水平和运营效率，以取得更高的利润。本篇将从经销商内部组织建立、联合生意计划、日常管理工作立体对接三个方面系统阐述。这既给予了理念上的宣导，又提供了行之有效的方法和工具。

# 第五章

# 联合生意计划——成功合作落地

【本章导读】

厂商年度合同签字盖章完成的那一刻，经销商就要立即行动起来，按照合同约定的目标展开具体的市场工作，而不是将合同束之高阁，不管不问。在实际执行中，经销商首先要将合同条款转化成内部指标，特别是涉及奖励考核类的条款，如按照合同约定的总业绩、重点品项业绩转化成经销商内部的经营目标数据，并据此分解到团队、人员、产品类别、月份，形成经销商的销售目标分解表。其次，要根据年度目标，细化调整在签订年度合同之前制作的年度经营计划，形成可执行的总体方案，以指导全年的经营工作。最后，利用厂商联合生意计划，开展定期的经营分析与回顾，确保经营工作按照计划开展，保证目标达成。在本章中，我们将阐述以上板块内容，系统掌握以年度合同为基础，转化经营工作的逻辑、方法，从而保证年度合同的有效落地执行，确保实现经营目标。

## 一、经销商年度合同落地的误区

任何公司年度经营工作都应该围绕着一定的目标和计划展开，如果缺乏目标指引和计划部署就会失去前进的方向，最终无法达成预期的结果。同样，经销商也应该制定清晰的年度目标和行动路线图，部署年度经营工作。经销商开展此项工作的重要依据是与厂家签订年度合同，所有的目标分解、行动方案都要紧紧围绕着合同中约定的目标、管理条款、奖罚条款而展开，要与合同自然承接。只有这样，厂商才能形成高度战略和行动共识，步调一致，有利于品牌在区域的发展。

经销商要将厂商年度合同转化成具体的内部经营方案，主要包括业绩目标分解、年度经营计划的制订。这样经销商就做到了内部经营方案与年度合同的有效承接、一脉相承。而更多的经销商在年度合同的落地方面存在很多的误区，难以带来预期的经营结果。

### （一）误区一：经营计划与合同无关

有些缺乏基本管理体系的经销商，与厂家签订合同之后就不管不问了。经销商老板有时候连基本的业绩指标都记不清楚，可能一直到年终时才翻出合同看下是否达成了年度业绩目标。这种类型的经销商，普遍认为公司规模小，还没有走向正轨，经常按照自己的直觉开展工作，经营管理与合同条款两张皮，经营结果就可能偏离业绩目标。

合同中达成的年度业绩目标，即是经销商总体的业务方向，经销商要全力以赴完成。合同中界定的考核条件，如返利条件和单项奖励条款，为经销商指明了细分的具体目标和方向。合同中设定的一些业务管理对接条款作为日常工作开展的基本规范，经销商必须遵照执行。因此，经销商的年度经营必须结合年度合同开展，才能保证厂商合作顺利。

### （二）误区二：经营计划就是目标分解

有些经销商虽然对合同落地很重视，对业绩目标做了一定的转化。但总体上缺乏相应的管理工具和方法，难以形成有针对性的经营策略，只是依靠努力和热情开展工作，或只是套用过往的经验反复去做，导致经营结果出现偏差。

很多经销商将目标转化分解到员工后就不管不问了。将目标压到员工身上，等于将企业的命运交给了员工，就算落实了业绩目标责任制，也不会确保达成目标。而年度经营计划的核心关注点不是业绩目标本身的分解，而是要找到完成目标的“因”，即完成目标需要的具体对策和方法，依靠准确有效的对策来制定年度经营计划，形成具体的工作路径。一旦对策正确且落实到位了，业绩目标自然就能实现。大多数经销商一般是让各部门自行制定对策，这个过程一般没有进行太多的分析论证。这样制定出来的对策，其有效性恐怕连制定者本人都不抱太大的希望。

### （三）误区三：年度计划与厂家年度部署脱节

经销商负责的区域市场发展离不开厂家的支持，一定是在厂家的总体布局和指导下运作的。比如，厂家制定的目标销售终端及客户群、制定的产品组合策略、推广策略都是经过严谨分析论证的，同时厂家的资源都会向这些方面聚焦，经销商必须配合并跟上厂家的市场运作节奏。事实上，很多经销商都将运营计划看作是自己的事情，制定相关计划时没有参考厂家的策略计划，只是根据自己的理解和惯有经验操作。同时，在制作过程中没有邀请厂家区域销售负责人参与，将厂家人员排除在外，认为是自己内部的安排，一般不会让厂家人员知道太多的细节。这样操作导致厂家和经销商各自为战，经销商的年度运作计划完全脱离于厂家的总体部署，难以形成市场合力。

### （四）误区四：不重视期间指标监控和纠偏

多数经销商在月初会下达每个业务人员的销售目标，可能有的经销商会细分到每个品类和产品，以此作为月度考核和奖励的依据，但也只是停留在这个层面而已。有些经销商还设定了过程性的指标，如铺货率、退换货率等，对于指标完成的好坏、哪些因素造成这样的状况、如何改善才能保证业绩达成等都缺乏进一步的分析，导致整个经营体系缺乏有效的监控、分析、改进，最终经营失控。

## 二、用联合生意计划落地年度合同

### （一）联合生意计划管理理论

既然经销商在年度合同签订之后，还是无法保证有效地开展年度销售工作，缺少切实可行的年度总体计划指引，我们就需要采取科学的管理工具，将年度合同落地。经销商在签订年度合同之后，应将厂商看成一个组织，和厂家相关人员一起，将厂家的工作重点和要求与经销商区域市场的实际情况结合起来，双方共同制订一份该品牌的全年经营计划；厂商双方基于共同的区域发展目标，将厂家的战略意图在本区域落实；双方分工协作，一起推进。同时，厂商双方在年度计划执行过程中，定期跟踪检讨计划的实施情况，分析差异，找出对策，持续改善，不断精进，我们将这种工作模式称之为“厂商联合生意计划管理”。这种管理模式是一种厂商之间的深度合作方式，改变了传统的一买一卖的销售模式，使厂家和经销商在战略层面和计划执行层面真正达成一致，实现双赢。

联合生意计划管理作为一种管理工具，在众多快速消费品厂家联合经销商开展现代零售渠道的销售管理中得到了成功应用，取得了预期的效果。经销商也应该借鉴业已成熟的管理模式为我所用，经销商可以在与厂家的业务协同中使用该模式，与厂家的战略一致、战术实施步调一致，真正实现双赢。

厂商联合生意计划管理的有效实施，有两大关键点。

第一，厂商双方认可的市场策略是前提。

在运作区域市场时，厂家是借助经销商的资源，支持和辅助经销商开展工作，以达成厂家的销售目标和市场占有率，赢得区域市场的强势地位。而经销商要借助厂家的产品和服务实现销量，以赢得一定的经营利润。经销商和厂家是互相需要的，都是基于实现共同的销售目标而最终达成自己的目的。因此，经销商要主动邀请厂家相关人员协助，共同围绕区域现状和发展目标，达成一致的经营策略。只有厂商双方的认识一致，才能形成战略合力。

第二，厂商双方共同制定一份年度经营计划。

厂商双方在运作区域市场时，由于角色和资源不同形成不同的分工。因此，制定年度经营计划时，厂家和经销商应该是一体的。

### （二）联合生意计划管理的执行要诀

在本书第四章中，我们阐述了经销商与厂家签订年度合同的第二步工作，即“草拟品牌年度经营计划”。在这个过程中，经销商根据市场经营情况，初步编制了《××品牌××区域××年度经营计划》，用于与厂家的年度合同谈判工作。但是，这个经营计划的编制是经销商独立完成的，它有一个明显的不足之处就是缺乏与厂家总体经营战略的协同，是以自身为出发点制定的，有很大的片面性。

联合生意计划管理的核心是厂商一体，共同制作区域年度运营计划，也是年度合同落地最终形成的结果。在这个过程中，经销商要积极邀请厂家相关人员参与，以已经制作的经营计划为基础展开调研，验证相关计划方案的可行性，共同完善年度经营计划，最终形成一份切实可行的品牌年度经营计划。

这样的一份经营计划是指引经销商全年工作的总纲领，也是厂商共同运营市场的计划方案。经销商在具体落地年度合同时，除了要明确目标，并制定有效的策略方针外，还要结合厂家的市场策略，将自身区域市场的运作融入厂家的整体部署中，实现一体化。经销商在联合厂家制定年度计划时，有四大核心要诀。

1. **一体化**

厂商运营一体化就是要求厂家、经销商共同面对区域市场，执行双方认可的、切实可行的运作计划。现实中，由于厂家贯彻执行的方案宣贯不到位，经销商没能真正领会厂家的战略意图。同时，更多的是经销商出于防范心理，不愿意向厂家公开自己的运作计划，导致厂商之间永远隔着一堵墙，信息不对称。在快速消费品领域，经销商不愿意公开自己的产品流向和流量数据，导致厂家在选择重点门店打造时出现偏差，调整相关销售政策时毫无市场数据支撑。在工业品行业，经销商不愿意公开自己的下游客户情况，这样厂家就无法掌握下游行业设备的应用工况，无法对产品和服务做出适应性调整。

如果经销商将这些市场信息与厂家共享，共同协商制定年度计划，将会对区域市场运作带来更大的帮助。在具体操作时，经销商该如何做呢？

**（1）主动邀请厂家区域销售管理人员参与**

从总体上看，厂家人员的能力是高于经销商人员的能力，厂家人员由于负责工作范围广，接触面多，在策略规划、市场管理等方面的能力是有优势的。这一点经销商应该认同，应该争取到厂家人员的智力支持，并且帮助经销商提升管理水平也是厂家业务人员的主要工作职责。事实上，大多数经销商不善于编制自身的运营策略及计划，只能依靠经验及惯性开展工作。这个时候就应该敞开胸怀，借力厂家人员的支持。经销商可以在编制计划时，邀请厂家区域销售经理、厂家市场部人员参加，为区域市场的发展献计献策。一方面，经销商可以充分借助厂家人员的智力资源支持，这是一笔重要的资源，经销商要积极争取；另一方面，经销商让厂家人员参与其中，就会将厂家的年度策略宣贯传达到位，并在经销商的年度计划中得以体现和落实。

从厂家的层面看，区域销售经理肯定非常乐意参与其中，因为市场做好了，自己的业绩也有保证了，收入也提高了。一旦运作成功，对区域销售经理也是一种经验积累，有助于能力提升及以后的职位升迁。

**（2）获取厂家的策略文件**

区域市场要服从厂家的总体布局，经销商要积极获取厂家的年度策略及计划，保证从策略部署及计划安排上与厂家保持一致。这个时候，就要求经销商主动去厂里了解，与管理层多沟通，并且从厂家获取到相关的策略文件，这是经销商年度运营计划的参考。

通常情况下，优秀的厂家一般在每年召开经销商大会时对全年的策略计划进行宣讲，并会组织经销商分区域研讨，以达成高度共识。当然，更多的厂家只能靠区域经理向经销商宣导。相应地，经销商要积极主动寻求厂家区域经理的智力支持，有必要可以邀请厂家的营销管理高层人员去指导工作，都是可行的办法。

2. **目标化**

年度合同落地化形成了经销商的年度运营目标。区域市场运营的目标是多层次的，既有财务类的总销售额、应收账款占比、毛利率、销售费用率等，又有铺货率、重点产品销售占比、新客户销售占比等过程性市场指标。其中，销售额目标的制定与分解是首要的，一方面销售额目标是经销商运营的年度总结果，是年度预算和核算的基础；另一方面销售额分解是考核团队或员工的依据，是很多经销商核算员工收入的基础。当然，有些实施精细化管理的经销商，对销售费用率、应收账款、铺货率、重点产品销售占比、新客户销售占比等也会分解到具体的销售人员进行过程考核，这是实施精细化管理的必要条件。

经销商在具体操作时应该注重以下三点。

**（1）销售额指标的制定与分解**

销售额目标的制定除了要结合营销要素分析得出的增量空间推算外，还要结合厂家给出的目标任务，制定出的销售额按照进货结算价反向核算的数据一定更要高于厂家的目标任务数量，这样才能确保完成目标。在快速消费品领域，经销商更倾向于按照销售数量来核算，比如，按照“件”或者“箱”作为核算单位。

在目标分解时要按照前紧后松的原则操作，对于淡旺季不明显的产品，一般按照上半年和下半年 60 : 40 的比例分解，即上半年完成全年任务的 60%，下半年完成全年任务的 40%，想必很多经销商都有类似成功操作的经验。只有这样，经销商才能有足够的时间来合理把控全年销售的进度。

**（2）其他指标的制定与分解**

除了最重要的销售额目标外，其他指标也应该得到重视。有的经销商将应收账款占比、毛利率、销售费用率、铺货率、重点产品销售占比、新客户销售占比等过程性市场指标，有选择性地纳入绩效考核的范畴，这是检核销售工作质量的重要参考指标。经销商在制定与分解这些指标时，首先要有合理的、准确的数据基础，制定出符合实际情况，并且是团队可以达到的目标。其次，根据年度营销策略计划选择重点的考核指标，不能面面俱到。

（3）契约精神

目标的制定与分解主要涉及团队人员的绩效考核，是核算员工收入的方案性文件，一定是基于公司和员工达成一致。现实中，很多经销商都将薪酬方案看作是公司一方面的文件，属于老板保险柜的机密文件，对员工半遮半掩。员工并不能真正理解考核的指标用意，可能还不知道考核的方法是什么、数据是多少、核算的工资是多少。经销商总是站在自己的角度，寻求有利于自己的方法来核算，这样就会造成员工的误解而引发负面影响。为了公开、透明操作，双方有必要将所有涉及薪酬的方案、目标分解计划都签字画押，真正做到公平公正，正向引导团队挑战高目标。

3. 策略化

目标的制定与分解只是表象，是“果”。在实际运营中，更重要的是在目标背后的策略设计，即“因”。这也是我们经常说的，过程做好了，结果也应该是好的，有因才有果。这个过程指的是策略设计，包含开展市场工作的方向、方法、步骤、计划等。

这就要求经销商在做年度规划时，以年度目标为基础，分析采取什么样的营销战术来实现年度经营目标，要找到当前提升市场业绩的核心突破点和工作项目，进而形成具体的年度课题，再策划出这些课题的工作目标、策略方向、具体措施分解、执行人、执行时间，形成该课题的运作策略系统图。

在具体操作时，经销商可以按照表5－1经销商年度核心课题策略计划表参照执行，但要注意以下七点。

表5－1　经销商年度核心课题策略计划表

| 序号 | 课题项目 | 项目目的 | 项目目标 | 主要措施 | 衡量标准 | 资源需求 | 执行人 | 进度安排 |
|---|---|---|---|---|---|---|---|---|
| | | | | | | | | |
| | | | | | | | | |
| | | | | | | | | |
| | | | | | | | | |
| | | | | | | | | |

**（1）课题选择要承接厂家的策略重点**

能够形成经销商年度经营核心运作课题的一定是对销售和市场至关重要的内容，一定要能够体现经销商年度运作核心价值，对厂家来说也是具有决定意义的工作。比如，厂家年度新产品的推广、标杆客户的开发、客户满意度提升等。因此，课题的选择一定是结合厂家的策略重点来承接落地，是一脉相承的。只有这样，才能自上而下将厂家的战略有效落地。

比如，厂家在年度计划中制定了“重点产品 A 的销售额”的目标和策略，并集中资源，通过经销商渠道推广该产品 A。那么，从经销商层面就要承接由此转化来的具体销售策略部署，形成承接的对应课题。

**（2）课题的工作目标要具体**

课题目标的设定要具体、可量化、可统计衡量，不能是定性的描述。同时，一定是有挑战性且努力能够达成的。比如，课题“提升本区域产品 A 的销量”，就要制定出具体的目标值。

**（3）措施设定来源于对现状的把握**

主要措施一定是具体的动作，是围绕着目标而展开的，从理论上和实践上是可以促进目标实现的。当然，这也不是绝对的，因为在实施中会遇到各种各样的市场环境变化，就需要我们定期检核措施的执行情况和有效性，以及目标的达成情况。比如，针对 A 产品的推广，经销商根据当前终端铺货率低和终端不动销的现实状况，可以制定出三个具体的措施。其一，增加产品销售的有效网点数量；其二，给予有效网点一定的进货折扣，促进终端店进货；其三，选择在黄金销售网点，定期开展消费者免费品尝活动。

**（4）措施的衡量标准要明确**

对现状的精准分析和把握才能制定出各项工作的具体目标，才是切实可行的。比如，对铺货率的目标值设定，一定是要求适销网点的铺货率，不能是所有网点的铺货率，一定要明确具体的衡量标准，选择适合产品销售、能够动销的零售网点。终端促销费用和消费者促销费用，一定要预算出具体的销售金额和费用比例。

比如，通过设定适合销售的网点标准，要铺货 200 家。给予网点进货折扣 3%。按照每个黄金销售网点每次配发 2 箱产品作为品尝品，每周日执行一天。这些是具体的衡量标准。

**（5）项目资源要厂商合力**

任何关于销售的课题执行都要涉及资源的投入，经销商自身的投入是一方面，厂家也有一定的预算，要合理地申请资源，按照厂家的制度执行，如市场宣传物料、海报、X 展架、宣传册等。

**（6）厂商职能分工明确**

在执行具体的策略时，要形成详细的方案安排，厂家人员和经销商人员都要积极配合，要有该课题或者主要措施的实施负责人，即第一责任人，有具体的人为该事情负责到底。经销商要争取到厂家的人员支持，特别是高层的关注与支持。

**（7）推进计划细分节点**

在推进具体实施措施时，一定要有具体的时间总周期安排，并且根据工作的具体情况进行工作细分，对每个细分工作制定具体的起始时间节点，将大计划分解为小计划，逐步推进，分阶段跟进检查。特别是一些时间跨度长的项目，更要做好推进计划细分节点。

**4. 共识化**

经销商联合厂家制定好年度经营计划后，为了达成全员共识，做好必要的宣贯培训是非常重要的。一方面，让全员都知道整个经销商团队的年度目标及经营计划，不单单是经销商或厂家自己一方的年度目标，这样就会让全员清楚战略方向和经营部署；另一方面，通过团队建设活动，提高团队的配合默契度，以形成更大的组织合力。

在执行过程中有五个执行要点。

**（1）全员参加**

这个时候，经销商就要组织全员培训，包括销售人员、市场人员、财务人员、内勤、采购、物流等。

**（2）有仪式感**

经销商全年运营计划宣导这类重要的活动，就必须讲究仪式，体现隆重性，让全员有荣誉感和责任感。其一，在会议主题的策划上设定一个能体现全年战略核心策略的高规格主题。比如，“市场下沉　打造 × × 品牌——20 × × 年 × × 公司战略宣贯会”，让全员一看到这个主题，就明白全年的运作核心。其二，最好选择一个风景优美、环境安静的度假酒店召开，让全员放松心情来参与具体的会议议程。

**（3）邀请厂家人员参与**

为体现对会议的重视程度，经销商要邀请厂家相关人员参与，如市场部人员、区域销售管理人员等，让他们主讲厂家的年度策略方向，并开展相关的主题培训。如果能请到厂家的高层人员来到现场，将会更加鼓舞全员士气。

**（4）分组研讨**

经销商负责人宣讲年度策略方案后，为了让全员更加深刻理解其中的内容，可以布置全员分组展开研讨，每个人结合总体部署，要找到自己需要改进的方向和空间。同时，让全员有参与感和神圣感。

**（5）有必要和拓展活动相结合**

紧张的脑力活动后，经销商可以邀请专业的拓展公司定制一天的团队拓展活动。通过拓展活动，既锻炼了体魄，又增强了团队的配合度。

**【思考】**

作为经销商，你在签订了年度合同后，是怎么具体转化形成自己的年度经营计划的，相信你有独到的操作方法。或者作为厂家业务人员，你又是如何协助经销商做好相关工作的呢？请根据以上板块内容的阐述，总结提炼出属于自己的成功之道。如表 5－2 所示。

**表 5－2　年度合同落地操作经验总结表**

你的角色：　　　　经销商 □　　　　　　　　厂家 □

| 序号 | 核心工作 | 工作成果 | 具体的方法 | 经验总结 |
|---|---|---|---|---|
| 1 | | | | |
| 2 | | | | |
| 3 | | | | |
| 4 | | | | |
| 5 | | | | |
| 6 | | | | |
| 7 | | | | |
| 8 | | | | |

## 三、用 PDCA 循环管理销售进程

### （一）当前厂商日常销售过程管理的困局

经销商和厂家在签订年度合同，并共同做好年度合同的落地计划后，就开始了年度营销工作的具体推进工作。厂商之间的工作模式是这样的：经销商为主导，厂家辅助，厂商之间建立了不同紧密程度的业务合作模式。厂家区域管理模式典型的有两种：第一种，厂家人员在厂家总部或大区办事处，采取巡回出差模式，定期或不定期拜访经销商；第二种，厂家设置小区域办事处，派驻业务团队，与经销商联合办公，共同运作市场。厂家无论采取何种模式管理和服务经销商，都脱离不了诸如月度目标完成情况、回款情况、重点工作开展情况、售后服务配合、订单处理、发货、退换货、各项审批报批、市场信息反馈、政策调整宣导等具体的工作事项，都是为了共同的市场发展，但这些工作是否能全部开展、开展的程度和效果如何就考验厂商合作过程的协同性。

作为经销商，我们可能会遇到这样的情景。

◇面对厂家业务人员的市场指导，我们表面上认同，但背后可能会抱怨：“厂里的业务人员什么都不懂，在瞎指挥，我们不听他的，出了问题他也没责任。”厂家人员离开市场后，让自己的业务人员继续按照原有套路开展工作，将厂家的指导方案放在一边。

◇我们遇到一些难以处理的业务，如售后服务、大客户开发、技术培训等，我们有求于厂家业务人员，让他们来本区域指导工作，争取资源支持业务开展。

◇业务不理想时，厂家业务人员向你抱怨：“布置的工作都不做，哪会有好业绩？”

相信经销商遇到这样的情况太多了，即使自己没遇到，也听其他经销商朋友抱怨过。为什么会出现上述情况呢？一个很重要的原因就是厂商之间日常工作协同性不够，厂家要求的与经销商正在执行的不合拍，陷入了互相埋怨和指责的沟通困局。突出表现在两个方面。

第一，厂家业务人员有自己的工作计划，但没有结合经销商的计划，并且对经销商的日常销售过程不了解。

大多数厂家对经销商的业务管理和服务还是采取业务人员巡回出差模式，业务人员会安排制定自己的月度工作计划。由于不清楚经销商的计划，造成信息不对称，业务人员不能全面了解经销商的业务过程。同时，经销商由于经销多个品牌，自然不想让厂家人员知晓所有业务进程，普遍是半保密状态。这样就会造成厂家业务人员对经销商的日常销售过程了解不够，不能全面指导经销商的业务，即使出现了市场异常情况，也不能给予有效的改善建议。

第二，经销商也有自己的工作计划，但不清楚厂家阶段性的工作重点。

经销商每个月也会布置自己的月度工作重点和计划，但经销商平时忙于区域销售工作，特别是一些亲力亲为型老板，更没有时间经常去厂里拜访沟通市场工作，厂家阶段性工作重点和政策变化等信息更多的是通过业务人员拜访传达或者文件及口头传达，经销商可能不会准确把握和理解政策要点和实施重点，多会采取不执行或者有选择性地执行的态度，这样就会影响政策的执行效果。

同时，经销商通常按照惯性来开展工作，只顾低头拉车干活，不注重经营分析。上一个月的经营情况怎么样？开展了哪些工作？哪些工作还没完成？有哪些经验或教训？下个月的工作重点是什么？该如何干？有时候经销商都是稀里糊涂地干着，很少通过会议形式进行总结、学习、布置工作，这样就造成年度计划制定了，但每个月执行得怎么样就无人知道了。

### （二）PDCA 循环管理模式

出现以上问题的根源在于厂家和经销商达成年度总体经营计划后，缺乏相互配合，并且没有定期开展检核和改进工作。试想一下，如果经销商和厂家根据年度经营计划，双方在日常工作开展中也能做到信息对称、协同作战，每月共同制定工作计划，并定期检查计划的执行情况进而调整后续的工作，还会出现上述困局吗？

当然不会。那么，经销商如何才能做到呢？如果经销商和厂家业务人员每个月根据年度经营计划的安排制定一份月度工作计划，设定好策略、目标和计划安排，接下来根据分工安排，协同实施，并在每个月月底对执行情况进行检核，总结成功经验，分析不足，制定改善计划，这样不断精进执行，每月反复，厂商双方就能形成一体，更好地开展工作，从而完美地执行年度经营计划，取得理想的市场效果。厂商双方通过“计划——实施——检查——改进”

的管理模式，称之为“PDCA 循环管理模式”。

1. **何谓 PDCA 循环管理模式**

PDCA 循环管理模式是由美国质量管理学专家戴明博士（W. E. Deming）于 20 世纪 60 年代首先提出并运用到质量管理工作中，又称戴明循环。P（Plan）表示计划、D（Do）表示实施、C（Check）表示检查、A（Action）表示措施。PDCA 循环是提高产品质量、改善企业经营管理的重要方法，是质量保证体系运转的基本方式。

PDCA 循环包括四个阶段。

第一阶段是计划阶段，即 P 阶段。计划是质量管理的第一阶段。通过计划，确定质量管理的方针、目标，以及实现该方针和目标的行动计划和措施。

第二阶段是实施阶段，即 D 阶段。要按照所制定的计划和措施去付诸实施。

第三阶段是检查阶段，即 C 阶段。通过做好自检、互检、工序交接检、专职检查等方式，将执行结果对照预定目标计划，检查执行情况和效果，及时发现计划实施过程中的经验和问题。

第四阶段是措施或改进阶段，即 A 阶段。处理阶段是 PDCA 循环的关键，是解决存在问题、总结经验和吸取教训的阶段。要根据检查的结果采取措施，成功的经验加以肯定，总结成文，形成标准化文件；失败的教训也要认真地总结，以防日后再出现。对于一次循环中解决不好或者还没有解决的问题，要转到下一个 PDCA 循环中解决。

2. **PDCA 循环管理模式的特点**

PDCA 循环是一个用于发现和解决课题、提出改善方案的科学管理模式，使我们的思想方法和工作步骤更加条理化、系统化、图像化和科学化。每通过一次 PDCA 循环，都要进行总结，提出新目标，再进行第二次 PDCA 循环，使质量管理的车轮滚滚向前。PDCA 每循环一次，质量水平和管理水平均提高一步。PDCA 循环的四个阶段环环相扣，周而复始。因此，PDCA 循环又称为“管理循环”。

PDCA 循环作为质量管理的基本方法，除了在全面质量管理领域得到广泛应用外，还推广到企业整体经营的各个领域，形成了一套完整的工作管理模式，被大量地应用于企业的经营管理中，有一定的适用广泛性、实用性和有效性。如图 5－1 所示。

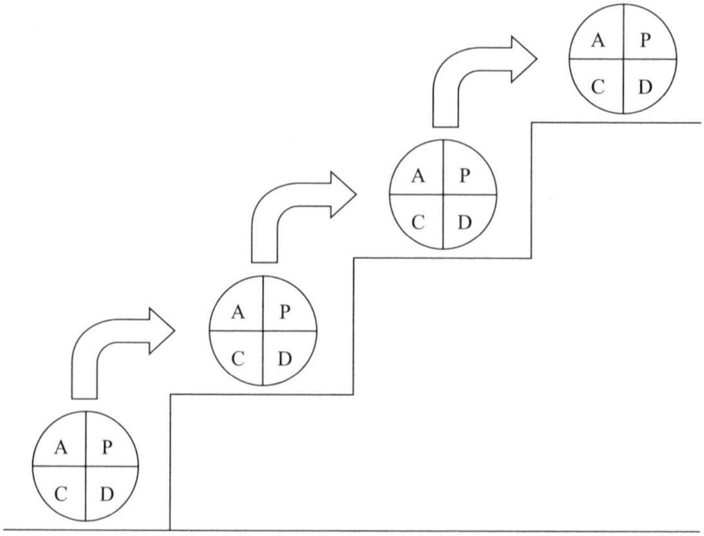


**图 5 - 1　PDCA 循环的“有效转动”**

## （三）经销商如何活用月度 PDCA 管理

经销商联合厂家共同制定了品牌全年运营计划后，就分解转化为月度计划来开展具体的实施工作。在每个月月初，经销商制定月度工作计划；而在每个月结束后，经销商应该对月度工作计划进行检查，对未完成的工作进行检讨，纳入下一个月的工作计划。这个过程就是月度 PDCA 管理。

但严谨的 PDCA 循环管理可能看起来难以理解和执行，我将整个管理逻辑和流程简化为如图 5 - 2 所示。

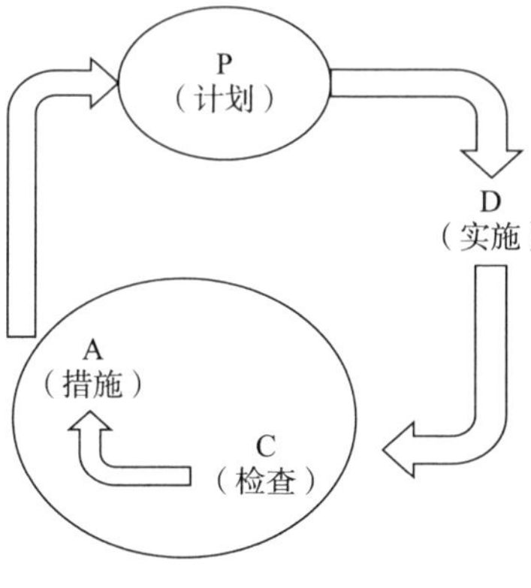


**图 5 - 2　管理逻辑和流程简化**

### 1. P（计划）阶段：根据年度计划按照月度分解，形成月度工作计划

每月 1 日前，经销商召集管理人员、厂家业务经理共同商定本月销售目标及主要行动计划，制定《____月度工作计划表》，作为开展本月工作的行动指南。具体可以参考表 5－3。月度工作计划主要包含三个内容。

第一，销售目标分解。

在厂商年度合同及年度运营方案中，我们对年度目标按照月份进行了分解。但是在执行中，我们需要对当月目标进行细化分解，才能保证目标落实。首先，销售目标要分解到团队及个人；其次，要分解到具体的渠道类型或客户；最后，要分解到具体的产品。这样就形成了一个多维的分解表，让销售目标从团队、渠道、产品层面都能落地。

在分解销售目标时，经销商一定要注意以下两点。

首先，目标分解一定是基于年度总体策略，不能随意分解。即年度制定的渠道重点、产品重点、客户重点等，都要在目标分解中得到体现。如果不按照年度总体策略分解，都会偏离年度策略方向。

其次，年度目标分解的目标数据不是一成不变的。因此，经销商在目标分解时除考虑年度计划中按照月度的分解计划外，也要考虑上个月目标的达成情况。如上月销售目标未达成，经销商要将未完成目标追加到本月目标中，确保全年目标达成。如上月超额完成，经销商在分解本月目标时，要考虑计划目标有一定幅度的增长。

第二，主要工作分解。

主要工作是根据年度经营计划总体实施计划的分解，在当月应该执行的具体工作事项，是当月工作计划的重点。除此之外，可能还有厂家或者经销商根据当前工作的实际情况而增加的工作，一般多为临时性、项目型的工作，以及应该在上个月完成但没有完成、本月将继续执行的工作。

经销商在做主要工作分解时，一定要制定具体的工作措施，以及指定具体负责人、完成时间、预计效果等。这是 PDCA 循环管理的核心精髓，是要围绕着月度目标达成找到能够促进目标达成的具体策略、方法。

第三，需要厂家支持事项。

月度工作计划表是厂商双方的共同行动计划，是需要双方投入和配合的。因此，在制定工作计划时，也要加上厂家应该在本区域需要投入的资源、工作支持等具体事项。

**表 5－3　月度工作计划表**

<table>
<tr><td colspan="6">第一部分：销售目标____万（以渠道类型分解，也可以按照人员或产品分解）</td></tr>
<tr><td>渠道类型</td><td colspan="2">自有门店零售量</td><td>分销批发量</td><td>零售店销量</td><td>网上店铺销量</td></tr>
<tr><td>目标分解</td><td colspan="2">万</td><td>万</td><td>万</td><td>万</td></tr>
<tr><td colspan="6">第二部分：主要工作分解</td></tr>
<tr><td>序号</td><td>工作项目</td><td>主要工作措施</td><td>预计效果</td><td>负责人</td><td>完成时间</td></tr>
<tr><td>1</td><td>批零店开发</td><td></td><td></td><td></td><td></td></tr>
<tr><td>2</td><td>零售店开发</td><td></td><td></td><td></td><td></td></tr>
<tr><td>3</td><td>促销活动开展</td><td></td><td></td><td></td><td></td></tr>
<tr><td>4</td><td></td><td></td><td></td><td></td><td></td></tr>
<tr><td>5</td><td></td><td></td><td></td><td></td><td></td></tr>
<tr><td>6</td><td></td><td></td><td></td><td></td><td></td></tr>
<tr><td colspan="6">第三部分：需要厂家支持事项</td></tr>
<tr><td>序号</td><td colspan="2">支持事项</td><td colspan="3">具体方案说明</td></tr>
<tr><td>1</td><td colspan="2"></td><td colspan="3"></td></tr>
<tr><td>2</td><td colspan="2"></td><td colspan="3"></td></tr>
<tr><td>3</td><td colspan="2"></td><td colspan="3"></td></tr>
<tr><td>4</td><td colspan="2"></td><td colspan="3"></td></tr>
<tr><td>5</td><td colspan="2"></td><td colspan="3"></td></tr>
<tr><td>6</td><td colspan="2"></td><td colspan="3"></td></tr>
<tr><td colspan="3">经销商确认：</td><td colspan="3">业务经理确认：</td></tr>
</table>

### 2. D（实施）阶段

月度工作计划制定完之后，厂商双方就要按照计划组织实施。那么，在实施过程中，我们该怎么办呢？有些经销商不管不问，坐等月底目标的实现。有些经销商采取每天早会、每周例会等形式对执行过程进行监控，随时发现问题，及时纠偏。为了有效地执行月度工作计划，经销商要做到以下四点。

第一，建立早会、周会等会议系统。

很多经销商都在执行早晚会、周会等，开展形式各不相同。有的喊励志口号、有的跳集体活力舞、有的报告个人工作情况等，对检查和了解阶段性工作的执行情况，以及提升团队士气都有一定的帮助。经销商要建立属于自己、有效的会议系统，会议的根本目的是为了达成共识，让团队明确方向。因此，经销商的会议系统要紧紧围绕“工作达成情况”“有哪些差距”“下一步该怎么做”三个要点，形式是次要的，关键是要有效果。

第二，建立数据管理系统。

手工数据时代一去不复返了，经销商要建立一套具有自己行业特色的数据系统。毕竟现在的经营决策一定是建立在数据分析的基础上。小的经销商用EXCEL表格来统计分析，一般的经销商采用管家婆之类的模块化软件来实现对经营的实时管理，更大规模的经销商已经开始使用用友、金蝶或者一些特色的定制化软件来建立自己的数据管理系统。无论采取何种形式，经销商要实现对数据的实时管理，以支持快速变化的市场决策。

第三，多途径宣传和发布计划执行情况。

除了定期的会议之外，经销商要灵活运用不同的形式宣传和发布工作开展的情况告知全体员工。比如，经销商可以将重点工作事项和工作标准、每日销量排名等都写在白板上，悬挂在公司的门口，让全员实时看见，并比照自己的工作。当然，建立工作微信群也是一种好的方式。目的都是为了让全员及时获取工作开展情况，信息对称，形成比赶超的工作氛围。

第四，管理层亲临一线检查工作。

经销商和厂家业务管理人员除了在执行过程中做好资源统筹、具体工作协助之外，还有一个重要的角色——“检查者”，要定期走访市场、亲临一线，了解市场和客户的真实情况，及时发现问题，便于及时纠偏调整。

**3. C（检查）阶段和 A（措施）阶段**

按照PDCA循环的工作方式，C和A是连贯实施的，检查工作后，对于完成好的项目要肯定，对于没有完成的工作要制定出改善措施。那么应用在经销商业务管理中，就体现在经销商每月的经营分析会这个管理工具，即我们通常所说的“月度经营会议”。月度经营会议有两个重要目的：一是检查，各部门管理者针对业绩目标的达成情况进行检讨；二是改进，对于未完成的目标分析原因，找到相应的改善措施。

月度经营会议是经销商公司运营中的一个重要会议，一定要掌握科学的方法和逻辑，才能促进经营改善，助力年度目标实现，助力管理水平提升。那么，在召开月度经营会议时，应该注重以下方面。

第一，月度经营会议要做好准备，并建立一定的开会流程。

经营会议不是问题研讨会，一定是立即达成共识的会议。因此，会议材料的事前准备一定要充分，经销商各级管理者和厂家业务经理一定要提前做好准备工作，尤其是数据分析、策略分析与制定。每月会议召开前，经销商要完成《____月度经营回顾表》，具体参照表 5－4。

**表 5－4　____月度经营回顾表**

<table>
<tr><td colspan="5">第一部分：销售目标____万元，实际完成____万元，达成率____%</td></tr>
<tr><td>渠道类型</td><td>自有门店零售量</td><td>分销批发量</td><td>零售店销量</td><td>网上店铺销量</td></tr>
<tr><td>目标分解</td><td>万</td><td>万</td><td>万</td><td>万</td></tr>
<tr><td>实际完成</td><td>万</td><td>万</td><td>万</td><td>万</td></tr>
<tr><td>达成率</td><td>%</td><td>%</td><td>%</td><td>%</td></tr>
<tr><td>本年累计达成率</td><td></td><td></td><td></td><td></td></tr>
<tr><td colspan="5">第二部分：库存盘点</td></tr>
<tr><td>品类</td><td></td><td></td><td></td><td></td></tr>
<tr><td>数量</td><td></td><td></td><td></td><td></td></tr>
<tr><td colspan="5">第三部分：主要工作检讨</td></tr>
<tr><td>序号</td><td>工作项目</td><td>主要工作措施<br>执行情况</td><td colspan="2">改善措施<br>（未完成项要制定改善措施）</td></tr>
<tr><td>1</td><td>批零店开发</td><td></td><td colspan="2"></td></tr>
<tr><td>2</td><td>零售店开发</td><td></td><td colspan="2"></td></tr>
<tr><td>3</td><td>促销活动开展</td><td></td><td colspan="2"></td></tr>
<tr><td colspan="5">第四部分：厂家支持事项执行情况</td></tr>
<tr><td>序号</td><td>支持事项</td><td>执行情况</td><td colspan="2">改善措施<br>（未完成项要制定改善措施）</td></tr>
<tr><td>1</td><td></td><td></td><td colspan="2"></td></tr>
<tr><td>2</td><td></td><td></td><td colspan="2"></td></tr>
<tr><td>3</td><td></td><td></td><td colspan="2"></td></tr>
<tr><td colspan="3">经销商确认</td><td colspan="2">业务经理确认</td></tr>
</table>

在具体操作时，经销商要制定统一的汇报报告模板，一般多以 PPT 格式为主，让各管理人员按照一定的逻辑展示报告。一方面，养成科学严谨的工作习惯；另一方面，提高员工的表达和演讲能力。

第二，月度经营会议不只是检讨目标完成情况，还要制定改善对策。

除了对月度经营数据做出一定的分析之外，目标达成与否已经过去，只是代表过去的一种经营结果。月度经营会议的重点更在于第三部分“主要工作回顾”，要检讨影响经营结果的主要工作。即“对策”是否有效？对策有没有彻底实施？如果对策无效，就要找到原因并更改对策；如果对策没有彻底实施，同样要找到原因并重新修正后实施。只有这样，才能形成真正的改善和创新，才能对目标的达成产生实质性的作用。因此，各部门在本板块的分析中，一定要逻辑清晰，寻找影响目标达成的主要问题，找到根源，并制定切实有效的对策，作为下个月业务开展的依据。

第三，月度经营会议不只是发奖金和吃吃喝喝，而是要形成竞争氛围。

经销商会根据本月的经营情况和业绩奖励制度举办员工聚会研讨，其间发奖金环节及聚会餐是必不可少的。经销商一定要明白这些动作开展的根本目的，不能为了发奖金而发奖金，也不能为了聚餐而聚餐。所有环节的设计一定要有利于团队建设、氛围打造，最大限度地调动员工的积极性、参与感、归属感。

第四，尽可能全员参加，并让厂家业务经理参加。

经销商要根据员工数量及发展阶段，在召开月度经营会议时，尽可能全员参加，特别是在人员规模少于 20 人的发展时期。同时，每次会议材料准备、开会过程都要求厂家业务经理参加，以便业务经理清楚整个经营过程，并有效传达厂家的最新动态。

### （四）经销商运用 PDCA 循环管理的三个关键点

PDCA 循环管理模式作为一套成熟的经营管理体系，经销商在应用时也要掌握一定的逻辑及操作要点，才能灵活运营该模式，促进管理水平提升和目标实现。

**1. 厂商双方共同制定一份工作计划，找到促进目标达成的具体对策**

厂商双方共同制定的年度经营计划一定要分步骤、分阶段推进落地，一般会形成季度、月度、周度的工作计划表。这样厂商双方就有了一份共同的阶段性工作计划表。这个工作计划表以经销商为主导制定，具体内容越详细越好。这个过程就是“P 计划阶段”，开展计划的核心在于根据要完成的目标，找到完成该目标的工作对策，而不是简单的目标分解。

**2. 厂商双方要固定周期持续开展计划管理工作**

在大多数行业的企业管理中，一般是按照自然月来推动具体的工作。当然也有的行业因为销售变化较快，如时尚服饰行业，对于精细化管理的公司来说，现在已经按照“周”为最小的管理单位开展市场和销售工作，以便跟上快速变化的市场。

无论采取“月”还是“周”等周期开展工作计划管理，经销商一定要形成固定的周期，如一个周期中具体哪一天是计划发布日，哪一日是工作总结日，都要形成固定的时间。长此以往，经销商就逐步建立起了相对完善的计划管理体系。

**3. 厂商双方要定期检讨改进**

按计划执行以后，不去检查，就不知道效果的好坏。因此，厂商双方在计划执行过程中，实时的监督和检讨可以保证计划及时得到纠正。从管理实践来看，只有经历“计划——执行——检查——改进”这四个阶段，才是一个完整的管理循环。

因此，经销商和厂家一定要定期对计划的执行情况进行检讨，总结成功或者失败的经验，及时纠偏，以保证目标的达成。这个过程就体现在月度经营会议中，经销商一定要做好会议管理，真正找到 PDCA 循环管理模式的精髓。

**【思考】**

作为经销商或者厂家业务经理，你在月度经营管理中有哪些好的经验或者有哪些困惑。请根据以上板块内容的阐述，总结提炼出属于自己的成功之道。如表 5－5 所示。

**表 5－5　月度经营管理经验总结表**

你的角色：　　　　经销商 □　　　　　　　　厂家 □

| 序号 | 阶段划分 | 开展的核心工作 | 具体的工作方法 | 取得了哪些效果 |
|---|---|---|---|---|
| 1 | 月度计划制定阶段 | | | |

续表

| 序号 | 阶段划分 | 开展的核心工作 | 具体的工作方法 | 取得了哪些效果 |
|---|---|---|---|---|
| 2 | 月度计划执行阶段 | | | |
| 3 | 月度计划总结阶段 | | | |

# 第六章

# 组织保障——建立高效运营机制

**【本章导读】**

厂商合作的所有事务性工作都需要具体的岗位人员共同协作完成。从厂家角度看，具体和经销商对接的涉及多个部门和具体岗位的员工，如财务部销售会计负责月度对账和发票开具等；技术部负责技术选型和制图，以及提供客户技术支持等；售后服务部负责所有售后服务问题的对接和处理等。这些岗位上的员工在自己的职责范围内为厂商之间的顺畅合作默默地付出着。而经销商内部，也有相应的财务人员、技术人员、售后服务人员在具体地对接相关工作，让整个运营体系有条不紊地运行。

那么，经销商如何建立高效的组织体系来与厂家对接呢？本章将从经销商在厂商组织对接所存在的困惑展开，提出厂商对接组织应有的状态及运作的基本规律，从而让厂商对接更顺畅、更高效。

## 一、厂商组织对接的困惑

### （一）从两个典型场景说起

#### 1. 典型场景之一：下了两周的订单却迟迟没有到货

经销商王老板刚创业两年，是 A 厂家的区域经销商，现有团队只有 5 个人，王老板身兼多职，既是业务经理，又是大内勤，事无巨细，一个人既主内又主外。王老板在与厂家的日常对接中承担着重要的工作，日常下订单都是王老板亲自操作，由于工作忙，王老板有了订货计划，就通过微信或者 QQ 等方式，有时发给厂家的业务经理，有时发给厂家对接的客服人员。在 A 厂家，具体操作接单和安排发货的是专门的客服专员。

王老板这次将订货订单通过微信发给了厂家的业务经理，由于工作忙，后续再无跟进。两周时间过去了，王老板一直没有接到物流到货电话。按照以往的交货周期应该到货了，王老板这才给厂家的客服专员打电话问情况，可客服专员表示没有接到这个订单的计划。原来，厂家的业务经理也由于工作忙，将王老板发的微信订单忘记转给客服专员了。

王老师答应给客户的交货时间延误了，不得不要求厂里紧急生产。

**2. 典型场景之二：更新了开票信息又开错了发票**

经销商李老板在更新了公司的统一社会信用代码后，及时将号码通过微信发给了厂家的业务经理，并要求以后开票按照此信息开具。当李老板接到厂里新开的发票后，无法认证抵扣，发现税号错误，还是旧的税号。

李老板不得不以正式的文件形式，将完整的开票信息传真至厂家的财务部，并要求财务部开票人员修改开票信息后，回传传真以表示更改确认。李老板通过最原始的方式，才彻底解决了这一难题。

### （二）厂商日常事务对接的困惑

以上两个典型的场景，相信很多经销商都遇到过，特别是在厂家对经销商服务管理水平不高或者经销商内部建设不够完善的情况下更容易发生类似的事情。出现这样的错误，的确耽误了时间，有的会造成重大的经济损失，以至于不得不采取其他方式或花费更多的成本来处理。相对来说，经销商与厂家相比，大多数经销商不具备成熟的管理模式和体系，并且经销商的团队大多岗位设置少，一人多岗，做不到因事设岗。经销商在与厂家的合作对接中，出现以上问题的原因主要在于厂商之间没有根据核心业务建立相对应的流程及组织体系，导致相关事情执行没有具体的责任人、缺乏相应工作流程及标准。主要体现在以下三个方面。

**1. 经销商与厂家对接的任何事情都需要老板亲自处理**

在创业初期，经销商事无巨细，承担了几乎所有与厂家对接的事项，如订单下达、货期跟催、对账付款、政策申请、商讨市场运作计划、寻求资源支持等，经销商老板成了大内勤。这个时期，经销商老板没有建立相应的团队，无法做到有效分工，迫不得已，只能自己独当一面。这样做的好处就是能够高效处理，能够及时对一些工作进行决策答复。但是随着业务发展壮大，经销商老板即使有三头六臂也难以应付，这个时候就必须组建团队，进行专业化分工，设置不同的岗位，建立不同的部门。只有这样，才能满足日益扩大的业务运作需求。

**2. 与厂家只有一个对接口——区域经理**

区域经理作为厂家和经销商沟通的一个主要通道，起到桥梁的作用，一边是经销商，一边是厂家的各个部门，厂家将区域经理作为唯一的对接口有利有弊。好的方面是经销商减少了厂家的沟通对象，不需要和厂家多个部门或岗位建立直接的沟通关系，无论任何事情，订单处理、货期跟催、对账、发票、售后、物流、技术支持、资源支持等都交给区域经理对接，将区域经理看作全能型的人才。区域经理在公司内部寻求不同的部门或岗位人员支持，将所有事务处理好，再给经销商答复。从厂家角度来说，也没有对具体事务的处理做出流程界定，厂家只有一个区域经理是直接面对经销商的，为经销商提供综合服务。这必然就造成经销商所有的事情都会找区域经理。

这样的状况，受制于区域经理的工作精力和敬业精神，一旦区域经理疏忽或者内部跟进不及时就会造成事项处理有一定的延误或者被遗忘。更让经销商头疼的是厂家负责的区域经理变动频繁，往往一个区域经理更换的周期为 1 年左右，有的是由于工作能力强升职了，有的是辞职，这样经销商就不得不经常适应不同的沟通风格，熟悉不同的人，影响沟通效率和工作的有序开展。

#### 3. 多头对接，厂家没有明确的制度

在厂家区域经理的眼里，经销商内部有多个可以沟通的对象，小的经销商有老板和老板娘，或者大老板（父）和小老板（子女）等，由于经销商内部分工和职位权限没有严格的界定，让厂家区域经理在沟通具体事情时无从下手，只能和每个人都沟通，遇到需要决策的事情，往往每个人都不能明确答复。

在经销商眼里，经销商需要厂家协助的事情，往往经销商会绕过区域经理，直接找到更高一级的管理人员或者对应的管理人员寻求帮助。比如，经销商在寻求货期紧急支持时，会直接与厂家的生产经理沟通，以更快地解决问题。事实上，经销商凭借着与厂家相关管理人员建立的私人关系，能快速地得到相关支持和工作协助，而通过区域经理来协调往往效率低，有时还不能取得预期的结果。

## 二、建立品牌运作专属组织

### （一）只有建立专属组织才能保障业务运作

厂商合作所有事务的对接，都是依靠具体的岗位员工完成的。经销商层面，内部组织的建立与其发展历程紧密联系，随着业务规模及经销品牌越来越

多，相应的部门建设也紧跟业务发展逐步加快，公司化运营程度也越来越高。

通过对多家经销商的调研发现，经销商的组织建设主要经历四个阶段。

**1. 一人多职阶段**

经销商初创立时，以合伙人和其亲朋好友为多。由于人员配置少，他们往往身兼多职，仓库管理、发货、采购、卸货、送货、搞促销、做账等，大家一起干，谁能力强就多承担。在早期的经销商起步过程中，甚至家里的父亲、母亲都义务参与，做些力所能及的活，还不要工资，属于典型的夫妻档或者家族个体化阶段。

在这个阶段，经销商和厂家的对接工作主要是订货、对账及付款、业务协同等，一般由主要负责人对接，业务量较少，比较顺利。

**2. 岗位分工阶段**

随着经销商业务规模的扩大，一个人就很难应付了，就会发生各种各样的工作失误，人员也在逐步增加。那么，经销商就会根据相应人员的性格特征、工作能力等因素，进行初步明确的分工。擅长客户开发的就跑业务，心细的就管仓库，会沟通的就负责和厂家对接采购工作，有点财务基础的就做账等。这样就能将经销商内部所涉及的工作逐一分工，每个人负责自己擅长的部分，这样经销商就能有条不紊地开展工作了。

在这个阶段，经销商和厂家的对接工作主要集中在采购对接、财务对接，有了专业的人员负责。遇到某个人难以处理的事情，还是要老板亲自解决。

**3. 组织成形阶段**

经销商的业务发展壮大，相应的职能也需要逐步建立。比如，建立了专门的人事行政部门，负责人员招聘、内部行政管理等工作；建立了市场部门，负责年度计划、促销推广、信息管理工作；建立了技术部门，负责售前技术支持和售后服务工作；建立了专业的财务部门，负责内部账务处理工作；建立了采购部门，负责采购、仓库和物流工作；建立了销售部门，负责客户开发及管理工作等。这样基本上具备了公司化运营的初步条件，有了岗位分工，并由多人组成相应的专业化分工的部门。

这个阶段，经销商与厂家的对接基本上能够顺利开展，各司其职，与厂家相应的岗位和部门建立了一对一的工作对接关系，并且能够根据各自业务的特征和运作要求，建立初步的默契和业务开展惯例，能够保障业务的顺利开展。

4. **组织健全阶段**

经销商公司化运营首先是在部门和岗位设置上逐步完善，各项工作都能够分工明确。同时，各项工作流程及制度建设也日趋完善，与厂家的对接工作顺利，建立了相关的对接标准。

## （二）经销商建立内部组织的模式

厂家一般是按照现代管理的理念进行组织设计，设置了销售部、客户服务部、技术部、售后服务部、生产部、财务部、行政部等专业分工的部门，都直接或间接地为客户提供不同的服务。作为厂家客户的经销商，也会根据不同的发展阶段逐步细化分工，形成不同的岗位及部门，形成专业化分工，并建立起公司化运营的组织框架和流程体系。只有这样，才能满足发展的需要，才能与厂家顺利对接。

那么，经销商该如何设置内部部门与厂家开展顺利合作呢？经销商一方面要梳理运营的关键工作，根据工作来设置相应的岗位；另一方面要研究厂家的部门设置和流程制度，这样才能有针对性地提高运营效率。

1. **从渠道运作价值链提炼核心工作**

对接经销商财务部门、对接经销商订单下达岗位、对接经销商仓库、对接经销商业务团队、对接经销商的市场部门、对接经销商的培训机制，若还没有建立这样完整的对接机制，仍然是抓住老板不放，指望着经销商老板下达内部指令，配合度自然无从谈起。

2. **研究厂家的部门设置**

经销商必须分析厂家的市场策略、销售政策，包括销售管理制度、流程、格式等，应该比厂家的业务代表还要熟悉。只有熟悉了厂家的市场策略、管理制度，才能掌握主动权。

3. **建立专门的职能运作团队**

国内较大的经销商通常设置市场部或品牌部，专门负责与厂家共同进行市场分析与策划。经销商的市场部或品牌部对厂家是负责谈判与市场促销策划，对内则推动业务各部门执行，担负着总参谋部的职责。这些经销商的经理人熟悉现代市场营销的理念与方法，对于厂家有专业的认识，可以用不同厂家的不同市场操作理念进行沟通，站在如何通过市场实现双赢的立场，实现与厂家沟通的专业对接。

#### 4. 分品牌成立销售部

经销商一般同时经销多个品牌业务，每类产品的销售模式、市场竞争程度都有所不同，内部管理的复杂度高。如果还是实施集中化管理，就难以体现各种业务的特性，也难以激发团队潜力。这个时候，经销商适时按照品牌类别，内部成立了多个品牌销售部，或者多个相类似的品牌类别组成一个销售部，内部独立模拟核算，实现了组织创新和模式创新，激发了组织活力，同时多个品牌也实现了效益增长。主要有以下三种模式。

##### （1）指定品牌负责人制

经销商指定专人负责某个品牌的运作，一般在内部称为××品牌总监，负责品牌运作的规划、日常管理等，此人的薪酬和该品牌的销量、利润等财务指标挂钩。该品牌的日常运作还是依靠内部其他部门的配合完成。

##### （2）经销商提供基础平台，内部独立核算

经销商平台化运作已经在多个经销商那里得到了成功的实践，经销商按照品牌类比成立了专门的销售组织，负责产品的销售策划、业务开发等工作，公司按照内部结算价与销售部核算，经销商提供财务、仓储、行政、物流等公共平台服务，初步实现了独立核算，内部合伙人制。

##### （3）阿米巴经营

阿米巴经营也是近几年经销商内部创新运营比较流行的做法，有一些企业初步取得了很好的实施效果。其核心在于首先要建立内部理念和文化共识，在公司总体发展战略的基础上，划分多个可以独立模拟核算的阿米巴事业组织系统，按照内部市场定价原则和管理会计核算系统，激发员工的工作潜能，培养具有经营者意识的人才，实现人人都是经营者的目的。

## 三、经销商组织建设的关键点

经销商内部组织建立之后，除根据工作量及业务规模进行定岗定编外，还需要完善基础设置内容。比如，要明确界定各个部门的核心职能，每个岗位具体的工作职责，制定每项职责，要遵循流程及规章、工作要求标准，同时要建

立岗位薪酬及考核体系。只有这样，才能使组织顺畅运行，高效开展工作。具体有以下五大关键点。

### （一）界定部门职能

经销商在内部组织初步建立后，要明确界定各个部门的核心职能，即这个部门为什么存在，它的存在要实现组织的哪些功能。部门职能的界定一般体现在三个方面。

**1. 部门开展工作的依据**

在一个企业经营组织中，每个部门开展工作都必须有一个统领依据，即在什么样的标准下开展工作。一般有两种依据：一是国家相关的政策法律法规，比如，财务部门开展工作就要遵循国家通行的会计准则及财税管理规定；二是公司的发展战略。

**2. 部门的核心工作范畴**

每个部门的存在都是根据公司核心的业务运行而划分的专业化部门，有其专业化的工作范围和领域，即具体做哪些事情。

**3. 部门的主要工作成果**

部门开展工作肯定有其实现的工作成果，这些工作成果都是围绕着公司的运营目标实现而展开的，有的是定性的工作表现，有的是定量的结果呈现。

依据上述阐述，我们就可以将经销商的市场部的职能描述出来：根据市场竞争状况和公司整体发展战略，组织制定公司市场发展策略、品牌传播及推广策略，部署和组织落实各项市场活动，促进品牌形象提升和销售业绩目标实现。这个描述，就体现了前面阐述的三个主要内容，简单明确。

### （二）明确岗位职责

岗位职责就是要明确岗位人员所需要完成的工作内容，以及开展工作所需要的关键流程和标准，同时要设定岗位的任职资格和考核指标，是一个具象化的工作描述，让任何一个岗位的员工开展工作做到有依有据。这样就把任何一项工作的开展都明确到岗位，事事有人负责，事事不遗漏，事事不重复。具体包括：任职资格和条件、职责描述、参与的关键流程、考核指标四个方面。这四个方面的内容就不详细阐述了，有专业的人力资源书籍可以参考。

### （三）制定工作流程

同样，工作流程的设计也是一个专业工作，要清晰描述出经销商内部运营的每项工作如何在组织内部及外部流转。每个流程必须涵盖六个要素：做什么事？什么人做？什么时候做？怎么做？取得什么结果？做好后传递给谁？这样每个岗位员工在开展工作时都有明确的工作指引。有的公司将工作流程编制后汇总成册，形成岗位工作指导书。

在信息化管理越来越流行的情况下，很多公司引入了 OA 等办公自动化协同软件，将核心的工作流程做到系统中，实现无纸化办公，并且各项工作的开展不受时间及地域限制，通过网络，提高了工作效率。

### （四）细化工作执行工具、方法

为保障流程的顺利开展，细化工作的执行标准也是很关键的管理工作。即开展每项工作时，有实效的工具、方法、表格、模板等可以参照，从总体上提高员工的工作技能。

在实施过程中，各岗位人员应该根据实际状况开展改善创新工作，以适应不断变化的市场环境，提高运营效率。同时，通过改善创新工作的开展，有利于员工的自我成长与工作技能提升，享受工作带来的乐趣。

### （五）完善工资及绩效考核体系

根据工作流程和工作标准，每个岗位的员工完成工作后，对照标准，是否实现了工作目标，有哪些差异或者提高，这些都应该受到相应的奖惩，这就是我们通常所说的工资及绩效考核，这些都是保障组织高效运行的关键。

**【思考】**

作为经销商，你在内部组织建设方面有哪些好的经验或者有哪些困惑。请根据以上板块内容的阐述，总结提炼出属于自己的成功之道。如表 6－1 所示。

**表 6－1　经销商内部组织建设经验总结表**

<table>
<tr><td colspan="5">一、当前的组织架构图</td></tr>
<tr><td colspan="5">二、目前组织方面存在的问题点</td></tr>
<tr><td colspan="5">三、各板块的经验总结</td></tr>
<tr><td>序号</td><td>阶段划分</td><td>做得好的方面</td><td>需要改善的方面</td><td>接下来如何改善</td></tr>
<tr><td>1</td><td>部门划分<br>及职能设定</td><td></td><td></td><td></td></tr>
<tr><td>2</td><td>岗位设置</td><td></td><td></td><td></td></tr>
<tr><td>3</td><td>流程</td><td></td><td></td><td></td></tr>
<tr><td>4</td><td>制度及工具化</td><td></td><td></td><td></td></tr>
<tr><td>5</td><td>薪酬及考核</td><td></td><td></td><td></td></tr>
</table>

# 第七章

# 立体对接——成功合作全过程

**【本章导读】**

厂商合作重在各项管理工作的对接，订单管理、财务管理、客户开发管理、市场信息管理、售后服务管理，以及厂商合作关系管理等都是需要双方高度配合的，按照既定的工作流程及制度创造性地开展。这些工作能否顺利对接将直接影响销售目标的实现，进而影响厂商合作关系的稳固。

在每个工作事项对接中，经销商既要遵循厂家的制度，又要发挥自身的能动性，创新工作方法，以“利他之心”开展工作，互相促进，提升管理效率和水平。本章将从这些角度系统阐述，作为优秀的经销商，具体要做哪些工作？每项工作如何做好？

整个章节采取现状问题导入式方法，从各项工作面临的困惑谈起，再从厂商合作共赢的角度，给出经销商面对每项工作应有的认知境界，探索做好该项工作的方向及具体策略方法，层层深入，从理念到动作，形成完整的体系。为了便于读者结合自己的现状对比，找出提升的方向，在每个工作项目之后增加了“【思考】环节”，经销商可以对这个板块的工作进行复盘，进而总结出自己的成功之道。

## 一、需求计划提报，变被动为主动

产供问题一直是厂商合作业务对接中的关键一环，也是厂商互相抱怨最多的地方。厂家不断压货造成经销商压力增加，往往会产生滞销、临期品等市场后遗症，经销商和厂家都会蒙受损失；经销商按照订单订货往往会因为厂家交期原因造成市场断货，错失销售机会，经销商不得不动用各种关系来争取货源，在产品销售旺季或整个产业链异常变化时更是如此。总体上，经销商普遍处于被动状态。厂商关于需求计划管理到底存在哪些问题？是什么原因造成的？经销商又该如何有效化解？应该是很多经销商苦苦思考的问题。

### （一）当前厂商对于需求计划对接的困境

总体来讲，厂商关于需求计划管理的问题主要集中在以下两个方面。

**1. 经销商饱受“压库”之苦 VS 厂家“压库”销售的无奈**

作为经销商，对“压库”一词感同身受，但又不得不面对。在快速消费品领域，厂家上到管理层，下到一线业务人员，都一直将经销商的仓库当作自己的仓库，每个月都会发布不同的销售政策，表面上是激励经销商打款发货，实际上是一种强势的管理策略，甚至有时不经经销商同意，直接替经销商下单，或者是强行配货。经销商的确没办法，厂家处于强势地位，年度合同签订的目标总要完成。在这种情况下，市场后遗症太多了，相信经销商深有体会。产品销售不畅，临近保质期，又不得不低价倾销或跨区域窜货，直接减少了利润，有的不得不亏本处理，同时造成厂家价格体系混乱和市场秩序混乱。在某些品类上，更被报道出涂改生产日期，让消费者承受质量风险。

厂家这种压库的销售策略使厂家销售管理混乱，已经给众多经销商带来麻烦，但这种策略还在继续执行，是一种深受厂家喜欢的策略。厂家也有自己的苦衷，每个月厂家开足马力生产，仓库满了，同时任务目标都追着业务向前走，没有喘息的机会，只有向经销商转移。但经销商要货没计划性，想起来就订货，给厂家的生产调度带来了很大的麻烦；即使是经销商主动订货，也只订自己认为的畅销品，厂家的新产品、战略性产品、高价产品等一概不要，打乱了厂家的产品组合策略。

**2. 经销商订货没计划性，难以保证货期**

经销商在日常经营中保持合理的库存是一种有效的销售策略。一方面，可以随时满足客户的需求，除了大型设备等工业品行业外，很多行业都是现货销售，如日用品、工业标准品等经销商都备有大量库存，以满足零售终端及客户的即时需求，特别是运作大型连锁超市的经销商，如果出现产品断货，就会面对超市严格的断货管理条款，带来更多的经营风险。在这种情况下，经销商普遍对订货处于保守状态，多批次、小批量是订货的常态模式，这就造成厂家生产调度不便，带来品项规格不全、货期难以保证等现实困难。经销商之所以这样操作，也有自己的苦衷。

**（1）经销商不敢备货**

在经营过程中，由于对客户和市场销售了解不够，经销商不敢贸然订货，担心滞销，造成资金占压。在快速消费品行业，如食品、饮料类等产品，消费者对保质期很关注，经销商一般采取保守订货策略，特别对新引入的产品或者是原合作品牌推广的新产品，都会尝试小批量订货以测试动销情况。工业品行业更是如此，经销商普遍采取订单销售模式，有现实订单才订货。

事实上，很多厂家也为经销商考虑，要求按照固定周期提报下一个周期的要货计划，同时便于厂家组织生产经营计划，做到产供销平衡。厂家也采取了按照需求计划保证供货，以及将需求计划准确率纳入年度考核等多种措施，但经销商由于保守的订货思路及缺乏有效的方法，还是很难提高需求计划的准确率。

**（2）经销商不知道怎么备货**

有的经销商认为销售就要及时快速地满足客户的需求，采取大量备货，这类经销商也是厂家非常认可的，一旦产品转移到经销商仓库，经销商就要想方设法卖给零售网点和客户，才能加速产品流转，取得更多的利润。经销商都是根据自己多年的经验和市场直觉备货，这些经销商虽对生意数据有一定的天赋，各种数据都在自己的脑子里，但也会造成一些品项的滞销库存。对于刚入行的经销商来说，缺乏基本的数据管理，对备货的具体规格、数量难以准确把握，更不知道如何备货。

### （二）经销商需求计划管理的境界——协助厂家建立以需求计划为核心的高效供应链

未来市场的竞争必将是供应链的竞争。在面对市场和客户时，其实厂商是一体的，不要以为供应链只是厂家的事情，与经销商没有关系。其实不然，经销商必然想尽办法减少存货，快速地满足客户的需求。怎么办？尽可能让厂家提前准备各种资源，而厂家提前准备资源的核心前提是经销商要提前下达指令和信息，这样厂家才能提前准备，才能高效快速地满足经销商的需求，最终满足市场和客户的需求。从客户到经销商，再到厂家，这是一个反应链条，经销商处于中间位置，连接两端，承担起信息传导的核心作用。

因此，经销商必须协助厂家建立高效的供应链机制，以需求计划为起点，传导至厂家的内部运营系统，厂家所有的生产经营计划都是基于对市场的把握开展的。经销商需求计划提报是厂家生产、采购等工作开展的依据，厂家按照计划生产，可以做到各种工作平稳有序，满足市场供应。这是厂商合作过程中双方都想达到的境界。

### （三）经销商需求计划管理的方向——加快库存周转

经销商在适当的时间，向厂家订购市场需要的产品，而厂家按照约定的时间、规格和数量配送到经销商的仓库。这样经销商正好有货可卖，不占库存和资金，同时又是新出厂的产品；对于厂家来说，生产完毕入库即出厂，正好是经销商需要的产品，也不占库存和资金，即尽可能使得厂商库存周转快，这才是厂商需求计划管理的应用状态。事实上，这种状态有点理想化，很难做到这种状态下的绝对双赢，厂家为了满足经销商的需求，就会大量备现货库存，带来资金的压力，这在厂家经营管理上很难走得通；经销商按照厂家的生产能力和库存订货，又不能保证实际的市场销售，也是不现实的。这样的追求双赢的状态只能是尽可能合理化，尽可能加快厂家的库存周转。

### （四）经销商需求计划管理的策略——建立月度滚动需求计划管理模式

作为经销商，我们要意识到厂家压库造成滞销，按照计划订货又导致丧失销售机会，无论哪种操作模式，经销商总是处于被动状态，最终受影响最大的还是经销商。既然是困局就要想办法解决，我们要主动寻求改变，以实际可行的举措化解困局。在实际操作中，我们基于多家经销商的最佳实践，总结出“月度滚动需求计划管理”操作模式。经销商主动出击，以此推动厂商协作，主动把握订货权，达到我们刚才谈到的需求计划的应用状态，让状态不再只是处于理想化。月度滚动需求计划运作的核心策略有以下三个。

#### 1. 经销商滚动提报需求计划

一般来说，经销商基于市场及客户需求情况，按照三个月滚动提报订货需求计划。比如，5 月初提报 6 月份的实际需求计划、7 月份和 8 月份的预计需求计划；厂家在 5 月份就会提前准备好 6 月份的出货计划，具体何时组织采购和生产等工作会根据产品生产周期而定，要确保在 6 月份按照经销商的具体出库时间需求做好总体工作，并根据 7 月份及 8 月份的预计需求计划做好相应的准备工作。那么到 6 月初，经销商就要提报 7 月份的实际需求计划、8 月份及 9 月份的预计需求计划，以此类推，厂家提前做好工作安排。

#### 2. 厂家要充分信任经销商，平衡需求计划，做好生产组织安排

厂家要充分信任经销商提报的需求计划，以此作为生产安排的具体依据。同时，也要根据行情发展、历史销售规律、上游供应商状况等影响因素做好计划平衡工作，对经销商提报的需求计划做出一定的修订。一般来说，会按照一定的比例增加生产量，但每个规格增加的幅度不一样。

**3. 厂商协同，定期检讨，逐步提高需求计划准确率**

厂商一定要充分沟通，由厂家主导每个月总结相关工作。比如，计划提报形式、时间，并通报相关市场信息和行业信息，最大限度地提高需求计划准确度。有些信息化管理先进的厂家，已经做到了经销商库存、厂家库存信息的同步化和共享化，这样更有助于经销商做好需求计划管理工作。

### （五）月度滚动需求计划管理模式的具体操作

经销商在执行月度滚动需求计划管理模式时，先从内部做起，以快速消费品为例，具体操作步骤如下。

**1. 业务人员上报需求预测**

每月 15 日前，各业务人员根据所负责的零售终端及客户的销售情况，确定负责区域的未来 3 个月的销售预测，形成月度需求计划表。

**2. 销售管理部汇总需求预测**

经销商销售管理部门汇总需求预测，有的经销商是客户服务部或者品牌经理负责此事。同时，从信息管理系统中导出各区域历史销售数据比对，并根据实际库存情况，对总需求计划做出调整，形成月度需求计划表。

**3. 召开专项协调统筹会，确定需求计划，并提报至厂家**

以上两步对于已经实施信息化管理的经销商来说，操作起来非常简便。业务人员只需在系统中填报、汇总、调整，很快就能完成，只需要制定出各岗位人员完成工作的具体时间即可。

那么，接下来就需要统筹协调，对需求计划做出最终的汇总调整。有些厂家对于经销商提报的下月订货计划即代表正式需求订单，有的厂家还要求经销商支付定金或者全款，厂家就会按此组织生产和交货。因此，这个工作非常严谨。那么，经销商每个月可以召开专门的订货协调会，业务人员、品牌经理、仓库管理人员、厂家业务人员参加，共同商定具体的月度需求计划表，具体形式参照表 7－1。含下月的订货计划、后续两个月的需求计划，按照工作授权权限，由负责人签字确认后，并正式提报给厂家。

**表 7－1　月度需求计划表**

提报单位：　　　　　　　　　　　　　　　　　　时间：

| 序号 | 产品型号 | 数量 | 交货时间 | ×＋1 月<br>预计数量 | ×＋2 月<br>预计数量 |
|---|---|---|---|---|---|
| | | | | | |
| | | | | | |
| | | | | | |
| | | | | | |
| | | | | | |
| | | | | | |
| | | | | | |
| | | | | | |
| | | | | | |
| | | | | | |
| | | | | | |
| | | | | | |
| | | | | | |
| | | | | | |
| | | | | | |
| | | | | | |

### 4. 日常工作协调

在每月执行过程中，指定由品牌经理统筹解决销售、供应、物流等运作中出现的问题，并与厂家相关部门做好信息对接工作。

### 5. 每月定期总结分析

经销商内部要做好每月的预测执行分析工作。一般来讲，经销商可以制定出订货协调会管理流程及制度。界定上月需求计划执行情况总结及下月需求计划提报工作执行的方法和工具。

在总结时，经销商重点从内部分析，如计划准确率、实际动销情况、库存情况分析，做到“计划——动销——安全库存”三个管理要素环环相扣，才能保证整个市场工作顺畅开展。

### （六）经销商如何做到准确提报需求计划

在执行月度滚动需求计划管理模式时，最重要的是计划准确率。如果经销商提报的计划准确率高，厂商双方都能不占用过多的库存和资金，整体产、供、销都平稳运行，对双方都有很多的益处。如果经销商提报的计划准确率低，经销商计划数低，实际要货数高，就会脱销断货、供应时间不能满足客户需求；或者经销商计划数高，实际要货数低，就会引起库存异常、市场销售不畅等。这样或高或低的计划，长此以往就会陷入恶性循环，厂商双方互不信任，那么供应和市场就会不匹配，厂商双方运作都会很被动。但完全做到计划准确率 100% 也是不可能的，一般来讲，保证 ± 10% 的差异都应该是合理的。

那么，经销商作为需求计划管理的核心角色，对需求计划准确率承担很大的责任。经销商要掌握科学的管理逻辑，可以从以下六个方面着手建立起行之有效的工作方法，确保逐步提高计划准确率，牢牢掌握订货权。

**1. 掌握下游客户的销售情况和订货规律**

在快速消费品行业，经销商要充分了解下游零售门店及二批商的动销情况，并做好定期巡访工作，确保随时掌握货架库存、仓库库存、每天大概的销售数量，并根据销售淡旺季，制定出业务巡访或者电话订单收集工作流程及制度，这样就能对单个门店的月度需求做出准确的判断。

在工业品领域，经销商要根据客户设备的现实订单、正在谈判的订单，以及客户设备的生产周期等因素，做好所供应产品的需求预测。对于一些客户长期固定采购的标准产品，协同客户做好备货计划也是销售管理的重要工作。

**2. 掌握科学的库存管理方法**

在快速消费品行业，利用信息化软件管理库存越来越普及，对提高库存管理水平、减少损耗、提高仓储出入库效率带来了很大的帮助，产生了很多的实际经济效益。但是一些基本的库存管理理念和方法还是必须贯彻执行的，如先进先出原则、根据品项属性存储位置区隔等。

同时，库存管理人员要学会看数据，要关注库内产品的月库存周转率、安全库存数量，及时发现库存管理的异常问题，做好经销商订货管理的参谋。

### 3. 掌握厂家的供货周期

作为经销商，除了把握内部的信息之外，还要了解厂家在生产方面的细节。首先，每类产品的原材料购入周期、产品各生产环节及每个环节需要的天数、厂家各类产品的月度最大生产能力等要了如指掌，这样才能提前做好订货安排；其次，要准确了解厂家发货物流运输方式及路途时间，从而控制好整体供货时间。

### 4. 把握行业销售的特殊时间段规律

每类产品可能都存在一定的销售时间差异，如明显的淡旺季、节庆性消费特性，这些都对经销商的需求计划管理带来很大的影响。经销商必须根据具体的时间段做好备货工作，以适应销售的变化。比如，快速消费品经销商在春节前大量订购礼盒包装类产品，备足库存。

### 5. 利用好厂家的促销政策

有些厂家会定期出台订货促销政策，经销商要研究透具体的政策，做好产品品种及数量组合，尽可能充分利用政策。

### 6. 关注整个行业信息

经销商除了关注厂家和自身内部的管理这些微观的信息对需求计划的影响外，还要关注行业及整个社会发展的环境等宏观方面的信息，这些信息都会给我们的生意带来或多或少的影响。有的影响是正向的，能够刺激行业发展，比如2016年最严环保令出台，对一些生产环保设备的厂家带来了很多的市场利好；有的信息带来的影响是负面的，阻碍相关行业的发展。比如2012年公款高消费限制令出台，很多酒类经销商就遭遇了断崖式的销量下滑，并迷失了经营方向，需要寻找其他的销量增长方向。

经销商要善于从这些社会事件看到对自己的负面或者正面影响，提前做好预期判断，并调整生意的方向和布局，合理利用机会，掌握行业发展大势，从而赢得更多的经营收益。更要提前做好风险控制策略，规避风险，减少损失。

**【思考】**

作为经销商或者厂家业务经理，你在月度需求计划管理方面有哪些好的经验或者有哪些困惑。请根据以上板块内容的阐述，总结提炼出属于自己的成功之道。如表7－2所示。

**表 7－2　月度需求计划管理经验总结表**

你的角色：　　　　经销商 □　　　　　　厂家 □

| |
|---|
| 一、你的境界 |
| 二、你的方向 |
| 三、你的策略 |
| 四、具体操作（详细描述具体的工作步骤、工具和方法） |
| 五、这种做法有哪些成功之处（给厂商双方的具体利益点） |
| 六、这种方式有哪些需要改进之处 |

## 二、订单全程跟进，掌控供应计划

经销商在执行月度滚动计划提报管理模式的情况下，具体到单次订单操作时，也会由于厂家的具体管理制度不同，制定相应的管理措施。但也会存在订单收取、确认、发货、收货等环节的操作问题给经销商的经营带来困惑。这些问题在每个行业的表现都不一样，而在工业品行业，订单管理问题尤为突出。这里以工业品配件行业经销商为例，系统地讲解订单管理环节存在的问题及改善对策，其他行业也可以借鉴，以提升订单管理的效率和水平。

### （一）当前厂商对于订单管理的困境

日常订单全流程由经销商发起，一直到经销商接收货物为止，一般经历下单下达、确认、异常变更、付款、发货、收货等环节。每个环节由于管理不同，经销商都会存在一定的困惑，从而影响日常运营。总体来说，有以下四大困惑。

**1. 厂家接收订单但难以准确回复交期，客户交期处于不确定性**

厂商之间是长期合作关系，一般在签订年度协议中界定合作的价格体系、结算方式、物流方式等作为合作的框架。对于日常订单，有的厂家以正式的采购合同为订货依据，双方签字盖章，属于正规操作。而更多的厂家简易处理，以经销商发来的订货订单为准，格式不统一，包含产品名、价格、货期要求等，并有经销商方的盖章或者负责人签字，以此作为订货凭据，厂家就可以安排生产计划，但对于具体交货期一般不予明确回复，“尽可能满足你的时间要求”“尽可能提前发货”等回复是常态，这就造成经销商被动经营。

**2. 厂家原因造成订单交期延误变更，造成客户服务处于被动状态**

厂家对经销商的交期管理更是一个庞大系统的工程，即使厂家给了经销商明确的单次交货时间，但受制于上游供应状况、生产调度安排、天气等因素的影响，有时也会发生延误。交货期延误不能完全避免，有时厂家没能及时通知经销商相关延误情况，临近交货期等到经销商询问时才告知真实情况，经销商处于信息不对称状态，这样就造成经销商服务客户处于被动状态。这是经销商普遍认为最不能接受的行为。

**3. 物流运输时间不可控**

对于远距离的经销商来说，肯定遇到过多次各种各样原因导致物流运输时间异常的烦恼。极端天气影响、车辆在路途中不可控的事故、路途不可控的堵车、春节前的货运停发、货物当天没装上车等都是影响物流运输时效的因素。发生了以上状况，经销商只能选择在焦急中等待。有些状况是可以日后吸取教训合理规避的，如发货当天与物流部门亲自沟通，确保货物当天装车发出。

**4. 到货发现质量问题，经销商完全处于失控状态**

物流运输装卸过程中的损坏、实际到货品种及数量的差异、实际到货的产品质量等，这些都是经销商可能遇到的现实问题。有些经销商管理较为细致，有自己的入库流程和制度，货物到达后，先内部检测后再出库送给客户，有时还能避免一些质量问题。有的经销商不检查直接送给客户，客户检验入库发现质量问题，造成更多不必要的麻烦。

### （二）经销商订单管理的境界——协助厂家建立起以订单管理为核心的管理体系

订单从经销商发起到经销商收货为止，形成一个闭环，中间涉及厂家协作的环节很多。厂家的日常管理工作都是围绕着订单而展开的，是实实在在的工作，可以说订单的高效运作体系足以代表一个公司的日常管理水平。因此，经销商不单单是将订单下达到厂家就不管不问，还要参与某些环节，将这些看作是自己工作的一部分，要提高思想境界，协助厂家建立起顺畅的管理流程及制度。只有这样，才能形成厂商合力，满足市场需求。

### （三）经销商订单管理的方向——三按交付（按时、按量、按质）

订单管理的核心是订单的准确交付，即厂家按照经销商的要求交付。同时，经销商也要按照厂家的要求，严格按照合同的要求提货。这主要包含三个层面。

**1. 按时**

厂家按照订单约定的交货期，准时到达经销商指定的交货地点。而经销商，也要按照合同约定准时提货或者要求厂家发货。

**2. 按量**

厂家按照订单约定的数量、型号规格交付，不仅要求总数对，型号或者颜色的数量也要正确，这样才是市场和客户需要的产品。而经销商，要按照合同规定，一次性提货，不能出现分批提货情况。这样就不会给厂家库存管理带来更多不良的影响。

**3. 按质**

厂家按照订单约定的质量，不能有损坏，确保货物完整，不影响使用。

### （四）经销商订单管理的策略——建立订单全过程管控体系，让订单交付更可靠

有些管理规范的厂家在订单管理环节异常严谨，出台了相关管理规定，经销商要严格遵守，配合厂家的管理要求。有时，厂家对经销商订单管理做出了更细致的管理规定，就是我们通常说的罚则，任何一项工作的失误都会有成本。比如，某厂家对经销商的订单交期管理规定如下。

乙方订购的产品自约定出货日起超过 15 天未出货的，甲方按照该批订单总金额收取仓管费用。

（1）超过 15 天的，甲方按照此金额 0.1% 的标准收取仓管费用。

（2）超过 25 天的，甲方按照此金额 0.2% 的标准收取仓管费用。

（3）超过 35 天的，等同于乙方取消订单，产生的损失由乙方承担。

乙方取消订单的，产生的损失由乙方承担。

如乙方取消订单时，非标订单收取 30% 的损失费，常规订单收取 5% 的损失费。

除此之外，有的厂家为强化订单管理，还针对经销商年度订单管理情况设置考核指标和权重，以此作为一个考核要素对经销商进行综合考评，并调整双方的合作政策。比如，某工业品厂家对经销商的年度考核中就有对于订单管理的考核，最终的考核结果将影响经销商的年度返利情况（见表 7－3）。

**表 7－3　某厂家对经销商的订单管理考核**

| 序号 | 评价项目 | 计算公式 | 权重 | 评价标准 |
|---|---|---|---|---|
| 1 | 订单变更及取消率 | =（订单变更及取消的总金额 ÷ 年度总订单金额）× 100% | 10 分 | ◇订单变更及取消率 = 0，计 10 分<br>◇0 < 订单变更及取消率≤5%，计 8 分<br>◇5% < 订单变更及取消率≤10%，计 5 分<br>◇订单变更及取消率 > 10%，计 0 分 |

续表

| 序号 | 评价项目 | 计算公式 | 权重 | 评价标准 |
| --- | --- | --- | --- | --- |
| 2 | 订单逾期提货率 | =（逾期提货总金额 ÷ 年度总发货金额）×100%<br>逾期10天内，按1倍核算<br>逾期10～20天，按1.1倍核算<br>逾期20天以上，按1.3倍核算 | 10分 | ◇逾期提货率率＝0，计10分<br>◇0＜逾期提货率≤5%，计8分<br>◇5%＜逾期提货率≤10%，计5分<br>◇逾期提货率＞10%，计0分 |

对于已经实施厂商协同信息化管理的厂家，将订单管理各环节通过网络平台实现在线化管理，所有的订单发起、下单、审核、状态跟进等可以通过网络完成，效率大大提高。而众多的厂家尚无实力或者意识实施订单的信息化管理，还是依靠传统方式管理订单。不管采取何种方式管理，订单管理的各环节都需要人员对接，有多个环节需要跟进、管理。

无论厂家是否对订单交付制定有具体的管控流程和制度，但经销商作为订单的发起者，更应该为自己的订单交付管理工作制定全面的管控措施，尽可能全面掌控订单运行各环节，做到万无一失，这样才能保证客户服务质量。同时，订单是厂商双方合作很严谨的事项，代表着权利和义务，更有必要规范操作，建立起自己的管控标准。根据订单运行涉及的环节，经销商可以从具体方面设定管控措施，多与厂家互动，协助厂家建立起完善的订单交付管理措施，提升管理水平。

### （五）经销商订单管理的操作

订单的日常管理核心在于经销商，首先，经销商要对订单有一定的计划性，按照自己的销售计划合理订货，这一点前面章节已经详细阐述了。其次，经销商要确保每次的订单处理正确无误，从源头做好控制。相信很多经销商都经历过订货错误的情况，有时是一个规格型号的字母或者数字错误，有时是数量错误，这些都会给后续工作带来很大的麻烦，并造成一定的经济损失和时间浪费。

那么，经销商该如何做好订单管理呢？除了要严格遵守厂家的管理规定外，还要以严谨的工作态度来处理日常管理细节。以下将订单下达到货物验收分为七个环节，重点阐述了操作细节和要点。如果厂家没有出台相关的订单管理规定，经销商更要从自身做起，用严谨、规范的操作来对待订单管理工作。同时，要积极将这些行之有效的方法介绍给厂家，让厂家重视订单管理工作。

### 1. 统一订单下达格式及对接口

#### （1）订单格式管理

厂家有统一版本格式合同或者订单格式的情况下，可以执行厂家的规定，对于一些需要特殊约定的事项，经销商可以添加备注，以便更清晰地表达订货需求。如果厂家没有统一格式合同或者订单格式，经销商就要建立起专属的订单格式，见表 7－4。详细界定订货规格、数量、交货时间要求、物流安排、到货地址等详细信息，并要求厂家签字回传。

**表 7－4　××公司订单**

日期：　　　　　　　　　　　　订单编号：

| 序号 | 产品名称 | 型号 | 单位 | 数量 | 其他要求 | 交货时间 |
|---|---|---|---|---|---|---|
| | | | | | | |
| | | | | | | |
| | | | | | | |
| | | | | | | |
| | | | | | | |
| | | | | | | |
| 运输方式：<br>到货地址：<br>其他要求： | | | | | | |
| ××公司（加盖采购章）：<br>采购联系人：<br>联系电话：<br>日期： | | | | | | |
| 厂家确认：<br>此批订单将于　　月　　日安排发货。<br>××公司（加盖采购章）：<br>日期： | | | | | | |

(2) 订单对接口

订单下达的对接口要有唯一性，经销商的订单对接为采购部。经销商要建立起从采购计划到采购订单的管理制度。采购部采购专员先发起采购计划，经部门经理审核、总经理审批后，再转化为对厂家的采购订单，只有这个部门有权向厂家下达订单。厂家的对接部门为销售管理部门，所有的订单必须按照厂家规定的形式发至销售管理部门。

2. 规范订单确认环节

无论是采取合同格式还是订单格式，经销商一定要让厂家书面确认订单，并回传至经销商。通过双方确认，确保型号、数量、价格、交货期等关键要素正确，是双方意思的正确表达，并且双方都认可。如果厂家对经销商提出的货期要求不能满足，经销商一定要讲清订单的紧急程度，争取合理的交期，并达成一致。经销商要清楚厂家的内部下单流程及固定周期，尽可能提早下单，争取提前交货。如有的厂家规定，当天10点之前下单的，将从当日开始安排生产计划；10点之后下单的，将从次日开始安排生产计划。

订单管理员在厂家内部的管理系统手工录入订单时，有可能出现差错。为确保订单的准确性，经销商可以要求厂家订单管理员将录入到系统的内部订单发过来，再次确认订单是否正确。

3. 长交期订单跟进规范

很多的经销商都有这样的体会，工厂的交期不是计划出来的，是靠“紧催”出来的。在紧急情况下，经销商只有层层向上跟催才能达成预期。

“紧催”不能作为常态，只是紧急状态下的救火措施。通常情况下，经销商对10天以上长交期的订单要制定定期跟进措施，主动询问订单进展状况，确保信息对称，状态可控。即使生产期间发生来料质量异常或者加工损耗异常等状况，经销商也能事先得知，也会第一时间寻求厂家更多的资源协助，如亲自找生产总监、采购总监或者总经理跟进处理，尽可能调动更多的资源来达成预定的交期。

4. 经销商在订单执行过程中的异常管理（变更/取消）

在订单生产中，经销商遇到异常情况时可以变更订单或取消订单，但操作中要注意以下三个原则。

第一时间原则：经销商需要变更时，要立即通知厂家。

书面原则：经销商确定要变更或者取消订单时，一定要通过书面形式同厂家沟通，可以自制格式化的订单异常处理单，见表7-5。并让厂家查看订单实际进展状况，尽可能减少不必要的损失。

责任承担原则：因为取消或者变更，可能会产生在制品报废，在工业品厂家涉及非标定制产品时尤为常见，经销商要主动承担损失，按照厂家的相关制度处理。

**表 7－5　订单异常处理单**

编号：

<table>
<tr><td colspan="2">原订单编号</td><td colspan="4"></td></tr>
<tr><td colspan="4" rowspan="2">原订单内容</td><td colspan="2">异常类型（在相应空格处标注）</td></tr>
<tr><td>取消</td><td>变更</td></tr>
<tr><td>型号</td><td>数量</td><td>交期</td><td>其他</td><td></td><td></td></tr>
<tr><td></td><td></td><td></td><td></td><td></td><td></td></tr>
<tr><td></td><td></td><td></td><td></td><td></td><td></td></tr>
<tr><td></td><td></td><td></td><td></td><td></td><td></td></tr>
<tr><td></td><td></td><td></td><td></td><td></td><td></td></tr>
<tr><td></td><td></td><td></td><td></td><td></td><td></td></tr>
<tr><td colspan="6">经销商签字：<br>日期：</td></tr>
<tr><td colspan="6">厂家处理结果</td></tr>
<tr><td colspan="6">结果 1：已变更/取消，不产生费用</td></tr>
<tr><td colspan="6">结果 2：已变更/取消，产生费用，总金额______元<br>费用明细如下：</td></tr>
</table>

<table>
<tr><td>序号</td><td>费用项目</td><td>金额</td><td>备注</td><td></td></tr>
<tr><td></td><td></td><td></td><td></td><td></td></tr>
<tr><td></td><td></td><td></td><td></td><td></td></tr>
<tr><td></td><td></td><td></td><td></td><td></td></tr>
<tr><td></td><td></td><td></td><td></td><td></td></tr>
<tr><td colspan="5">处理部门：<br>日期：</td></tr>
<tr><td colspan="5">经销商确认：<br>日期：</td></tr>
</table>

**5. 发货前厂商双方确认发货清单**

经销商要根据订单约定交期提前确认发货情况，让厂家做好发货清单，经销商可以据此核对型号、数量是否与订单一致。如发现不符之处，要立即指出，核实原因，以做到所有产品按照约定发出。

**6. 物流公司选择及信息的共享**

经销商没有特别要求的情况下，厂家一般按照常规方式组织物流配送服务。在自有车辆配送的情况下，要事先得知车辆驾驶员的联系方式，主动联系，以便做好接货准备，如卸车人员或工具。如果是采取外包物流服务或者快递等方式时，也要厂家提供物流单据，跟踪物流状态，提前做好相关接货工作安排。如果经销商根据要货紧急程度或自身方便性，需要指定物流方式或者变更固定收货地点时，一定要在发货前书面沟通确认。

**7. 到货确认**

厂家一般要求经销商在收货后签收相关单据，经销商要及时清点数量、型号，予以配合。如有破损或者数量疑问，要按照厂家的规定将相关情况反馈至厂家，配合厂家处理。

### （六）经销商订单管理操作的信息化赋能

订单管理是一项精细化的工作，采取原始的人工操作方式远不能达到全程管控的目的。有的经销商采取电子表格的形式，对订单的各环节运营予以标注，也能达到管理的目的。但是针对大量的订单管理就显得无能为力了，浪费了很多的人力和时间，还容易出错。那么，经销商可以引入订单管理系统软件，实现对订单的全程跟踪、全程可视化，这是未来实施精细化管理的方向。

现在大多数厂家引入了 CRM 客户管理信息系统，将一些与经销商对接的高频工作，如订单管理、合同管理、收货确认等模块开放经销商接口，经销商可以实现对订单的全过程跟踪，提高了对接效率。

**【思考】**

作为经销商或者厂家业务经理，你在订单管理方面有哪些好的经验或者有哪些困惑。请根据以上板块内容的阐述，总结提炼出属于自己的成功之道。如表 7 – 6 所示。

**表 7－6　订单管理经验总结表**

你的角色：　　　　经销商 □　　　　　　　　厂家 □

| 订单管理阶段 | 具体做法 | 取得的经验 | 需要优化之处 |
|---|---|---|---|
| 1. 订单下达 | | | |
| 2. 订单确认 | | | |
| 3. 订单跟进 | | | |
| 4. 异常处理（变更/取消） | | | |
| 5. 发货前确认 | | | |
| 6. 物流信息查询 | | | |
| 7. 到货管理 | | | |

## 三、财务专项对接，让规则代替信任

厂商之间在财务上的往来项目较多，常规性的发货对账、货款支付、各种费用代垫核销、各种奖励结算、退货冲账、质量问题损失赔偿、折价销售、滞纳金、经销商违反各种管理规定造成的罚款等，大多可以通过相关凭证核算清楚。看似简单的日常例行工作，实际上面临的问题很多，因为涉及厂家和经销商两个独立核算的经济组织，任何一笔涉及经济的往来项目都必须算明白、准确。所以，在对待财务问题上，厂商双方都非常严谨，但各自站在自身立场上，总会有一些难以协调的矛盾，如严重逾期的货款支付、重大的质量损失索赔、各种口头承诺的费用条件等，导致厂商双方最后对簿公堂，寻求法律途径才能解决，当然这些都是双方不希望看到的。

从经销商的角度，到底存在哪些财务对接方面的困惑而影响厂商合作呢？又该如何化解这些财务矛盾呢？想必这些都是大多数经销商比较关心的话题。事实上，"规则大于一切"。厂商之间只有建立起相应的对接规则，做好自己应该做的，在求同存异的境界下，很多问题都能得到圆满地解决。

### （一）当前经销商财务对接方面的困惑

经销商在日常经营中，与厂家在财务对接方面的困惑主要有三个。

**1. 厂商之间账务核对不清**

厂家对经销商有一定信用额度支持时，就需要定期对账，一般按照自然月为周期，即每月 1 日开始，月末最后一天截止，在这个周期内的发货均为当月实际结算货款总额。但考虑到到货验收需要时间，以及每个月月底提前开具发票的客观因素，很多厂家一般按照每月 25 日左右为对账节点，即上月 26 日至本月 25 日为结算周期，在此时间段的发货均为当月实际结算货款总额，这样就有效地避免了在途物流及发票开具的影响。

在对账过程中，一旦双方有不准确的数据，都需要耗费大量的时间，主要有单价错误、数量错误、非常规型号加价不合理等，还有的因为厂家按照出货时间记账而经销商按照收到货记账时间差带来的账目不准。账目不清，厂家无法开出正确的发票，商家无法准确付款。每月月底都是财务人员最忙碌的时候，这些问题占用了厂商双方财务对接人的时间和精力，但又不得不面对，一定要查清所有的数据。如何高效地开展对账工作、厂家要做哪些工作、经销商要配合哪些工作，需要厂商之间建立一定的规章制度。让所有的核对工作透明化，才能提高工作效率，增加双方的信任度。

**2. 经销商货款支付延期，得不到厂家的支持**

资金周转永远是厂商合作的重点问题。经销商希望得到厂家最大化的资金支持，含账期、铺货、信用额度等；而厂家当初设置经销商模式发展市场的一大初衷就是借助经销商的网络资源和资金低成本开拓市场。而经销商壮大之后，就反过来以市场客户实际占有来要挟厂家给予更多的支持，这样双方的积怨和矛盾就越来越多，只能彼此寻求找到平衡点。因此，资信管理不完善的厂家，经销商延期支付货款、直接找到高层领导给予货款支持，或者干脆“拖”为上策。而厂家则以直接断货、不接收新订单等强制手段来应对，双方玩起了对决战和心理战。往往经销商以客户生意为重，象征性地支付货款或主动和厂家达成付款协议而告终。

其实，在货款收付的博弈过程中，有的经销商的确是因为下游客户回款延误或进行市场推广扩张投资而造成资金周转困难，厂家了解情况后可以给予支持。但很多经销商利用厂家的资金支持，将资金投到其他行业或生意中，以及用于个人的大额消费，如购房、购车等。在厂商合作中，这是厂商关系合作的大忌，明明仓库里没库存了，货都发出去了，但经销商始终无法顺利回款，厂家就会发现其中的问题。长此以往，经销商就很难得到厂家的支持，造成厂商关系恶化。

3. **发票管理的困惑**

对于日常发票的管理，厂商之间出现的问题主要表现为以下两个方面。

**（1）发票错开、漏开、多开等情况**

厂商双方将账务核对正确之后，接下来的发票开具就顺利了，按照对账单的型号、数量、价格、税率水平开具即可。但也不排除由于财务人员疏忽导致开错的情况，经销商财务人员如果没有第一时间检查，到票务认证处理时就会出现异常，影响当月税务抵扣。相信很多经销商都遇到过类似的情况，一旦发票少开或者错开，就会影响当月的增值税抵扣，这样经销商当月就会多缴纳增值税及其他税款，影响当月真实的经营状况。

**（2）发票签收异常**

更有甚者，厂家在快递发票时，由于快递公司的原因导致发票丢失，或者经销商收到后又丢失发票等，这些都属于发票签收异常的情况。责任方要负责登报申请；厂家再次开发票时，相应的税款又需要责任方承担，这些都给厂商的日常管理带来不必要的麻烦。

### （二）经销商财务对接管理的境界——协助厂家建立起完善的财务管理规范

在财务对接环节，最重要的是建立双方认可的规则，但实际运行中，可能厂家更为强势。毕竟厂家掌握着更大的资源，如区域保护权、发货权、奖励兑现权等，如果经销商不遵循厂家的规定，厂家就对经销商采取制约措施。那么，经销商不得不遵照厂家的规则制度。从更高的层面来看，厂商双方在地位上不存在孰高孰低，双方合作的根本目的是双赢，共同做好品牌及市场。只有建立起流程高效、手续合规的财务管理体系才能保证双方合作的顺利进行。

### （三）建立完善的财务管理规范的方向

财务核算工作对于每个经营实体都是至关重要的，只有建立起合规、准确、及时的财务管理体系，才能正确反映实际的企业经营状况，有助于企业及时调整经营策略。如果厂家和经销商无法定期在财务上达成一致，势必影响双方的财务基础管理工作。

对于厂家来说，定期的财务核算工作尤为重要。而涉及收入确认、效应分析、税务统筹等都是和经销商管理工作相关的。试想如果当月厂商之间无法在销售发货上达成一致，就无法开具发票，进而影响厂家准确的收入和库存管理。所以，我们要根据厂家的财务管理规范，配合厂家的财务管理工作。只有这样，才能建立起顺畅的财务事项对接规范。完善的财务管理规范主要体现在以下三个方面。

**1. 合规**

涉及账务方面的发票、单据等都要在财务规范的前提下开具，如增值税发票的开具要严格按照税务管理规定，货品名称、规格都是合同实际发生的项目，不得开具与实际业务不相符的项目。款项来往要通过公司对公账户汇出，如果是银行纸质承兑汇票，背书签章要清晰完整。这些都是最基本的财务管理要求。

**2. 准确**

涉及账务方面的往来业务对账单、汇款金额、发票金额等都必须准确无误，这也是财务管理的基本规定，这些都是很严谨的操作，任何一个不准确的操作，都会给双方带来更大的工作量。比如，对账单当月没有认真核对，等到次月或者更长的时间之后才发现错误，就会导致应付款、发票等调整，难度大，需要查询很多以前的单据才能核对清楚，有时候还需要领导层层审批签字。

**3. 及时**

企业经营对财务的处理一般都是以月度、季度、年度为周期定期进行核算的，对每次的凭证处理都有严格的时间界定，只有当时做好核算，才能准确反映当期真实的经营状况。比如，很多公司都界定了对账单回传时间、款项支付截止时间、发票开具时间和快递时间、发票签收单回传时间等，任何一个环节的耽误，都会给后续的工作带来影响。所以，经销商一定要严格遵守厂家的规定，配合厂家的各项工作，确保所有的工作顺利完成。

### （四）经销商财务对接管理的策略——让规则代替信任

多数厂家都会对财务管理做出严格的规定，毕竟款项很重要。比如，在每个月的付款期间，除了日常厂家管理人员的跟踪之外，厂家更是对付款出具了明文规定，以此来体现付款工作的重要性。

比如，某厂家对经销商的对账和付款做出以下规定。

①每月 1 日—5 日为双方对账期，对清上月发货总额，当月 15 日前乙方须将上月应付货款以现金转账或现金汇票形式支付给甲方。

②乙方未能在规定日期内付款，甲方按照每日 0.05% 的标准收取逾期金额的滞纳金。如超过 20 天还未付清，甲方按照每日 0.1% 的标准收取逾期金额的滞纳金；如超过 30 天还未付清，甲方按照每日 0.2% 的标准收取逾期金额的滞纳金；如超过 45 天还未付清，甲方有权停止接单、发货。

除此之外，很多管理严谨的厂家在对经销商的年度定期综合考核时，对财务管理工作提出了考核要求，将财务管理工作设定为 KPI 考核指标。比如，将经销商回款的时间设定为“月度回款及时性”，这些综合考核将直接影响厂家对经销商的整体合作政策。比如，月度对账单回传不及时的，将执行扣分处理。如表 7－7 所示。

**表 7－7　KPI 考核指标**

| 序号 | 评价项目 | 计算公式 | 权重 | 评价标准 |
|---|---|---|---|---|
| 1 | 货款延迟支付率 | =（延误回款总额 ÷ 年度总应付款）×100%<br>延误 10 天内，按 1 倍核算<br>延迟 10～20 天，按 1.1 倍核算<br>延迟 20 天以上，按 1.3 倍核算 | 10 分 | ◇延迟支付率 =0，计 10 分<br>◇0 < 延迟支付率 ≤5%，计 8 分<br>◇5% < 延迟支付率 ≤10%，计 5 分<br>◇延迟支付率 >10%，计 0 分 |

财务对接工作事关厂商双方的核心利益。一般来说，和钱相关的事情，经销商都会在意。事实上，财务管理工作是很严谨的，哪怕是一分钱的误差都会给双方的管理带来麻烦。经销商一定要有以下管理意识，也就是财务对接的策略。

**（1）对厂家的应付款项无条件到期支付**

很多经销商都有这样的意识，只有厂家发展了，经销商才能受益。而经销商对厂家的支持，就是无条件支付到期应付款项。“皮之不存，毛将焉附”说的就是这个道理，不能拖欠厂家的款项。

**（2）让规则代替信任**

制度先行，一切按照制度办事，所有的财务操作都应该在阳光下操作，高标准要求自己。无论在财务管理的哪个环节，经销商都要严格按照厂家的规定执行。厂家没有相关规定的，经销商要积极引导厂家建立相关规定，提高厂家的管理水平。

**(3) 提前沟通**

经销商在遇到特殊情况时，一定要提前与厂家就财务问题书面沟通，取得厂家的审批同意后才能实施。如有的经销商临时遇到资金周转问题无法按期支付货款，就应该与厂家的主管领导沟通，表明自己的态度，以取得厂家的支持，并按照厂家的规定执行。

## （五）经销商财务对接管理的操作

以下将从对账、付款、发票等环节逐一阐述操作要求，经销商可以对照日常的管理操作，不断完善对接管理标准，让财务对接工作更顺畅、更高效。

**1. 巧对账，及时反馈**

厂商之间月度定期对账是例行工作，对当期发货量、货款金额做出确认。

首先，经销商要学会看懂对账单的框架。厂家的财务部门做出对账单，可能每个厂家的对账单格式不一，但总体至少包含每次发货时间、发货品种、单价、数量、金额等，同时将本期已付款也一一列出，含付款时间、金额、付款形式。这样就形成了当期发货额、付款额，再加上期初余额，就得出了本期应付余额。经销商要知道每个板块的含义和内容，如“期初余额”或者“上期结存额”“本期发货额”“本期已付金额”“本期结存额”。相信大多数的经销商老板和财务人员都能理解这些概念，这就是厂商之间沟通的共同语言标准。

其次，经销商要仔细核对每行的具体数字，核对的依据就是日常发给经销商的订货单、每次收货的收货单、每次付款的凭据等，经销商要及时归纳整理业务往来凭证，并分类保管保存。遇到有差异的地方，就像法官判决一样，遵循“谁主张、谁举证”的原则。经销商要标注出来，并附带相关的凭证反馈给厂家，予以核对更正。比如，某笔发货的产品价格有误，经销商当时向厂家申请的是产品价格折扣优惠支持，而厂家的对账单上是原价，这个时候经销商就要拿出经过厂家相关部门审批同意的书面价格申请报告作为凭证反馈给厂家财务部，如果厂家财务部确认此件的真实性，那么这事就解决了。有的时候，经销商没有书面凭据，只是说“某某领导当时口头同意的……”之类的话，这是没有一点作用的。因此，经销商对待与厂家的任何往来事项，都必须要有正式书面审批文件作为依据。

最后，核对正确的对账单（如表 7－8 所示），经销商一定要按照厂家的规定，签字或者盖章，并在规定的时间内回传给厂家相应人员。这也是关键性的环节，一是要在约定时间内回传，以免耽误后续的开票时间，同时经销商也要保存好；二是返回形式，一定要求具有可追溯性，确保厂家能够实时收到对账确认单。管理规范的厂家，一般都要求传真或者发送给厂家指定的专用电子邮箱和企业 QQ 号，以此作为唯一的接受方式。有些管理不规范的厂家，在形式上没有要求，现在网络发达，微信图片、QQ 都是可以利用的工具。但也有异常情况，如厂家正好人员变动，那些为了一时方便而发送给个人 QQ 或者个人微信的经销商就有麻烦了，厂家说没有收到，就会增加沟通成本，为此事耽误时间，有可能引起当期开票延误。相信有些经销商就遇到过类似的情况，每到月底集中开票时，就会出现厂家发票暂时用完当月额度又无法临时增量的情况，那么本月的发票就无法开具了，就会影响相关经销商当月税务缴纳。

所以，经销商对于每月的定期对账事宜一定要严肃对待，在规定的时间内核对清楚往来账目，并保管好相关单据。当然，也有的经销商遇到这种情况，当月核对清楚了，而到了下个月或者更长时间后，再次核对时发现某笔交易有错误，并拿出相关凭据又要求厂家给予核对。这种情况下，很多厂家明文规定，已经确认的账务不承担后续错误的责任，这样经销商只能自认，为错误买单。而有的厂家规定只能往前追溯三个月的账务，可以再次核对更正。因此，经销商要严谨对账，发现问题及时处理，避免不必要的麻烦和损失。

**表 7－8　××公司对账单**

购货单位：×××

发货明细：

| 日期 | 送货单号 | 型号 | 数量 | 单价/元 | 金额 | 备注 |
|---|---|---|---|---|---|---|
| | | | | | | |
| | | | | | | |
| | | | | | | |
| | | | | | | |
| | | | | | | |

续表

<table>
<tr><th>日期</th><th>送货单号</th><th>型号</th><th>数量</th><th>单价/元</th><th>金额</th><th>备注</th></tr>
<tr><td></td><td></td><td></td><td></td><td></td><td></td><td></td></tr>
<tr><td></td><td></td><td>合计</td><td></td><td></td><td></td><td></td></tr>
<tr><td colspan="2" rowspan="6">账务核对信息</td><td colspan="3">上期结存</td><td></td><td></td></tr>
<tr><td colspan="3">本期贷款</td><td></td><td></td></tr>
<tr><td colspan="3" rowspan="3">本期已收</td><td></td><td></td></tr>
<tr><td></td><td></td></tr>
<tr><td></td><td></td></tr>
<tr><td colspan="3">本期结存</td><td></td><td></td></tr>
</table>

日期：

上述开票货物、账务核对信息请贵公司验收、核对确认！

盖章（签名）确认：

### 2. 按时足额付款

管理规范的厂家一般都要求经销商向厂家付款至指定的公账账户，或者接受银行电子承兑汇票和银行纸质承兑汇票。因此，经销商在付款时一定要做到以下三点。

**（1）要保证在约定的付款期限内付款，并尽可能提前支付**

准时付款和提前付款有时就差几天的时间，但给厂家人员带来的印象有很大的差别。相信很多经销商有时会听到厂家人员对某个经销商的评价“××经销商每次都提前付款，不用催……”，这样的经销商在厂家销售部门、生产部门、财务部门都是口碑很好的，相信这类经销商有时遇到一些需要厂家人员协助的事情，厂家人员也会积极配合。有时候，经销商抱怨厂家很多事情不配合，如果经销商是厂家各个部门公认的模范客户，厂家人员想必会给予更多的资源倾斜。不是厂家不配合支持你，而是作为经销商，你做了什么。所以，经销商要正确对待付款事宜，提前做好准备工作，筹集款项，争取提前支付，做一个厂家心目中的付款模范经销商。

**（2）一定要用厂家指定的形式付款**

在快速消费品行业，经常发生厂家业务人员卷款不辞而别的事情，就是因为经销商有时会有一些小额回款，由于太信任厂家业务人员，将本来该电汇至厂家的货款通过汇至业务人员个人银行卡或者现金交给业务人员。相信现在很多经销商都有一定的防范意识，不会轻易将货款交给个人。

有的厂家不接受承兑付款，无论是商业承兑或者是银行承兑汇票。想必其中的道理经销商都非常清楚，持续的现金流对厂家发展的重要性。那么，经销商就要设法按照厂家的规定来执行，将手里的承兑汇票贴现为现金再汇给厂家。很多经销商认为这是厂家不合理的规定。其实，经销商可以朝积极的方面去考虑，未必是一个合作障碍，厂家的这种规定同时也在倒逼我们去调整和改善自己的经营理念和工作方式，未必不是一个好的管理措施。这就要求经销商在和客户谈判中敢于亮出自己的规则，提升自己的客户管理能力，有意识地通过付款条件的谈判来筛选优质客户。所以，任何一个管理措施都有双面性，看似是障碍和限制，如果经销商善于想办法，而不是和厂家讨价还价，自然会带来好的结果。

对于接受承兑汇票的厂家，经销商要按照基本的财务管理要求，做好汇票的背书工作，字迹手写清晰正确，财务专用章和法人私章要盖清晰，位置正确。稍有差错，就会给双方的工作带来不便。这些都是经销商能够轻而易举做到的事情，一定要在这些工作事项上给厂家便利。

**（3）按照对账单上的应付款余额足额一次性付款**

有时候，经销商在付款周期内，由于资金筹措时间不一，可以采取分批形式付给厂家，一定要在截止时间之前支付完毕。当然，也有很多经销商由于资金周转问题导致不能在规定时间内支付，那么就要提前与厂家管理人员沟通，申请延期支付时间。而有的经销商遇到困难，不支付货款并且不向厂家人员告知，以至于厂家人员多次电话提醒告知或者书面告知，这样就会给厂家人员留下不好的印象。

还有的经销商借口厂家有产品质量问题没有解决，或者代垫费用没有核销等，延后付款或者少付一部分款项。这种情况情有可原，但是作为长期的合作伙伴，经销商要将货款支付与质量问题处理看成是两件事情，负责任的厂家都是会按照规定处理好的，而付款是经销商应该做好的本职工作。

**3. 发票处理**

厂商之间核对清楚账务，经销商也付款了，那么接下来的事情就是发票开具事宜。这个环节的操作，厂家除了准确开具发票外，经销商要配合以下工作，才能保证发票事宜处理得当。

**（1）经销商准确提供开票信息**

通常说的开票信息，就是企业的工商税务登记信息，是开具发票的基本资料，务必正确，这样才能进行税务查询和抵扣。很多经销商都遇到过厂家开错发票的事情，多数是发票信息错误，有时是一个汉字、字母或者数据错误，导致不能正确使用，只能要求厂家作废并重新开具。

因此，经销商首先要做的工作就是将正确的开票信息正式地发给厂家。经销商一般的做法是将开票信息打印在一张纸上，传真给厂家，一定要记得盖公司财务专用章或者公章。如果经销商对发票有特殊要求，也要一并注明。比如，有的经销商财务管理比较规范，要求厂家开具的发票上显示的“开票人”“收款人”“复核人”都必须完整填写且是三个不同的人。这样操作后，让厂家感受到经销商很重视，如果厂家开错发票，也不会相互扯皮，责任不在经销商。

一些管理规范的经销商，对此非常重视。一旦经销商由于经营变更，如注册地址信息、开户银行信息、电话号码等变化后，一定要立即通知厂家进行更改，确保是最新的信息发给厂家，并注明内部版本号或者开始使用时间。特别是在 2017 年之前，由于实施企业统一信用代码代替税号时期，很多经销商办理了变更手续，但没有第一时间通知厂家，导致发票开错。经销商只有在办理与厂家相关的事项时，首先想到厂家的操作，才能保证双方的对接工作顺畅，得到厂家人员的认可和配合。

表 7－9 就是一份企业开票信息正确的告知模板，并注明时间、版本，同时盖章。

**表 7－9 企业开票信息正确的告知模板**

<table>
<tr><td>版本号：</td><td rowspan="2">开票信息</td><td rowspan="2">公司标识</td></tr>
<tr><td>日期：</td></tr>
<tr><td>公司名称</td><td colspan="2"></td></tr>
<tr><td>企业统一信用代码</td><td colspan="2"></td></tr>
<tr><td>地址、电话</td><td colspan="2"></td></tr>
<tr><td>开户行及账号</td><td colspan="2"></td></tr>
<tr><td colspan="3">企业盖章处（财务专用章）</td></tr>
</table>

**（2）经销商要求厂家开具发票后先拍照确认**

很多经销商都遇到过收到厂家开具的发票后，发现开票信息错误、产品规格错误、数量或者金额错误、盖错印章等情况，不得不要求厂家重新开具正确的发票。一是浪费了时间；二是增加了双方的工作量和成本。

其实这些错误都是可以事先预防和避免的，并且是非常简单的操作。经销商可以要求厂家在开具发票后，拍照传给经销商先行核对，做到双重确认，保证发票信息正确。

**（3）发票接收后及时向厂家回传确认单**

很多厂家都要求经销商在收到发票确认无误后签收发票确认单并盖章回传，类似收货确认单，以示双方完成发票交接。有些财务管理规范的厂家，要求经销商将发票签收单原件用快递返回厂家。想必很多经销商认为多此一举，没有必要。其实不然，因为很多时候经销商收到快递后随手一放，用的时候就找不到了，又要求厂家查询，或者说没有接收到要求重开。厂家肯定会拿出已经开具并且快递查询的证据，经销商实在找不到发票，按照常规的税务要求，就必须登报申明，同时要求厂家重新开具，厂家因此多缴纳的税款就必须由经销商承担了。

所以，一个很小的发票签收单回传，是非常重要的。经销商一定在收到发票后立即核对，按照厂家的要求回传确认单，避免不必要的麻烦。

**【思考】**

作为经销商或厂家，你在与厂家进行财务对接时，厂家肯定有很完善的管理制度，经销商也一定有一套行之有效的经验。请根据以上板块内容的阐述，总结提炼出属于自己的成功之道（表 7－10）。

**表 7－10　厂商财务对接管理经验总结表**

你的角色：　　　　经销商 □　　　　　　厂家 □

| 序号 | 项目 | 管理环节 | 厂家的管理规定 | 你的改进建议 |
| --- | --- | --- | --- | --- |
| 1 | 账务核对 | 对账单格式 | | |
| | | 对账异常处理 | | |
| | | 对账单确认与回传 | | |
| | | 其他 | | |

续表

| 序号 | 项目 | 管理环节 | 厂家的管理规定 | 你的改进建议 |
|---|---|---|---|---|
| 2 | 款项支付 | 支付形式 | | |
| | | 延期支付管理 | | |
| | | 其他 | | |
| 3 | 发票管理 | 开票信息传递 | | |
| | | 发票开具 | | |
| | | 发票快递 | | |
| | | 发票接收确认 | | |
| | | 发票丢失等异常管理 | | |
| | | 其他 | | |

## 四、主动提供市场信息，让信息产生价值

依靠区域经销商制模式进行市场运作的厂家都有一个困惑，就是对市场信息缺乏获取途径和方式，就算是一些 B2C 的企业，如快速消费品企业在大渠道和大推广的销售模式下，也无法将管理触角深入到经销商下面的零售卖点及消费者，这样就不能准确地把握和了解市场信息，就无法获取零售终端及消费者的真实需求和想法，进而无法真正高效满足市场要求，从而提高企业的竞争力和盈利。而对于工业品企业来说，切实了解用户的需求，以及对现有产品失效的分析更是改进和开发产品最重要的途径，但由于厂家不能深入市场和用户，就无法了解到用户最真实的需求。

经销商是深入到销售一线，与消费者或者购买者最近的，能真实了解市场需求的人。同时，经销商运作区域市场，也关注到竞品或者替代品在市场上的一举一动，这些都是市场上真实的信息，经销商可以据此调整自己的销售行为。同时，可以将这些信息及时反馈至厂家，厂家可以充分利用这些信息调整竞争策略。

下面将从经销商的角度阐述如何高效地管理市场信息，与厂家共同利用市场信息，创造生意机会，来赢得区域市场销售的强势地位。

## （一）当前厂商对于市场信息管理的困境

经销商对市场信息缺乏足够的关注，没有系统性和信息管理意识。而厂家对经销商提供市场信息没有要求，这样就造成大量有价值的市场信息无法在厂商之间流动并产生市场效益。根据多年与厂商之间的接触，对于信息管理，经销商普遍存在以下四大困惑。

**1. 经销商对市场信息管理缺乏主体责任意识**

厂家利用经销商进行市场销售，涉及关键的三项管理，即资金流、货物流、信息流，涉及货款的资金流和涉及货物交付的货物流都是厂商非常关注的，但关键的信息流往往得不到双方的重视，视其不存在。但它的确存在，如果充分利用，对销售有很大的价值。厂商双方不重视市场信息的根源是在市场供不应求的环境下，厂家没有投入精力关注市场环境变化，只是提高生产效率，快速满足市场需求，即使有些厂家设置了市场部，也是注重新品研发和品牌推广工作。在快速消费品领域，厂家在研发新品时，走访零售终端，借助专业的市场研究公司开展消费者座谈会或者发放消费者调研问卷，从而收集消费者对于新产品开发的建议和意见，为新产品上市提供参考。但厂家对市场上更多的日常信息收集，做得少之又少。

那么，经销商对市场信息又是什么态度呢？经销商认为销售工作大于天，销售业绩是最重要的，根本不关注市场信息，认为那是厂家的事情。即使厂家人员来区域市场拜访和考察市场，经销商也是事务上的配合为主，提供吃住行一条龙服务，而对深入市场了解客户需求工作做得很少。在快速消费品领域，往往是经销商带领厂家人员走访一些销售好的二批商和大型零售终端，顺便拍一些照片，以显示产品和品牌在当地市场受欢迎的程度。而在工业品领域，经销商一般会带领厂家人员走访用户，了解用户对产品的使用情况和建议，厂家人员做好相关的记录，并向客户宣传和讲解一下新产品，以此增强客户与厂家合作的信心。这样的方式，还真能收集到很多有价值的信息。但这些工作也仅仅有厂家人员来区域市场时才能开展起来，在日常工作中，很多经销商只是送货收款。总体来说，对于市场信息的自觉管理工作，经销商是最接近市场、最容易做到的，但经销商普遍缺乏主体责任意识，没有承担起应有的责任。

**2. 经销商对市场信息缺乏收集意识**

“春江水暖鸭先知”，经销商在开展销售工作过程中，对客户及市场的变化更能先知先觉，但多数经销商没有自觉收集的意识，规模较小的经销商也无法配置专门的市场部门来统筹管理市场信息。这就造成多数经销商长期在一线做销售工作，日常接触到很多市场信息，但对信息缺乏捕捉和关注，进而无法对信息进行系统地评价和应用，只是停留在看到的层面，还无法从“看到信息”到“分析信息”进而“应用信息”。

**3. 经销商市场信息管理不系统**

有些规模较大的经销商也建立了完善的市场营销组织，比如，设置了市场部或者企划部，但普遍存在两个现象。其一，市场功能单一，多以促销策划工作职能为主，一些快速消费品行业或者建材家居类产品的经销商，每年举办大量的消费者促销活动和品牌推广活动，市场部的主要功能就是做促销方案并负责实施，对市场信息的收集和研究较少。其二，没有系统地开展市场信息管理工作，没有相应的工作方法和工具，信息管理零散，难以形成持续化的工作，整体市场信息管理职能较弱。

**4. 经销商无法与厂家建立顺畅的信息双向反馈渠道**

在厂家对经销商没有开展全面系统管理的情况下，让经销商配合厂家做好市场信息管理工作更是难上加难。经销商自身缺乏对市场信息管理工作的意识，没有系统的工作方法和工具，厂家也对此没有要求，这样就造成了厂商之间无法建立起顺畅的市场信息双向反馈渠道。

一方面，经销商无法将市场上的信息传递给厂家。经销商已经自觉或者不自觉地收集了大量的市场信息，但没有正式的渠道传递给厂家，或者是没有意识给厂家传递应用市场信息。另一方面，厂家也没有对市场信息的具体管理制度和管理要求，来界定关于市场信息方面厂家和经销商的职能分配。这也是很多厂家和经销商面临的市场信息管理难题。经销商有市场信息，厂家也需要市场信息，但没有具体的制度要求，导致这项工作无法顺畅开展。

### （二）经销商市场信息管理的方向——让信息高效流动起来

市场瞬息万变，每时每刻都会产生大量的信息。的确，在目前市场状况下，市场信息的管理对厂商提出了更大的挑战，只有建立起高效、及时、准确的处理流程，才能真正实现信息管理工作最优化。

那么，经销商处在市场信息的源头，要在厂家的整体指导下，从头做好信息管理工作。只有这样，才能让市场信息高效流动起来，发挥信息的价值。经销商可从以下四个方向来对接市场信息管理工作。

**1. 主动**

对于市场信息，很多经销商都有这样的顾虑，一旦将区域市场上的信息反馈给厂家，相当于完全透明化了。这样厂家完全了解自己，就只能任凭厂家摆布了，特别是关于经销商内部的管理信息、客户信息及销量信息等，经销商更是顾虑重重，一般不会轻易向厂家透露。的确，很多经销商都吃过类似的亏，在快速消费品行业，厂家知道大型二批商的具体名单，直接扶持他们做经销商，再瓜分和缩小原经销商的范围。在工业品行业，厂家知道用户后以各种理由直接开始了直销合作，这些行为都令经销商对厂家大为恼火，但最终也无力抗衡，吃一堑长一智。

所以，一谈到市场信息，要求经销商主动配合厂家的工作，很多经销商都一百个不情愿，不会主动配合厂家的工作。我相信这是很多经销商的真实心态。反过来想一想，经销商的担忧都是市场信息造成的吗？事实上，市场信息一直存在，经销商面临的困难并不完全是因为经销商过于透明市场信息导致的，厂家做出市场调整有自己的考虑，如果经销商能完全配合厂家的销售布局和政策落实，想必任何负责任的厂家都不会做出有违发展规律和理念的事情。刚才我们已经对市场信息的价值达成了共识，经销商需要做的就是配合厂家的规定。首先，厂家如果有相关的管理制度要求提供市场信息，我们只需配合。其次，如果厂家没有相关要求，经销商可以将自己认为重要的信息反馈给厂家，让厂家协助参与，看能否创造出新的市场机会。

很多快速消费品行业的经销商都有这样的经历：厂家在开展新产品研发时，一般都会在市场调研阶段选定一些区域开展消费者座谈会，或者要求经销商收集当地某些特定品牌的产品销售信息反馈给厂家，或者要求经销商给厂家提供某些产品的销售信息等。这些都是需要经销商予以配合的具体市场信息工作，很多经销商都会予以配合和支持。投入时间、精力和财力，最后获得厂家新开发产品的优先试点销售区域或者独家经销权，产品推广获得巨大的成功，取得非常可观的效益。这些都是主动配合市场信息工作给予的巨大回报。相应地，厂家更多的新项目也将会优先考虑这些愿意主动配合的经销商。

**2. 及时**

遇事别磨蹭，管理市场信息讲究速度和效率，兵贵神速。厂家一旦布置某些区域市场的信息收集工作，特别是一些大的厂家，做每个项目都有时间计划，经销商要在规定的时间内完成。有些制度规定周期性例行提交的市场信息，也要在规定的时间前提交。当然，很多经销商借口事情多，一直拖延或者干脆不予理睬。交换一下角色，厂家有好的区域市场政策，会优先考虑那些不积极配合的经销商吗？想必不愿意及时配合厂家相关工作的经销商，销售业绩估计也不会很好，综合经营也达不到厂家的整体要求，在厂家整体排序上也排不到前列。

因此，经销商在对待厂家的任何一个管理工作要求时，能做的就是积极响应、高效配合。任何时候都不需要搞信息封锁，要主动与厂家分享区域市场信息。

**3. 准确**

市场信息除了时效性外，准确性也同样重要。一个准确的信息将会带来正确的市场决策，“失之毫厘，谬以千里”。经销商在收集相关信息时，一定要做到眼见为实，不能道听途说，要深入到客户、消费者中，通过多观察、多问，捕捉到准确、真实的信息。

**4. 持续跟进**

信息收集是一个持续不间断的工作，实时更新，实时应用。特别是个案性的信息收集工作，往往会有很多反复和追加补充，需要二次收集或者多次收集相关信息。那么，经销商就要多跟进，始终持有“对于这项工作，我还能做些什么会变得更好”的心态，与厂家相关人员配合好，积极反馈实效性的信息。

### （三）经销商市场信息管理的具体操作

阿里巴巴创始人马云先生说：“很多人输就输在，对于新兴事物，第一看不见，第二看不起，第三看不懂，第四来不及。”其中，“看不见”就是指大多数人对市场信息没有主动发现的意识；“看不起”就是指其他人已经在逐步摸索尝试利用机会了，大多数人还认为是小生意，不值得做；“看不懂”就是指先知先觉的生意人已经利用市场机会赚钱了，大多数人也看见了，但是不懂得其中的逻辑和商业模式，才开始有意识学习；“来不及”就是指等大多数人基本搞明白是怎么赚钱的时候，要开始行动了，才发现领先者已经建立了很强大的竞争壁垒，再进入将会投入更多的资源，风险很大，已经来不及了。很多时候，我们就是这样，总是会丧失一次次的市场机会。

那么，经销商要认识到市场信息对于厂商的重要价值，只有应用起来才能有价值，要本着信息创造机会、机会创造价值的理念和境界来做好市场信息管理工作。经销商直接面对市场一线，如果早点发现消费动向和趋势并及早利用，将会创造一个很好的市场机会。这样就会带来更大的市场机会空间和盈利可能性，共同创造属于厂商的市场机会。

以下将按照市场信息管理的规范流程入手，讲解与经销商配合过程中的典型做法和要求，经销商可以对照日常的管理操作，不断完善信息管理工作，为己用，也为厂家所用，让市场信息真正高效流动起来，产生巨大的价值。

**1. 完善信息划分体系，明确分类标准**

市场信息的种类很多，涉及多个层面，只有做好信息分类，才能厘清各类信息的价值和用途，有针对性地进行信息管理。这样才能提高信息收集的准确性，提高信息的利用价值。经销商层面应该关注的区域市场信息可以分为以下种类，当然这些信息并不是全部，每个行业关注的信息有差异，这些是比较常见的。

**（1）区域市场环境信息**

通常讲的区域市场环境信息属于宏观信息，如表 7－11 所示。

**表 7－11　区域市场环境信息**

| 序号 | 项目 | 具体内容 |
|---|---|---|
| 1 | 行政划分 | 区域所处的位置、显著的交通位置特性，包含下级行政区域数量等 |
| 2 | 人口 | 总人口数量、人口构成及结构、人口分布、民族情况等 |
| 3 | 经济 | 总经济规模 GDP、经济强弱分布、主要产业构成及分布、居民工资水平等 |
| 4 | 风土人情 | 典型的区域特性、消费观等 |

**（2）区域渠道及零售终端信息**

从商业角度看，主要关注该区域内的渠道分布及零售终端信息，这一点通常指的是该区域的商品批发市场、各种类型的商业零售终端门店、特通零售点等。这是厂商关注的重点，可以初步看出哪些渠道及门店是适合产品销售的。如表7－12所示。

**表7－12　区域渠道及零售终端信息**

| 序号 | 项目 | 具体内容 |
|---|---|---|
| 1 | 商圈 | 主要商圈分布 |
| 2 | 批发市场 | 市场数量、地理位置、规模、分布的商户情况 |
| 3 | 连锁超市 | 全国性连锁超市的数量、区域性连锁超市的数量 |
| 4 | 特殊销售通路 | 学校、网吧、宾馆、风景旅游区的销售点 |

**（3）区域竞争品牌信息**

对于经营特定产品的厂商来说，要关注同类产品的竞争情况。通常要关注在本区域内有哪些品牌的同类产品及其竞争格局，他们各自的销售情况如何。针对每一个竞争品牌，都能详细了解原公司情况、产品结构、目标市场、经销客户、年销量规模、推广方式、竞争方式等。

**（4）区域同行信息**

区域市场内的同行信息，这是经销商非常熟悉的，毕竟在同一个区域内竞争。经销商除了关注同行的经营理念、市场操作手法、内部管理外，还要关注同行在市场上的销售动作，发现他们的市场动机和政策动向，这些都直接影响着经销商的经营行为。

同时，这些竞品信息也是厂家非常关注的，厂家需要各地经销商及时反馈竞品在市场上的一举一动，据此来灵活调整市场政策，响应市场需求。

**（5）本品牌的产品销售信息**

对于经销商自己经营的厂家品牌信息，首先，经销商要知道产品的流向、流速等信息，分析各种产品和各种渠道的销售贡献，便于做好相应的资源配置。事实上，厂家也非常关注这些信息，但由于中间隔着经销商，厂家并不知道产品具体是通过哪些渠道和终端途径实现销售的，根本分不清各种渠道和终端的价值，这始终是厂家感到困惑的地方。而经销商将这些信息视为秘密，很多时候不愿意主动分享给厂家，厂家对产品具体的销售实现路径及购买者信息毫无所知，厂家也只能给出大概的判断。

现在电商渠道在某些行业得到快速发展，在销量贡献上也占有越来越重要的位置，厂家可以借助会员信息，与最终购买者或者消费者建立一定的联系，可以初步判断出产品消费者或者购买者的画像，并从购买评价中得到了很多有价值的产品改善信息。

（6）区域内媒体信息

区域内有哪些主流媒体适合投放广告、价格水平如何，这些都是经销商要关注的。厂家在做产品品牌推广时，也需要经销商提供相应的信息。

（7）其他与经营相关的信息

除了关注和销售直接相关的信息外，经销商也要关注区域内销售人员、客服人员、配送人员、安装人员、仓库、商铺等和经营相关的信息，建立相应的信息库。比如，要招聘销售人员，我们要知道在该区域内什么渠道能够快速招聘到，工资水平是什么样的。经销商要找仓库，就需要知道哪些地方最适合做仓库，租金水平低，管理服务好。

2. 建立信息收集途径

（1）官方途径

对于一些宏观信息，经销商可以查询政府部门的网站来获取。

（2）行业协会或者同乡商会

很多行业在每个行政区域内都有行业协会，经销商可以根据自己经营的行业加入相应的协会，成为会员，这些行业协会一般都会定期有会议或者期刊信息发布，是经销商了解行业宏观信息的重要途径。除此之外，还有很多同乡商会，也会提供很多有价值的信息，促进同乡感情交流，发布市场信息，赋能会员。

（3）实地调查

在商业经营中，实地调查是获得市场信息的重要途径。相信很多做快速消费品的经销商都有过类似的体会，如果要建立整个区域内的大型零售终端门店信息，不去走访，连位置在哪都不知道，具体有多少该品类的排面，具体在超市的那个位置，货架是多少数量、多少层，竞品摆在哪个位置，我们的产品摆在哪个位置等。除了现场走访并记录外，别无他法。

3. 建立信息处理表格

信息处理讲究规范性、格式化。首先，便于经销商统一信息收集的类别和口径，确保信息收集的内容理解一致。我们经常遇到一些经销商，要求业务人员提报某些市场信息，简单布置一下，业务人员就开始收集了；等汇总发现，信息杂乱无章，与当初设想的信息需求相差甚远。因为经销商在设计表格时，没能掌握信息表格设计的逻辑和方法。当然，有些管理规范的厂家在发布信息收集工作时，就建立了非常完善的表格及配套说明，详细解释各个表格代表的含义、填写方法，这样经销商就容易理解和执行。

信息表格设计非常考验经销商的管理能力，有时我们的想法很好，也清楚地知道想要的信息，但是由于缺乏相应的执行方法和工具，导致收集不到想要的真实信息，这是因为我们缺乏建立工具方法的能力。在设计信息收集表格时，总体上要掌握以下三大要领。

**（1）要领一：紧扣主题、要素齐全**

在设计市场信息表格时，一定要明确本次收集信息的主题，细化包含的要素。可以采取思维导图发散法，逐层逐级分解要素，先分板块，再分细节。

比如，厂家要求经销商提交该品牌已经进入的零售终端信息。我们就可以从三个主要方面来收集，如基本信息、终端布局、费用标准，就能全面包含一个新进入门店的基本信息，包含门店的状况、进入产品的状况、厂商都关注的费用状况等。然后围绕着这三个板块，细化成很多小的要素项目，这样就能全面包含信息主题了。为更全面地了解终端信息，我们可以在最后添加“其他信息”，让执行者自由发挥，根据自己的认知做出定性的描述和判断，这样就搭建起了整体信息表格的逻辑框架。

**（2）要领二：傻瓜化，尽可能多用选择项**

涉及信息收集，必然要填写具体的要素信息，我们就要避免出现让执行人员思考的填写内容，尽可能将要收集的信息做出选项，让执行人员根据要素的情况选择即可，实现傻瓜化操作。不能做出选择项的，该项目要素的定义一定要单一，确保理解清晰，如“数量”“金额”“员工姓名”等，这些都是能够让人准确理解的。遇到某些可能产生歧义的项目，要备注填写说明，如“同比增长率”，就要多加一个注释或者写出具体的数字计算公式，“指本期量与上年同期量的比较，增长百分之多少”。一旦需要执行人员使用文字描述时，一方面，可能对要素的理解出现分歧，导致信息收集偏差；另一方面，需要大段的书面文字，执行者不愿意多动手。这样就会造成整体信息收集工作的效果不理想。

我们继续设计刚才的终端信息表，针对每个要素项目的具体填写内容，有的可以做选择项目，如“门店位置”，根据实际情况，将位置细分为商业区、办公区、成熟居民区、新居民区、城乡接合部、特殊位置（学校/车站/景点等），这样执行者就容易填写了，也便于后续的统计分析。不能做出选择项的，如“详细地址”，执行者如实填写即可。

**（3）要领三：电子化**

在具体执行时，我们可以将要收集的信息表格模板以电子版的形式发布在工作群中，实现电子化填写和提交，也便于日后统计整理。如表 7－13 所示。

**4. 定期反馈市场信息**

对市场信息管理规范的厂家，会要求经销商定期提交区域市场信息。比如，在快速消费品行业，有明显消费淡旺季的饮料、啤酒等产品，在销售旺季的 5 月—10 月，销售政策变化很快，这就需要经销商及时反馈本区域的市场信息。当然，厂家的市场人员也会密切关注总体市场环境和竞争状况，以此作为月度调整销售政策的参考依据。那么，经销商就要平时做好市场信息收集整理工作，随时根据厂家的需要，编制相应的信息反馈给厂家。

除了日常的市场信息对接之外，很多厂家会在每年年末制定下一年经营计划时，需要经销商提供本区域的市场信息。比如，产品销售状况、客户情况、下游行业发展状况，以及市场中各品牌的竞争优势点，这些都需要经销商根据平时积累的市场信息做出汇总，整理好后发给厂家。这一点我们在本书“年度合同——成功合作的基础”中也有详细阐述，也是经销商深度了解市场环境的一个好时机。

**5. 信息的分层分级管理**

经销商要对日常的信息管理工作有保密意识。要对信息分层级设置秘密等级，分清哪些是能够全员告知的，哪些是能够部分岗位告知的。这里主要讲与厂家对接的市场信息也要分清对接厂家的具体职位层级，比如，通用的零售门店等信息可以直接告知对接的市场管理人员；经销商得知的某些重要信息，如特定人员的公关接待，需要高层立即决策支持的，可以直接告知高层管理人员。

**【思考】**

作为经销商或者厂家，你在市场信息管理方面有哪些好的实践呢？请你根据以上板块内容的阐述，总结提炼出属于自己的成功之道。如表 7－14 所示。

**表 7－13 产品销售终端门店资料卡**

区域：　　　　城市：　　　　填表人：　　　　填写日期：

<table>
<tr><td colspan="12">一、基本信息</td></tr>
<tr><td>零售系统门店名称</td><td colspan="4"></td><td colspan="2">详细地址</td><td colspan="5"></td></tr>
<tr><td>门店业态</td><td colspan="11">□ 大卖场　□ 仓储式卖场　□ 百货店　□ 连锁超市　□ 连锁便利店　□ 个体超市</td></tr>
<tr><td>门店位置</td><td colspan="11">□ 商业区　□ 办公区　□ 成熟居民区　□ 新居民区　□ 城乡结合部　□ 特殊位置（学校、车站、景点等）</td></tr>
<tr><td>总营业面积</td><td></td><td>门店级别</td><td></td><td>门店人流量</td><td colspan="5">□ 很大　□ 较大　□一般　□ 较小　□ 小</td><td>收银台个数</td><td></td></tr>
<tr><td>业务电话</td><td colspan="3"></td><td>业务传真</td><td colspan="2"></td><td colspan="3">业务联系人</td><td colspan="2"></td></tr>
<tr><td colspan="12">二、终端布局</td></tr>
<tr><td>饼干区货架个数</td><td colspan="3"></td><td colspan="2">饼干品牌个数</td><td colspan="2"></td><td colspan="2">全麦饼干品牌个数</td><td colspan="2"></td></tr>
<tr><td>我司品牌进场时间</td><td colspan="3"></td><td colspan="2">截至目前的销售额</td><td colspan="2"></td><td colspan="2">预计年度销售额</td><td colspan="2"></td></tr>
<tr><td>进店条码数量</td><td colspan="3"></td><td colspan="2">陈列效果</td><td colspan="6">附照片，按照正面和侧面拍摄照片 2 张</td></tr>
<tr><td colspan="12">三、费用标准</td></tr>
<tr><td>单品</td><td colspan="2">堆头费（个/月）</td><td colspan="2">端架费（个/月）</td><td colspan="2">端头费（个/月）</td><td colspan="2">DM（期）</td><td colspan="2">纸架陈列费（个/月）</td><td rowspan="2">促销员管理费（人/月）</td></tr>
<tr><td>条码费</td><td>平时</td><td>节日</td><td>平时</td><td>节日</td><td>平时</td><td>节日</td><td>平时</td><td>节日</td><td>平时</td><td>节日</td></tr>
<tr><td></td><td></td><td></td><td></td><td></td><td></td><td></td><td></td><td></td><td></td><td></td><td></td></tr>
<tr><td colspan="12">四、其他信息（简要描述该门店在当地的影响力、供应商的评价等）</td></tr>
<tr><td colspan="12"></td></tr>
</table>

**表 7－14　市场信息管理经验总结表**

你的角色：　　　　经销商 □　　　　　　厂家 □

| 序号 | 主要工作项目 | 具体好的做法和实践 |
|---|---|---|
| 1 | 信息分类体系和划分 | |
| 2 | 信息收集途径 | |
| 3 | 制作信息处理表格 | |
| 4 | 定期信息反馈 | |
| 5 | 项目性信息反馈 | |
| 6 | 信息的分层分级管理 | |
| 7 | 厂家对于经销商信息管理工作的奖励 | |

## 五、客户开发对接，客户开发更高效

经销商在日常的区域销售中，一般都会借助厂家的资源开发客户，当然厂家也有义务来支持经销商的客户开发工作。在快速消费品行业，厂家会协助经销商进入大型的连锁超市，厂家和经销商做好职能分工，发挥各自的优势，共同运作。在工业品领域，由于部分产品需要一定的专业技术知识，给客户选型，更是需要厂家全面支持客户开发工作，这样才能提高客户开发的成功率。

这里将以工业品行业常见的客户开发模式为切入点，系统讲解经销商如何借力厂家，实现高效开发客户。

### （一）当前经销商对于客户开发的现状

#### 1. 单打独斗型

大多数工业品经销商都认为只有强关系才能做好业务，经销商往往神通广大，认为搞定关键决策人就能做成生意。这个时候，经销商往往不需要厂家的支持，一旦涉及很多的技术参数，经销商也是将产品样本给客户，让客户自己选择和核对。这种情况下，经销商完全有能力依靠自己的关系和能力拿下客户。

这种类型的经销商单打独斗开发客户，除了本身具备很强的业务能力因素外，还可能认为厂家过多地参与会给业务开发带来不利的影响，如价格干预。特别是客户开发的初期阶段，经销商担心客户信息泄露可能会带来更多的竞争对手参与，防人之心不可无。因此，这些经销商往往不欢迎厂家的业务人员来自己的区域市场，即使来了，也是礼节性地招待，不愿意让厂家业务人员随同拜访客户。

2. “等、靠、要”型

有些经销商认为拿到了区域经销授权就高枕无忧了，厂家的支持政策既给人又给物。厂家会派驻业务人员或者技术支持人员在经销商处办公，全面对接经销商的业务工作。厂家和经销商协商一致，这些外派人员属于厂家的正式员工，享受厂家的基本工资及各种福利待遇，绩效工资要根据具体的销售状况，经销商要按照厂家制定的绩效工资标准发放。具体的工作，外派人员要和经销商共同协商，以外派人员的安排为主。首先，这种厂商合作模式在厂商合作初期较多，派驻业务人员或技术人员带领初期合作的经销商快速开展业务，帮助经销商建立团队。其次，该产品需要大量的技术选型支持，走访客户现场，经销商的技术能力无法满足客户需求，就需要厂家给予大量的业务指导和技术支持。

在这种情况下，经销商所有的客户开发和销售管理工作都依靠厂家派驻的人员。这些人员负责开发客户、推荐产品，连后续的订单下单、做合同，以至于向厂家催货都要靠这个派驻人员亲自操作。经销商只是负责提供基本的办公支持，长此以往，经销商所有的业务受制于厂家派驻人员。经销商之所以有完全依靠派驻人员的想法，其实有两个原因。首先，经销商认为自己支付了该人员的绩效工资，按照业绩来发放奖金，那么该人员一定会想方设法提高销量，将该人员看成是自己的员工；其次，经销商刚接手这个产品，对厂家和产品的了解，以及对产品应用的掌握还不够，处在学习中，如果该产品品类是自己没有接触过的或者需要很多的技术知识储备，经销商就无可奈何了，只能依靠厂家派驻人员，这些人对产品和品牌有很深的理解。通过他们的专业讲解，有利于快速取得客户的信任。

因此，这类经销商在开展业务时，完全依靠厂家的派驻人员，“等、靠、要”思想严重，工作安排上、人员上、资源上都依靠厂家。试想一下，如果厂家不再给予人员支持，经销商该怎么办？所以有经营头脑的经销商，会想方设法利用派驻人员对产品熟悉的优势，让派驻人员培训自己的业务人员，带领自己的人员共同工作，培养自己的员工。只有这样，才能建立自己的团队。

### 3. 分工合作型

厂商合作最重要的是资源互补，各项渠道职能分工协作。而客户开发工作是渠道职能上关键的一环，对于项目型销售的工业产品的客户开发主要涉及信息收集、项目立项、深度接触、技术交流、方案确认、决策公关、评估谈判、签约回款等具体工作。在整个客户开发过程中，厂商要建立一个项目小组，由厂家和经销商的相关人员组成。在这些过程中，就要细分出具体的工作项目，设计具体的策略和资源，厂商分工协作，共同的目标是成功开发客户。

在“深度接触”环节，是为了与客户建立良好的关系。经销商有地域优势，能凭借自身的人际关系和能力收集到客户内部的实际情况，诸如客户的组织架构和分工、内部采购流程及内部关系网，以及客户原有供应商的状况等内部计划信息，并与关键人建立起良好的关系。而在“技术交流”环节，是为了向客户展示产品和服务的优势，肯定是厂家更有资格和能力。这时经销商就要向厂家申请派驻资深技术人员到客户处现场展示和讲解，以便准确了解客户的真实需求，系统展示公司的技术实力和服务能力。

那么，这个厂商组成的开发小组在每个开发环节就能够发挥各自的优势资源，强强联合，成功开发客户。这是一个行之有效的业务开发模式，也是很多厂商正在实践应用的，的确取得了很好的效果。在这个过程中，厂商之间除了实现各自的经营目标外，更在合作层面强化了信任感，加固了彼此的合作关系。

## （二）经销商客户开发对接管理的境界——建立标准化的客户开发模式

项目型销售是工业品销售的典型模式，其客户开发也有独特之处，厂商一定要有一套标准化、可以复制的客户开发模式，才能成功开发出更多的客户，提高市场销售业绩。

经销商作为区域销售的实施主体，只有和厂家密切合作，才能在区域市场中赢得应有的竞争地位。所以，在客户开发上不单单是经销商自己的事情，也不仅仅是厂家的事情，双方一旦建立了合作关系，将形成利益共同体和命运共同体，厂家的产品销售要通过经销商来实现，从而使双方都得到利润。而品牌的建设更是需要双方共同经营的，品牌推广成功，更容易促进销售业绩的提升，品牌打造和销售提升是相辅相成的。而所有的源头将取决于客户开发能否成功，即在公司发展策略的指引下，如何开发高质量的客户，这是区域市场经营成败的关键。

因此，厂商合作模式下，如何打造一套标准化的客户开发模式是重中之重。在业务过程中，经销商应该不断尝试客户开发的新方式、新途径，经销商自身在各环节中具体承担哪些职能？具体有哪些工作项目？开展具体工作的目的，以及每项工作相应的流程和工作标准有哪些？这些厂商分工的细节都需要厂商不断磨合，总结并优化成熟的体系和方法，逐步固化，这样就形成了一套行之有效的项目型客户开发模式，接下来就可以推广了。这就是经销商对于客户开发工作的具体贡献，经销商要善于通过自己的客户开发实践，从中提炼出方法工具，不断总结每个项目开发过程中的成功经验和失败教训，这样就能在客户开发的具体策略方法上提供保障，这才是高水平的经销商。

### （三）经销商客户开发对接管理的操作

既然是厂商合作运营市场，厂家给予产品、技术和品牌等方面的资源支持，经销商有资金、信息、客户资源等方面的优势，在实际运营中，其实就是一个双方分工协作、优势资源互补的推进过程，这就是厂商客户开发对接的基本逻辑。

在项目型销售中，我们一般将一个完整的客户开发划分成八个步骤，即通常所说的“天龙八部”。每个阶段都有特定的工作目标和细分工作安排，层层推进，直至实现销售。厂家和经销商在各个阶段具体参与什么工作，也取决于双方的资源优势和能力，确保发挥出各自的最优水平。

接下来，将以项目型销售的典型八步骤为主线，对经销商在各个步骤中需要配合的工作和具体工作方法进行阐述，以探索厂商之间的配合模式，提高经销商客户开发的能力。厂家需要配合的工作在这里不做阐述。如图 7-1 所示。

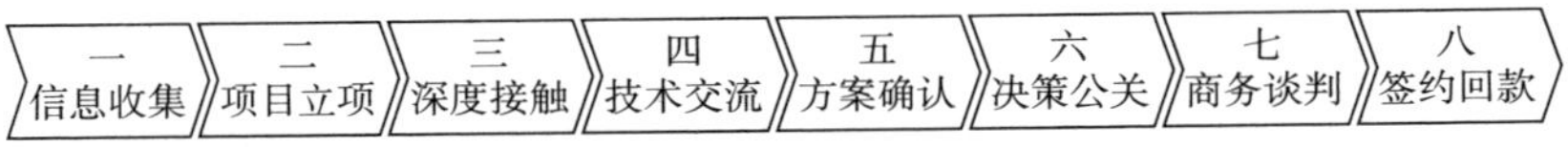


**图 7-1　项目型销售典型八步骤**

#### 1. 信息收集环节

经销商主要负责区域市场销售，对区域内的客户需求信息的了解一般通过日常的客户定期拜访获取，基本上能够掌握客户需求计划的类别、推进时间等信息。除此之外，经销商要利用多种渠道获取客户需求信息，如各种招投标网站、企业官网、行业协会等。获取到信息只是开始，经销商还要充分利用厂家的资源协助，做好两个方面的工作。

**（1）将客户基本需求信息反馈至厂家，进行初步的产品及技术匹配**

工业品的应用在每个行业都有一定的差异，有的厂家产品已经准确把握某些行业应用的具体个性化要求，在该行业的客户中有很多成功的实施案例；有的厂家没有接触过该行业，开发该类客户就没有大的优势。因此，经销商要及时将得到的客户需求信息整理好反馈给厂家，了解公司的产品是否在该类行业上有成功的项目案例，产品和技术是否符合该行业的应用要求。如果是厂家没有接触过的行业，就要让厂家的技术部门来初步判断产品和技术的适应性。

经销商一旦将客户需求信息反馈给厂家，就有个初步判断：厂家的产品和服务在这个客户所处的行业是否有成熟的应用案例。如果有，就要得到具体的项目案例介绍，以便后续的业务开发环节备用；如果没有，我们的产品和服务能否适应，或者是否有能力定制改造以适应客户的需求。

**（2）项目信息报备**

有些厂商合作中有项目报备管理制度，所有的项目信息必须先向厂家报备。一方面，先报备的经销商可以优先获得厂家的资源支持，便于厂家同步开始准备相关资源介入；另一方面，一旦报备，该客户信息就能得到厂家的保护，如果在开发过程中有其他经销商介入，那么厂家就会指定最先报备的经销商跟进此项目。

同时，经销商将信息告知厂家后，也能保证多渠道获取客户需求信息的可靠性，因为厂家面对的区域和行业更广、资源更多，信息来源渠道也更多，经销商要多询问厂家人员，协助做好前期的信息获取工作。比如，经销电力器材的经销商，电力器材的厂家在各级电力部门、政府部门、行业协会都有很多的关系，更容易得到一些真实的项目需求信息。

### 2. 项目立项环节

真实获取客户需求信息只是第一步，接下来经销商就要初步评估项目成功的可性能有多大。如果经过评估可以操作，就要和厂家相关人员借助厂家的资源，初步成立专项项目组，可以由经销商、厂家业务人员、厂家技术人员、厂家财务人员组成。

那么，接下来专项项目组就要具体评估项目成功的可能性，可以从以下三个方面来操作。

**（1）潜在的项目规模有多大，决定是否要介入**

经销商根据得到的前期信息，和厂家人员一起来预估可能的产品金额及费用，以此判断项目的盈利性大小。我们可以用"财务盈利性—行业影响力"两个要素进行评估项目，决定厂商双方的资源投入力度。"财务盈利性"指该项目的综合盈利水平，厂商双方都有赚头。"行业影响力"指该项目的实施是否有助于厂家的产品在该行业应用地位的提升，如可否通过该项目成功实施打开这个行业的市场。如图 7－2 所示。

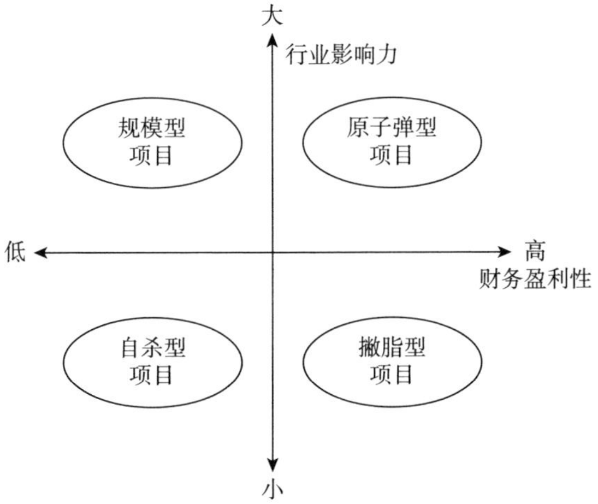


**图 7－2　项目分类评估矩阵**

经过初步的财务测算和市场影响力评估，将项目分成以下四类。

第一，原子弹型项目。这类项目财务盈利性高、行业影响力大、数量较少，有的是百年不遇，但这类项目能够代表厂家先进的技术水平和制造能力，厂商双方都会积极应对，争取拿下项目。比如，很多工业品厂家以承接国家级项目为荣，并用于企业对外宣传，如港珠澳大桥建设、北京大兴机场建设等都属于此类项目，相关的工业品厂家如果能够介入，将会给企业带来更多的宣传内容。

第二，规模型项目。这类项目财务盈利性低，但行业影响力大，市场规模大，这样的项目肯定也是厂家积极争取的。比如，厂家初次接触这个行业，而这个行业的应用规模较高，具有一定的战略意义，以此为切入口，特别是当这个客户属于该行业的头部客户时，厂家更是会不遗余力地拿下项目，这样就可以积累对该行业应用技术的能力和经验，同时借助于头部客户的行业影响力，有助于成功进入该行业市场并获取更多该行业的小规模客户。遇到这样的项目，厂家是强力推进项目成功，而经销商可能会因为盈利性较低选择放弃，这个时候就需要厂家考虑经销商的处境，给予一定的价格支持优惠，让经销商能够得到保本的利润。同时，经销商也要有大局意识，长远看待。一旦开发成功，经销商的功劳厂家自然会认同，将来经销商肯定会以其他方式得到回报。比如，很多厂家在年终会设置“新行业开发奖”，这个奖项应该就是为此类经销商量身设置的。

第三，自杀型项目。这类项目财务盈利性低，行业影响力小，这样的项目厂商可能考虑舍弃。

第四，撇脂型项目。这类项目财务盈利性高，行业影响力小，同时规模也小，可以采取歧视性定价策略，获取高利润，经销商尽可能创造条件争取，毕竟经销商还是以盈利为重。

**（2）项目竞争态度如何，决定要不要竞争**

经销商对项目竞争态势的理解，很大程度上决定了厂商具体要投入什么样的资源来开发该客户。经销商要准确了解到可能参与的竞争对手情况，以及客户的需求层次，进而看我们的产品和技术能否满足客户的需求。在很多情况下，客户对需求品牌提出了明确的界定范围，只考虑国际一线品牌。如果我们是国产品牌，可能就无法进入，就可以决定不参与竞争。

**（3）自身的竞争优势有哪些，确定能不能最终赢得项目**

在了解了客户需求之后，我们就需要根据厂商双方的竞争优势与竞争对手进行比较，罗列出我们可能的优势竞争要素和竞争短板。

**3. 深度接触环节**

深度接触环节的成功标准在于准确了解客户层面的采购标准和资质要求、决策形式和流程，以及各相关责任人的权限、关系等。在此阶段，主要靠经销商完成，毕竟经销商身处区域市场，更有优势和资源采取一定的方式获取这方面的信息，以此和客户建立起伙伴关系，找到一个愿意帮助我们的内部人，俗称“线人”，以便了解我们没有掌握的真实信息，有助于我们进行有效决策。

**4. 技术交流环节**

技术交流环节重在展示我们的优势。通过技术交流，明确客户的相关产品、技术、服务、资质需求，在这个过程中，经销商借助厂家资源，除了让厂家技术人员根据客户需求，设计初步有效的方案外，还要通过技术交流等形式，全力构建客户对我们技术优势的认同。

通常，经销商可以采取的方式有以下两种，都需要厂家给予配合，才能系统展示厂家的技术和产品实力。

**（1）来厂考察**

管理规范的厂家，一般都有关于经销商带客户来厂考察的详细规定，主要涉及费用分摊、接待规格、接待流程等，经销商需要将到厂考察客户的详细情况告知厂家，与厂家共同商定具体的接待事宜。

比如，在技术交流和公司参观环节，具体需要哪些层级的人员参与，主要参观车间的哪些重点设备和加工工艺，都要和厂家的人员根据客户需求做出系统个性化的安排，以彰显公司的技术实力。在具体商务接待方面，安排什么档次的宾馆、车辆档次、餐饮安排、礼品安排等细节，都需要经销商提供客人的个性偏好信息，以便厂家做出个性化的安排，以此显示出我们的用心，让客户认可我们。

**（2）典型案例展示与参观**

在项目开发过程中，除了到厂参观外，客户一般还要求到相类似的工程项目参观，现实感受厂家产品的运行状况。这个时候，就需要经销商和厂家共同商定将要考察的典型项目。即使客户没有要求，经销商也尽可能安排，以便进一步强化客户对我们的产品和技术的认可。

经销商可以选择与自己合作关系密切的典型项目客户，可以让典型项目客户现身说法，取得新意向客户的信任。

对于上述两项工作，如果厂家有相关的制度文件可以参考执行。如果厂家没有，就需要经销商结合实际情况，向厂家提交一份客户来厂考察的具体报告，便于厂商双方信息对接，共同做好客户接待工作。如表 7－15 所示。

**表 7－15　关于客户来厂考察的请示报告**

| | | | | |
|---|---|---|---|---|
| 一、客户基本情况介绍 | | | | |
| 二、来厂考察目的 | | | | |
| 三、来厂人员信息 | | | | |
| 序号 | 姓名 | 性别 | 职务 | 个性爱好 |
| 1 | | | | |

**续表**

<table>
<tr><td>序号</td><td>姓名</td><td colspan="2">性别</td><td colspan="2">职务</td><td>个性爱好</td></tr>
<tr><td>2</td><td></td><td colspan="2"></td><td colspan="2"></td><td></td></tr>
<tr><td>3</td><td></td><td colspan="2"></td><td colspan="2"></td><td></td></tr>
<tr><td colspan="7">四、来厂考察主要安排</td></tr>
<tr><td>序号</td><td colspan="2">项目</td><td colspan="2">时间</td><td colspan="2">建议厂家的参与人</td></tr>
<tr><td>1</td><td colspan="2">技术交流</td><td colspan="2"></td><td colspan="2"></td></tr>
<tr><td>2</td><td colspan="2">工厂参观</td><td colspan="2"></td><td colspan="2"></td></tr>
<tr><td>3</td><td colspan="2">周边景点参观</td><td colspan="2"></td><td colspan="2"></td></tr>
<tr><td>4</td><td colspan="2">典型工程参观</td><td colspan="2"></td><td colspan="2"></td></tr>
<tr><td colspan="7">五、接待安排</td></tr>
<tr><td>序号</td><td colspan="2">项目</td><td colspan="4">建议方案</td></tr>
<tr><td>1</td><td colspan="2">宾馆预订</td><td colspan="4"></td></tr>
<tr><td>2</td><td colspan="2">餐饮预订</td><td colspan="4"></td></tr>
<tr><td>3</td><td colspan="2">车辆安排</td><td colspan="4"></td></tr>
<tr><td>4</td><td colspan="2">礼品安排</td><td colspan="4"></td></tr>
<tr><td>5</td><td colspan="2">欢迎横幅制作</td><td colspan="4"></td></tr>
<tr><td colspan="7">六、费用分摊方案</td></tr>
<tr><td colspan="7"></td></tr>
<tr><td colspan="7">报告单位：××××经销商</td></tr>
<tr><td colspan="7">厂家审批意见：</td></tr>
</table>

### 5. 方案确认环节

经销商要参与具体的方案设计和招标文件的编制，此环节要以厂家的人员为主导，毕竟厂家的人员更有经验。有些厂家还专门设置了投标部门，协助经销商做好招标文件。

通过前面的技术交流确认，厂商要研究具体的方案设计，尽可能从选型设计上设置技术参数壁垒，让客户以我们的技术标准为主。同时，经销商要多与技术决策人沟通，让技术决策人认可我们的方案，确保入围。

### 6. 其他环节经销商的具体做法

决策公关、商务谈判、签约回款环节基本上是例行的商务类工作，这个时候，就需要经销商发挥自身的资源，做好与客户的具体谈判工作。某些重点环节，需要厂家人员协助的要提前沟通，合理安排。

比如，很多客户重点项目的签约讲究仪式感。如果客户方没有安排，经销商也要充分重视这个签约工作，可以举办一个专门的签约仪式，邀请厂家的高层领导参加。

为什么这么做呢？一方面，我们给予客户充分的尊重，让客户感觉有面子，受到重视，签约后可以聚餐，同时也是一场答谢会；另一方面，厂商做好签约仪式，将详细情况写成一篇报道，可以发布在网站及微信公众号上宣传。

**【思考】**

作为经销商，你在区域市场客户开发时是怎么操作的、如何联合厂家、充分利用厂家的资源，一定有一套行之有效的经验。请根据以上板块内容的阐述，总结提炼出属于自己的成功之道。如表 7－16 所示。

**表 7－16　客户开发对接管理过程表**

| 一、经销商当前开发客户的现状 | | | | |
|---|---|---|---|---|
| | | | | |
| 二、客户开发分阶段典型做法 | | | | |
| 序号 | 阶段 | 经销商的工作 | 厂家的工作 | 可以改善的做法 |
| 1 | 信息收集 | | | |
| 2 | 项目立项 | | | |
| 3 | 深度接触 | | | |
| 4 | 技术交流 | | | |
| 5 | 方案确认 | | | |
| 6 | 决策公关 | | | |
| 7 | 商务谈判 | | | |
| 8 | 签约回款 | | | |

## 六、市场推广对接，打响品牌传播战

厂商双方的关注点不同，经销商关注当期利润，着眼于当下，是短线主义者；厂家关注销量和品牌建设，着眼于未来，是长线主义者。因此，在品牌建设方面，厂家要承担更多的工作，投入更多的资源，毕竟品牌是厂家发展的根基。除了品牌的顶层设计之外，更多的品牌建设工作需要落地化操作，就需要厂家和经销商共同完成，并不是品牌建设与经销商没有丝毫的关系。在现实的市场操作中，经销商对于厂家主导的品牌建设工作既无心也无力，经销商首先要从理念上认识到品牌是厂家的，也是经销商的，只有品牌建立了，才能促进区域市场业绩的提升。其次，在实际工作中，要承接品牌推广中的具体执行工作，要出力，也要出钱。只有这样，厂商双方才能步调一致，协同作战，共育品牌。

这里将以快速消费品行业在市场推广方面的操作为切入点，系统讲解经销商如何配合厂家、对接市场推广工作、助力品牌建设。

### （一）当前经销商对品牌推广的现状

#### 1. 市场推广是厂家的事情

市场推广的概念有很多种理解，通常指企业为扩大产品市场份额，提高产品销量和知名度，而将有关产品或服务的信息传递给目标消费者，激发和强化其购买动机，并促使这种购买动机转化为实际购买行为而采取的一系列措施。随着市场环境的变化及传播手段的层出不穷，市场推广工作也越来越重要，推广手段也需要随着消费者消费行为而变化。

从大家熟知的电视广告、网络广告、户外广告、新品上市发布会等，这些推广方式都是以厂家主导的，目的在于品牌建设和区域招商。比如，在新品推广阶段，经销商都希望厂家投放全国性或者区域性的电视广告，有助于让消费者快速认知该品牌。20 年前，国内饮料及食品的上市推广，都是用高空广告轰炸，进而快速招商，再配合终端的促销推广，迅速打开市场，进而引爆销售潮流。经销商普遍认为这些都是厂家的事情，做好了，就能为区域销售提供很好的背书支持。事实也是如此，如果在招商阶段，厂家没有大规模的电视广告投放计划，就难以找到合适的区域经销商，只要有大规模的电视广告投放，经销商就有信心推广产品。所以，经销商就将市场推广狭义地理解为是厂家自己的事情，与我无关。

因此，经销商要求厂家投入资源运作区域市场，而自己不投入相应的资源。通常一些小品牌厂家想快速占领市场，又想借助经销商的力量，就不得不听从经销商的安排，给予大力支持。如果没达到希望的目标，厂家往往会放弃市场，也会给经销商带来不可预估的损失，如会造成大量的滞销库存。

**2. 厂家要求经销商配合，经销商担心代垫费用难以核销，所以不积极**

除了电视广告等大投入之外，更多的市场推广活动体现在线下的活动，以及区域性的多渠道品牌宣传方式，这些落地工作都需要厂商密切配合，才能取得应有的宣传效果。比如，在某个零售终端开展主题促销推广活动，需要临时聘请地推促销员，需要制作宣传海报。在某些批零店面制作品牌宣传的展板和门头店招等，这些需要投入人员和时间，还需要投入一定的费用。

经销商也意识到这些推广手段和方式的重要性，但还是不愿意配合执行，主要是因为很多厂家执行的代垫费用政策难以落实。所有的区域市场落地活动，商家代垫费用是行业的潜规则，需要经销商先行支付，厂家承诺给予支持和分摊。如何核销呢？每个厂家都有各自的方法，最后能否兑现，想必很多经销商一提起这事都有苦恼。对于经销商来说，替厂家垫付各种市场费用已是行业惯例，经销商投诉厂家的案例大多是合作结束后垫付的费用或货款长期拖欠，不予退还，给经销商的经营带来了很大的损失和风险。

因此，厂家要求经销商配合执行区域品牌推广活动，但对代垫费用核销有疑虑，在具体实施时就会有所保留，不积极配合，只是小投入，看实施效果见机行事。

**3. 厂家代垫费用核销规则不透明**

在快速消费品行业，零售终端推广时需要的费用条目很多，除了各种消费者促销活动外，更多的是零售终端的进场条码费、特殊陈列费（堆头费、端架费、端头费等）、DM 刊物费、促销人员费等，这些都需要经销商垫付。在经销商的行业调查中，经销商的代垫费用被厂家“套牢绑架”的比比皆是，有的经销商为厂家垫付的各种费用竟然高达数百万元，迟迟不能顺利核销，有的因为时间久远，人员变动，最后成了一笔糊涂账。如果厂家在合作期间销量高，核销工作还顺利一些；如果销量不理想，或者由于厂家人员不配合、终止合作的情况等原因，拖欠经销商费用是必然的。

经销商担心的是厂家的核销规则极不透明，没有任何明文规则及流程。有的厂家以完成销售任务为标准，完成多少目标任务就核销相应的比例；有的厂家以目标任务完成要挟经销商："这个月不完成任务，以前的费用都不核销"；还有的厂家以各种审批流程没走完、费用票据不真实等理由搪塞经销商。试想一下，经销商区域 10% 的毛利空间，还要承担代垫费用的风险，到最后是没有利润的。

想必很多经销商都有类似的遭遇，在每个厂里都有一大笔未核销的费用，根本原因在于很多情况下都是厂家口头承诺政策多，有的经销商听信了某个业务人员的话，就直接投入费用了，并没有得到厂里的书面审批，属于先斩后奏，不符合商业的基本操作，影响了双方的信任度。

**4. 部分经销商不舍得投入，存在吃厂家费用的情况**

某些经销商利用厂家管理不规范或者人员经常变动的漏洞，自己不投入相应的费用，采取直接截留费用、虚报费用的形式占有厂家的费用资源。比如，给予临时促销员实际支付工资 100 元/天，而经销商按照 150 元/天向厂里申报；变卖厂家配套的促销非卖品等。这些暗箱操作市场费用的情况，经销商可能一时占了便宜，一旦被厂家查清，就严重影响自己的信用，金额较大时，可能会引起法律诉讼。

更有甚者，厂家业务人员拉拢经销商合伙骗取厂家各种支持费用和政策，私分部分费用。

**5. 经销商没有建立市场推广承接的部门，只能受制于厂家的安排**

经销商的管理一般没有厂家规范，所以在具体职能设置和人员配置上缺乏，典型的就是缺少市场部。而厂家都会安排相应的市场部统一制定品牌推广活动，在需要区域市场经销商配合执行时，经销商能够承接下来做一些具体的落地工作。比如，方案实施的地点选择、临时人员招聘与管理、细化执行要点等。如果经销商没有响应的人员，就很难准确执行，影响推广效果。

在这种情况下，经销商往往完全依赖厂家的区域业务人员，就存在这样的情况：区域业务人员能力强，区域经销商推广工作就开展得好，能够为经销商向厂家争取到更多的资源，销售业绩也会提高，所以业务人员也乐意为经销商代劳。相反，区域业务人员能力弱，区域市场推广工作就难以展开。这也是好的业务人员受经销商欢迎的原因。

### （二）经销商市场推广对接的策略——品牌共育

很多经销商意识到品牌建设是厂商双方共同的职责，只有品牌在当地区域市场培育起来，区域销量才会增加。一个二线厂家的产品通过当地经销商的推广，在该区域能够称之为本区域的第一品牌，这样的案例很多，这在很大程度上得益于经销商对品牌推广的重视。诸如投入人力和财力资源，精细化操作，进入更多的终端，让更多的终端店主主推，达成品牌推广和销售同步提升的目的。

因此，经销商要从两个方面认识品牌推广工作：其一，经销商对区域市场的品牌推广要看成是和铺货销售同等重要的工作，要真正通过推广活动产生终端动销，这样终端店主也乐意推广，给予更多的陈列空间资源，厂家也愿意给予更多的促销物料等，这样就形成了良性循环，厂商共育品牌，而不能简单地将推广工作看成是厂家的事情。其二，经销商要有长线主义思维，厂家要出资源，自己也要出资源，特别是在新品牌和新产品推广期间，更要有投入意识。毕竟这个品牌是经销商经过前期严谨的考察而选择的，经销商其实是带着推广方案决定选择这个品牌的，既然这样，只有下定决心，全力以赴，确保品牌在该区域市场落地畅销。经销商还有什么可以犹豫的呢？

### （三）经销商市场推广对接的操作

品牌共育，协同推广。经销商在做具体的市场推广工作时，一方面，要按照厂家的总体部署，稳步推进；另一方面，经销商要结合自身区域市场的特性，争取资源，自主开展特色的区域推广活动。只有这样，才能协同作战，打响区域品牌传播战，促进区域销量提升，建立市场竞争优势。除此之外，经销商要从长远发展角度建立起自己的市场部门，提高公司化运营能力。

**1. 建立市场推广的职能部门**

随着经销商发展规模的不断扩大，相应的职能建设要逐步建立起来，很多经销商最欠缺的就是人力资源管理及市场推广两个部门。没有相关部门，但相应的职能还是需要的，如市场推广职能，可能就由相应的销售人员或者老板亲自承担了。这不是长久之计，经销商要进行公司化、专业化运营，就应该适时建立这些职能，配置相应的人员。

**（1）部门设置**

那么，针对市场推广职能，可以先期成立部门，一般称之为“市场部”，从公司组织架构层面体现出来，建立初步完善的组织框架，这样开展工作就名正言顺了。

**（2）岗位职能细化**

市场部具体做什么事情？想必很多经销商都很困惑，毕竟原来没有接触过。市场部初期主要以承接厂家的品牌推广为主要工作，后续增加市场信息管理、市场研究、策略制定工作等职能，逐步丰富市场部的职能，使之成为公司运行的参谋部。

涉及品牌推广部分的职能如下。

第一，编制年度、季度、月度促销推广方案。

第二，编制新产品上市推广活动方案。

第三，对接厂家执行的各项促销推广活动。

第四，区域内品牌推广传播的软文文案撰写与发布。

第五，建立品牌推广工作的管理体系。

**（3）人员招聘**

初期根据工作量，人员配置为 1 ~ 2 人，进行专业化分工。后期随着功能的完善，配置相应人员，如活动策划专员、临促队伍管理专员、设计专员、费用专员等。

### 2. 主动承接厂家的品牌推广，建立样板市场

经销商如何争取厂家的最大支持呢？经销商承接好厂家制定的全国性品牌推广活动之外，还要积极争取资源投入，说服厂家，将你所辖的市场列入厂家的重点市场，建立厂家的区域样板市场，打造标杆。这种情况下，厂家对市场的重视程度越高，市场投入比例越大。相应地，除了本身市场具有一定的代表性，还要求经销商具有一定的策划能力和组织能力，让厂家高度信任，将更多的资源投入到该市场。一方面可以提高销量；另一方面厂家可以积累市场运作的成功经验，形成典型案例，便于全国推广。

**（1）经销商要做好区域市场分析**

经销商要进行本品牌产品销售结构分析、竞品销售分析、区域市场状况、

销售团队状况、消费者分析等，有了市场部的设置，一些信息的收集和处理工作相对准确和专业，能够准确找出当前区域市场的优势和问题点。

**（2）经销商要做好样板市场打造的具体方案**

经销商要根据厂家的总体市场规划，结合区域实际情况，初步提出本区域样板市场建设的具体方案，包括新品推介计划、渠道开发计划、终端建设计划、特殊陈列计划、促销活动计划、人员配置计划等，重点围绕品牌推广和动销模式构建两个方面阐述具体的行动计划。

经销商要合理预计能够取得的效果，在销售额上能达到多少，在经验积累上能总结出哪些成功的案例，这些都是厂家关注的。

涉及费用投入的项目，经销商一定要详细阐述费用项目、预计发生金额、双方承担的形式、兑现条件等，让厂家明白，也让厂家对费用的实际执行情况放心。

经销商的市场部要和厂家的市场部及业务管理人员沟通，要初步得到厂家的意向支持，以便推进后续的资源配置及工作指导。

根据以上要点，经销商要撰写出一份关于样板市场打造的申请报告递交给厂家，这样就能够快速赢得厂家的回应和支持。如表 7－17 所示。

**表 7－17　××经销商关于样板市场建设的请示报告**

日期：　　年　　月　　日

<table>
<tr><td colspan="4">一、市场基本情况介绍</td></tr>
<tr><td colspan="4">二、样板市场建设方案</td></tr>
<tr><td>序号</td><td>工作项目</td><td>具体策略</td><td>需要厂家的配合</td></tr>
<tr><td>1</td><td>客户调整与开发计划</td><td></td><td></td></tr>
<tr><td>2</td><td>新品推介计划</td><td></td><td></td></tr>
<tr><td>3</td><td>终端建设计划</td><td></td><td></td></tr>
<tr><td>4</td><td>渠道促销计划</td><td></td><td></td></tr>
<tr><td>5</td><td>终端促销计划</td><td></td><td></td></tr>
<tr><td>6</td><td>人员配置计划</td><td></td><td></td></tr>
</table>

续表

| 三、费用计划 | | | |
|---|---|---|---|
| 序号 | 项目 | 预计金额 | 承担方式 |
| 1 | | | |
| 2 | | | |
| 3 | | | |
| 4 | | | |
| 5 | | | |
| 6 | | | |
| 四、预计目标 | | | |
| 销量：<br>重点终端数量：<br>费用率： | | | |
| 报告单位：××××经销商 | | | |
| 厂家审批意见： | | | |

**（3）经销商要争取让厂家重视，定期总结反馈**

在具体实施时，要争取厂家的实地现场工作督导，发现推广中存在的问题，并给予建设性的意见，特别是要得到厂家销售管理层的重视。比如，在实施区域招商会时，厂家高层的到来会让零售商及二批商更有信心，更容易取得成功。

要定期汇总信息，邀请厂家销售人员、市场部人员来本市场考察指导，就样板市场打造进行阶段性总结，提炼成功经验，共同制定更加有效的实施方案，助力样板市场打造。

**3. 完善品牌推广管理体系**

涉及经销商在当地区域开展的品牌推广活动，主要是实施终端促销活动，这也是快速消费品行业一贯的操作模式，新品上市要开展品尝试销，节日消费场景要促销，的确到了大促大销、不促不销的程度。厂家也投入了很多的资源，一般会设定促销推广的总原则和要求，具体如何在区域内落地实施，就需要经销商的组织和策划。

因此，经销商要完善促销推广的整体管理流程及体系，按照“主题策划——落地执行——效果评估”的逻辑，将促销推广活动组织实施好，发挥促销的实际作用。

**（1）推广费用使用原则**

经销商要按照以下原则开展工作。

第一，专款专用。

一般厂家都会对费用使用的具体品类、建议开展的促销形式、费用比例做出相应的界定，统筹安排各类促销费用，经销商一定要结合厂家的年度总体方向和要求使用，这样才能得到厂家的资源支持，也便于后续的费用核销。如表 7 – 18 所示。

**表 7 – 18　某厂家制定的费用率支持政策**

| 序号 | 分品项/城市 | A 类城市 | B 类城市 | C 类城市 |
|---|---|---|---|---|
| 1 | 主力品项 | 10% | 8% | 6% |
| 2 | 常规品项 | 6% | 5% | 4% |
| 3 | 年货产品 | 15% | 12% | 10% |
| 4 | 散装产品 | 总部定期促销支持，不计入费用率 | | |
| 5 | 新品系列 | 待定 | | |
| 6 | 特殊支持政策<br>经销商在当地投入以下类别广告的，单独给予支持，不计入年度费用率。<br>①公交车体喷绘广告：公司承担喷绘制作费<br>②户外广告牌：公司承担制作费和发布费<br>③零售终端内特殊陈列：公司给予专属陈列道具支持 | | | |

第二，先申请后实施。

经销商开展任何一项活动，涉及厂家支持与分摊的，一定要有厂家正式的签批文件，因为一般情况下都是要求经销商先行垫付费用，这样做也是一种自我保护。

**（2）有计划性开展**

管理规范的厂家，一般都在年初发布全年的促销推广计划，在每个时间节点、什么类型的零售终端、开展什么形式的促销活动都有清晰的规划，经销商按此细化实施即可。每次具体实施时，经销商要提前做好实施的细化策划工作，相关的审批文件提前报给厂家，以便能够按照计划开展。

通常，厂家都有一套规范的管理表格，经销商参照填写，便于厂家管理。如果厂家没有规范的格式化表格，经销商可以创造出相应的表格，规范化地提交给厂家审批，主要涉及每次的促销实施方案、物料申请表、特殊支持事项表等。

促销实施方案表：具体指每次促销推广方案的策划和实施方案。如表7－19 所示。

助销物料申请表：常规市场助销宣传物料的申请。如表 7－20 所示。

广告宣传申请表：经销商对于市场推广涉及的特殊支持申请，如户外广告、终端特殊陈列、公交车体广告、定向活动赞助等。如表 7－21 所示。

**表 7－19　促销实施方案表**

区域：　　　　　　　　提报单位：　　　　　　　　提报日期：

| | | | | | |
|---|---|---|---|---|---|
| 促销主题 | | | | | |
| 促销品项 | | | | | |
| 竞品信息（广告、陈列、价格促销、销量） | | | | | |
| 促销方式 | | | | | |
| 促销方式选择原因 | □新品上市 | | □销售促进 | | □竞争应对 |
| | □卖场压力 | | □年节店庆 | | □品牌形象提升 |
| | | | | | |
| 具体促销目标 | 促销期间销量 | | 促后目标销量 | | |
| | 陈列改善目标 | | 其他目标 | | |
| 预计费用支出情况 | | | | | |
| 费用名称 | 项目 | 申请数量 | 单价（元） | 总价（元） | 承担方式 |
| | | | | | |
| | | | | | |
| | | | | | |
| | | | | | |
| 促销具体计划： | | | | | |
| 促销具体时间： | | | | | |

**续表**

<table>
<tr><td colspan="2">促销开展的终端：</td></tr>
<tr><td colspan="2">需要厂家支持的其他事项：</td></tr>
<tr><td>经销商确认<br>（盖章）</td><td></td></tr>
<tr><td colspan="2">厂家审批意见：</td></tr>
<tr><td colspan="2"></td></tr>
</table>

**表7－20　助销物料申请表**

区域：　　　　经销商：　　　　日期：　　年　　月　　日

<table>
<tr><th colspan="2">助销品</th><th>本次申请数量</th><th>用途</th></tr>
<tr><td rowspan="9">××产品<br>助销品</td><td>手提袋</td><td></td><td></td></tr>
<tr><td>吊牌</td><td></td><td></td></tr>
<tr><td>明星卡</td><td></td><td></td></tr>
<tr><td>海报 POP</td><td></td><td></td></tr>
<tr><td>新海报</td><td></td><td></td></tr>
<tr><td>缤纷纸</td><td></td><td></td></tr>
<tr><td>纸架</td><td></td><td></td></tr>
<tr><td>挂牌</td><td></td><td></td></tr>
<tr><td>小铁架</td><td></td><td></td></tr>
<tr><td rowspan="3">××产品<br>助销品</td><td>KT 板</td><td></td><td></td></tr>
<tr><td>招商手册</td><td></td><td></td></tr>
<tr><td>终端吊旗</td><td></td><td></td></tr>
<tr><td rowspan="3">其他<br>助销品</td><td>明星卡</td><td></td><td></td></tr>
<tr><td>海报 POP</td><td></td><td></td></tr>
<tr><td>手提袋</td><td></td><td></td></tr>
</table>

续表

| 助销品 | | 本次申请数量 | 用途 |
|---|---|---|---|
| 其他助销品 | 纸架 | | |
| | 挂吊 | | |
| 合计： | | | 计入费用率 |
| 厂家审批意见： | | | |

**表 7－21　广告宣传申请表**

区域：　　　　　　　经销商：　　　　　　　日期：　　年　　月　　日

| 广告宣传形式：□门店店招　□门店灯箱　□门店形象墙　□电视　□电台　□报纸　□路牌　□车身　□户外灯箱　□其他 | |
|---|---|
| 项目 | 内容 |
| 背景描述 | |
| 目的 | |
| 具体实施方案及设计说明 | |
| 费用预算及承担方式 | |
| 厂家审批意见： | |

### (3) 经销商要提升策划能力

经销商设置了专业的市场部门后，就要提升总体的市场推广策划水平。除按照公司统一部署的促销形式外，结合以往促销活动的经验，研究适合本区域消费特征和竞争形式的促销推广活动。

经销商要特别关注社会上近期发生的一些特殊事件和热点事件与经营产品能够关联，利用热点进行促销宣传，大力借势，营造事件热点，引发新闻效应，充分吸引消费者的注意力，扩大影响力。同时，要利用节庆、假日提炼促销主题，建立起常规化、系列化的促销推广活动。具体可以参考表 7－22。

**表 7－22 可以利用的促销主题**

| 时间 | 可以利用的促销主题 |
|---|---|
| 1 月 | 元旦、春节、元宵节 |
| 2 月 | 春季、迎春等 |
| 3 月 | 妇女节 |
| 4 月 | 愚人节、清明节 |
| 5 月 | 劳动节、母亲节 |
| 6 月 | 儿童节、端午节 |
| 7 月 | 建党节、香港回归纪念日 |
| 8 月 | 建军节 |
| 9 月 | 教师节、中秋节 |
| 10 月 | 国庆节 |
| 11 月 | 感恩节 |
| 12 月 | 年终优惠　圣诞节 |

在具体的促销形式设计方面，要根据产品推广的具体阶段有针对性地选择适合的形式。如表 7－23 所示。

**表 7－23 主题促销推广活动示例**

| 序号 | 促销方式 | 促销目的 | 适用条件 | 方式评价 | 操作要点 |
|---|---|---|---|---|---|
| 1 | 派发品尝包 | ◇让消费者尝试购买该产品 | ◇新品上市初期，可以结合派发关于该产品的宣传单页<br>◇销售旺季时期操作 | ◇最易引起消费者尝试购买该产品，提高入市速度 | ◇注意派发员的招聘质量和现场管理<br>◇有针对性地派发给目标消费者，减少浪费 |
| 2 | 价格折扣 | ◇转变使用者为重复使用者 | ◇销售淡季时期，鼓励大量购买<br>◇适合于具有一定知名度、已有一定品牌形象的产品 | ◇最易引起消费者注意，有效促使消费者购买，生效快，能够短期增加销量，但是无法帮助长期的销量增长<br>◇紧急对抗竞争者行动最有效 | ◇时间不宜过长，控制在一周之内<br>◇要有店内助销物料、POP 配合<br>◇产品价格恢复时要提前沟通 |

续表

| 序号 | 促销方式 | 促销目的 | 适用条件 | 方式评价 | 操作要点 |
|---|---|---|---|---|---|
| 3 | 买赠 | ◇通过赠品传递、强化品牌概念 | ◇产品刚上市初期操作 | ◇消费者在购买过程中立即得到回馈<br>◇所赠送的礼品必须新颖，让购买者感觉物有超值 | ◇小礼品必须精美，符合产品定位和目标消费者的喜好 |
| 4 | 内置增量方式 | ◇鼓励大量购买 | ◇产品成熟期 | ◇采取“加量不加价”的方式，直接在包装上标明 | ◇包装设计上要改变，根据促销活动期限设计合理的产品数量，不能过多 |
| 5 | 组合销售 | ◇互带销售 | ◇产品中某些品种组合销售，一般为畅销产品和滞销产品组合或新产品和老产品组合 | ◇实际上是折价优惠，最好捆绑自有产品<br>◇成本较低 | ◇所捆绑的产品应该与本产品形成互补，最好不是一个品类<br>◇店内临时码申请 |
| 6 | 同零售店联合促销 | ◇消费者购物达到一定的金额免费或加很少的钱来兑换产品 | ◇零售终端季节性、节日性促销，消费者购物达到一定的金额免费或加很少的钱来兑换产品 | ◇容易获得零售商的配合，但是成本较高 | ◇要选择滞销产品或新品进行 |
| 7 | 同其他厂家联合促销 | ◇消费者购买产品达到一定的金额，免费送一个其他厂家的产品 | ◇产品知名度较低时，同其他知名品牌产品联合 | ◇通过知名品牌产品的带动，让消费者认识产品 | ◇选择的产品必须是相关联的产品<br>◇赠送的方式要设计好，到服务台领取或直接捆绑，一定要容易操作 |
| 8 | 抽奖 | ◇消费者购物达到一定的金额，可以抽奖 | ◇零售终端季节性、节日性促销 | ◇容易获得零售商的配合<br>◇不需要过多的人员配合，容易操作 | ◇所选择的产品要引起消费者的兑换兴趣 |

续表

| 序号 | 促销方式 | 促销目的 | 适用条件 | 方式评价 | 操作要点 |
|---|---|---|---|---|---|
| 9 | 刮奖卡或集卡有奖 | ◇引起购买兴趣 | ◇适合在零售小店进行 | ◇中奖后可以兑换得到相应的产品等 | ◇外包装注明促销信息，内置刮刮卡，奖品设计不同的等级，最好为本产品，容易操作<br>◇设置的奖品一定要现场兑换 |
| 10 | 微信转发消费场景得奖 | ◇引起购买兴趣 | ◇适合多渠道开展 | ◇容易操作<br>◇能够为消费者带来实惠 | ◇与其他活动同时开展 |

**（4）做好每次的实施评估，不断改进**

资源要用好，厂家的每一次支持都要认真做到位，否则下一次要求支持时会更加困难。厂家既关注费用发生，更关注实际的产出。优秀的厂家总是“嫌贫爱富”，经销商的市场越好，他们越愿意不断地支持，因为做得好，厂家敢将更多的资源投到该区域市场。面对做得差的经销商，厂家投入的钱打了水漂，难以再获得支持。所以，经销商每次完成一个促销推广活动，要进行总结评估。一方面，为了复盘总结经验，以便更好地开展类似的活动；另一方面，将总结报告发至厂家，也是一份很重要的市场信息，特别是涉及新产品上市推广，为新产品的推广提供了市场推广案例。同时，有的厂家管理规范，将经销商开展的评估报告作为费用核销的依据。

经销商一般可以从费用使用和实际销售成效两个方面对每次的促销推广活动进行评估。如表 7－24 所示。

**表 7－24　促销推广活动评估表**

区域：　　　　　　经销商：　　　　　　日期：

| | | | | |
|---|---|---|---|---|
| 促销主题 | | | 促销店名 | |
| 促销方式 | | | 促销起止时间 | |
| 促销品项 | | | 目标顾客 | |
| 促销情况 | 促销期实际销量 | | 陈列改善情况 | |
| | 促销后实际销量 | | 实际品尝人数 | |

**续表**

| 实际发生费用情况 | | | | | |
|---|---|---|---|---|---|
| 费用名称 | 规格 | 申请数量 | 单价（元） | 总价（元） | 由谁支付 |
| 堆头/端架费 | | | | | |
| 临时人员工资 | | | | | |
| 海报刊登费 | | | | | |
| 促销品 | | | | | |
| 赠品 | | | | | |
| 品尝品 | | | | | |
| 宣传资料 | | | | | |
| 其他 | | | | | |
| 费用总支出 | | | | | |

| 促销推广成效评估 | | | | | | | |
|---|---|---|---|---|---|---|---|
| 指标 | 权重 | 评判内容 | 评分（划√） | | | | |
| | | | 5 | 4 | 3 | 2 | 1 |
| 目标完成情况 | 0.25 | 促销推广活动结束所实现销售目标与预期销售目标的接近程度 | | | | | |
| 人员组织管理 | 0.25 | 是否使得活动参与人员明确各自分工、流程规范 | | | | | |
| 活动氛围营造 | 0.2 | 是否使得品牌形象在目标人群中形成震撼的视觉冲击力 | | | | | |
| 宣传告知 | 0.15 | 是否使得促销推广活动信息高效直达目标人群 | | | | | |
| 促销活动主题 | 0.15 | 是否体现出品牌的诉求和定位、目标人群的利益 | | | | | |
| 总分 | | | | | | | |

说明：

1. 5 分非常好，4 分比较好，3 分一般，2 分比较差，1 分很差。

2. 总分 = 目标完成情况 ×0.25 + 人员组织管理 ×0.15 + 活动氛围营造 ×0.25 + 宣传告知 ×0.15 + 促销活动主题 ×0.15。

**（5）费用核销票据要收集完整，费用使用透明化**

一般情况下，厂家对费用核销的有效票据有严格的财务管理规定，经销商要据实取得各项费用发生的票据。经销商要做好以下工作，确保费用能够得到核销。

第一，费用提报及时。

代垫费用发生后，经销商要按照周期，一般为月度，及时快递到厂家，确保交割清楚。因为很多厂家的费用报销有一定的流程和各环节签字时间节点，特别在 12 月份，对票据时间的要求更为严格，经销商一定要严格遵循厂家的要求。一旦错过了时间节点，就影响核销时效。

第二，费用发生真实有效，附件完整。

经销商要确保所有的费用发生真实有效，每项费用所要求的凭据和资料等附件要齐全，不能产生克扣样品货、变卖广告品、虚报促销费用等吃厂家费用的现象，这是任何厂家都不能容忍的。厂商合作，诚信是永恒的主题。脱离这一主题，合作的意义就大打折扣，甚至导致合作不能延续。

一般厂家要求的费用票据资料包含以下类别，经销商在实际执行中，可以参考表 7－25，尽可能多收集费用发生凭据，让厂家放心。

**表 7－25　一般厂家要求的费用票据资料**

| 序号 | 项目 | 审核资料 |
|---|---|---|
| 1 | 条码费 | 厂家公司抬头发票<br>进场协议（原件）<br>首批订单（复印件） |
| 2 | 陈列费 | 厂家公司抬头发票<br>特殊陈列协议（注明时间、品项、位置、形式，不得涂改，第一次报销附原件）<br>陈列照片（如有虚假，视为未执行，不予报销） |
| 3 | DM 费 | 厂家公司抬头发票<br>DM 协议（原件，注明时间、品项、促销方式、陈列支持）<br>DM 单（原件） |
| 4 | 促销费 | 销售汇总<br>送货单据（复印件）<br>赠品签收（原件） |

续表

| 序号 | 项目 | 审核资料 |
|---|---|---|
| 5 | 人员费用 | 工资签收单（原件）<br>身份证复印件<br>《导购员日报表》或《派发员日报表》<br>进场协议（原件）<br>管理费发票 |
| 6 | 特殊支持 | 厂家公司抬头发票<br>发布协议（原件）<br>照片 |

**4. 经销商争取厂家资源的技巧**

经销商一定明白“资源是争取的”，厂家每年都会进行区域市场资源投放预算，经销商除了靠自己的实力争取外，更要掌握技巧，才能得到厂家更多的资源支持。

**（1）掌握时间点**

根据产品销售的淡旺季，厂家一般在旺季时会大范围投放资源，这时各个经销商都会分配资源，经销商要积极争取在旺季来临之前提交费用。比如，经营啤酒和饮料的经销商，一般在每年 2 月份做费用计划，向厂家争取资源。

**（2）集中下大单**

在产品销售的淡季，如果经销商能够向厂家下大单，就可以直接谈判费用支持，但经销商一定要有快速消化产品的底气。经销商千万不能因为多拿费用而造成库存积压。

**（3）以小博大**

没有厂家的支持，经销商难以做起来。做不起来，厂家更不支持。这也是很多经销商的经验总结，正如金融机构向企业贷款一样，企业生意好的时候，银行争先恐后地向企业发放贷款。事实的确如此，只有让厂家看到成功的希望，厂家才支持。

经销商要求厂家给予资源支持，相应地，经销商也最好投入一定的资源，让厂家看到经销商也在付出，这样厂家就会更有信心，更愿意将资源投放给该经销商。只要经销商敢出钱活跃市场，厂家就敢出两倍于经销商的钱予以助力。政策投入往往不是钱多钱少的问题，而是信心问题。厂家高层管理者总是想把钱投入有希望的市场，如果经销商以实际行动投钱开发市场，厂家就会认为经销商有信心，就愿意配合投入。

这种情况下，厂家的业务人员也会积极帮助申请。“做市场的势头”就是经销商给厂家的希望，以小博大，厂家就不担心花钱打水漂。

**（4）处理好厂家各个层面的人员对接关系**

经销商要与厂家的业务人员保持有效的沟通，建立良好的关系，他们会第一时间告知厂家的政策和市场策略，便于经销商跟上厂家的发展思路，有什么好的政策也能及时积极争取。当然，经销商要完成相应的销售目标。如果不能完成目标，建立再好的个人关系也没有多大的作用。

**【思考】**

品牌共育是厂商合作的核心，你在区域市场如何开展相关工作，一定有一套行之有效的经验。请根据以上板块内容的阐述，总结提炼出属于自己的成功之道。如表 7 - 26 所示。

**表 7 - 26　厂商品牌推广对接经验总结表**

你的角色：　　　　经销商 □　　　　厂家 □

| | | | |
|---|---|---|---|
| 一、你对厂商共育品牌的认知观点 | | | |
| | | | |
| 二、厂商品牌推广对接的具体做法 | | | |
| 序号 | 项目 | 厂家的具体规定和做法 | 改进建议 |
| 1 | 活动策划 | | |
| 2 | 活动实施 | | |
| 3 | 活动评估 | | |
| 4 | 费用管理规定 | | |
| 5 | 费用核销规定 | | |

## 七、售后服务对接，做好闭环管理

售后服务难以有效管理也是厂商双方在合作中面临的突出问题，厂家希望经销商承担本区域的全部售后服务工作，但经销商由于技术力量配备及费用方面的考量，不愿意承担，将所有的售后服务工作推给了厂家，这样就会造成售后服务处理不及时，影响用户的满意度。特别是工业品行业，售后服务的矛盾点更加突出，售后服务的响应速度、处理速度、处理质量都考验着厂家的管理水平。作为区域市场最接近用户现场的经销商，在响应度和处理及时性上更有能力为客户提供满意的售后服务，而现实中，经销商由于种种原因不愿意参与此事，使得售后服务工作变成了厂家运营的短板。

厂商如何协同做好售后服务工作，是厂商合作模式下必须解决的现实问题。一方面，给现有用户提供后顾无忧的服务，打造用户忠诚度；另一方面，可以通过良好的售后服务促进销售，打造服务品牌优势，开发更多的客户。

这里将以工业品的售后服务管理作为切入点，系统讲解经销商如何配合厂家，对接售后服务工作，助力区域市场销售。

### （一）当前经销商对于售后服务管理的认知

#### 1. 售后服务应该由厂家负责

很多经销商认为自己的公司只是商贸公司，买进卖出，产品是厂家制造的，出现了质量问题当然要厂家来负责，自己做好销售工作就行了。这样经销商就不会在人员配置上投入资源，根本没有能力承担售后服务工作。用户一旦出现质量问题，经销商将相关信息转给厂家相应部门后就不再关注了。

事实上，售后服务工作是一项涉及多个流程及部门的系统化的工作。经销商传递售后服务信息只是开始，后续还需要详细了解客户现场状况、给出初步的处理方案、上门处理或者指导客户处理、售后服务回访、质量改进等，这些工作都需要厂商之间高度配合，只有这样才能圆满处理售后服务问题。经销商只做一个“二传手”，显然是不够的。

**2. 售后服务只是修理或者更换，自己没技术能力开展售后服务**

在经销商的认知里，售后服务只是给客户维修或者更换，自己没有相应的技术能力和零配件库存，只能由厂家来负责。

但一些重视售后服务管理的厂家已经开始行动了，在对经销商的考察评估中有关于售后服务能力的认定，明文规定作为合格的经销商必须有多名经厂家认定合格的售后服务人员，他们必须到厂家接受相关技术和维修技能培训，同时经销商必须储备相应的易损零配件，能够做到自行解决区域内用户的售后服务问题。

**3. 售后服务是一项成本**

经销商认为售后服务工作是需要花费成本的，即使是质保期之内的服务工作，厂家补贴一定的费用，但从效益方面来看终究是不划算的。所以，经销商能推则推，全部让厂家处理。这样的操作方式，就导致经销商售后服务的响应能力降低，往往会造成客户不满，进而影响后续的再销售工作。

**4. 售后服务只能被动接受用户对质量问题的抱怨**

水平一般的经销商，只会附和用户对厂家产品质量的抱怨，认为厂家产品的质量问题都是厂家自己的事情，与经销商没有一点关系。殊不知，所有售后服务质量信息，以及客户对产品的抱怨都是非常有价值的信息，对于厂家产品改善、服务效率的提高都有重大的参考价值。经销商认为，解决了客户的质量问题往往就代表了售后服务的完结，这在很多厂家都是实际存在的现象。

尽管在 ISO 管理程序文件或制度中对售后服务信息的利用有相关的规定，但执行起来就是另外一回事儿，只是流转给其他部门而已，没有引起足够的重视；除非是一些批量性的重大质量问题才会被纳入后续改善的环节，必须做出预防改进措施。

事实上，经销商接触了大量的用户售后服务信息，这些信息对公司来说绝对是一个宝藏，有多方面的利用价值。首先，它是现有产品质量缺陷的表现，从中可以分析出原因，进而从工艺、材料、制程等方面提出改善方案，完善产品功能。其次，对于掌握的大量一手客户需求信息，我们可以充分挖掘提炼，找出现有产品未能满足的客户需求，进而提炼出行业新产品研发的方向，很多行业专用产品都是企业在深入洞察客户需求之后才研发出来的定制品。利用这些信息，研发人员再也不必为找不到客户需求点而苦恼了。最后，这些信息做成教材，作为新进销售人员、技术人员的培训教材，是最具实效的。

### （二）经销商对售后服务对接管理的策略——协助厂家建立闭环管理

售后服务管理必须快速响应用户的质量投诉，需要厂商配合分工，建立完善的售后服务标准及流程体系，高效地解决用户的现实问题，这只是处于基本达标的状态，打造在客户心目中的服务竞争优势。更重要的是，通过售后服务，发现客户未能满足的需求或产品改进的机会点，能够在后续的产品升级迭代、新产品研发等工作中得到应用。从而为客户提供更可靠的产品，真正从售后服务信息获取、发现产品改进的机会、提供给客户更可靠的产品赢得客户的依赖和信任，这才是真正实现售后服务管理的核心。

除厂家有效利用售后服务信息创造价值外，对经销商也会带来明显的价值，经销商大量接触质量问题，经过汇总整理，能够在客户开发选型中协助客户选择高性价比的型号，有助于提升客户开发能力，实施技术营销。

因此，经销商必须重视售后服务工作，以处理客户质量问题为契机，协助厂家建立“质量问题发现——质量问题处理——质量问题改进”闭环管理体系，形成闭环才有价值。

### （三）经销商对售后服务对接管理的具体操作

厂商协同、高效处理、闭环管理，这是厂商合作模式下售后服务管理工作追求的终极目标。那么，经销商在具体的售后服务管理工作中，就能找到具体的工作方式，与厂家做好分工，根据售后服务工作的典型环节，找出经销商应该承担的职责，掌握科学的工作方法，这样才能达成目标。

事实上，一些大公司正是需要各个区域经销商协同开展售后服务工作，与经销商建立起“经销商—厂家区域办事处—厂家总部”三级售后服务管理体系。大量的售后服务工作需要分布在区域的经销商承担，因为经销商距离客户近，反应迅速，能够及时处理。经销商不能处理的复杂问题则由厂家承担，保证服务质量。如图 7 – 3 所示。

而对一些还未建立起完善的售后服务体系的厂家来说，经销商更要发挥自主能动性，创造条件开展售后服务工作，真正为用户高效解决问题。同时，协助厂家建立一套完善的售后服务管理体系，贡献自己的智慧。

| | 第一级<br>经销商及服务合作伙伴 | 第二级<br>ABB低压电器客户支持部门 | 第三级<br>工程与自动化服务加以 |
|---|---|---|---|
| 反应速度 | 由于经销商数量多，分布广，且与客户有过合作关系，所以反应速度很快 | 在全国大部分主要城市设有办事处，反应速度快 | 如果不是签有服务合同，客户必须通过低压电器客户支持部门获得工程中心的服务，反应速度较慢 |
| 技术力量 | 具有3个以上经ABB培训认证的工程师，可以进行大部分售前咨询和售后维修服务 | 北京总部有8名左右售后服务工程师，在各地办事处有1~2名工程师，可以为用户处理大部分难题 | 近100名工程师，技术力量雄厚 |
| 服务对象 | 大部分客户的服务均由经销商提供 | 仅在经销商及服务伙伴不能解决问题的时候提供服务，另外也协助经贸商为大客户提供服务 | 工程用户，签有服务协议的用户，以及低压电器公司不能解决的难题 |

**图 7－3　售后服务工作三级管理图**

### 1. 经销商要建立售后服务部门，制定服务标准

经销商建立售后服务部门，配置相应的人员，这只是资金投入的问题，经销商认为有必要的也愿意投入。但后续的人员技术能力培训、服务体系建立是经销商需要厂家协助的。经销商要善于找公司“麻烦”，让自己的人员到厂家总部接受培训，或者邀请厂家人员来当地开展培训都是现实的方式，厂家也都非常乐意支持这样的经销商。试想一下，如果厂家通过培训经销商，协助经销商建立了系统的售后服务管理体系，实施这个计划的部门肯定能在公司得到一定的奖励和认可，这样的成功案例也自然成为厂家学习推广的模板。

对于一些品牌化操作的厂家，对售后服务尤为重视，要求经销商必须配备一定数量的技术服务人员，并定期接受厂家的技术培训和售后服务资格认证，成为厂家授权的售后服务中心。这种情况下，经销商更要按照厂家的要求来做，提高标准，这样才能建立起自己的售后服务体系，有助于开展区域销售工作。

经销商要根据实际情况建立起相应的服务标准，除了遵照厂家公布的服务标准之外，经销商要高标准提出自己对售后服务的承诺。比如，节假日实行值班制，7×24 小时提供服务，客户投诉在 1 小时内响应。需要现场服务的，省会城市 4 小时内到达，其他城市 12 小时内到达。

同时，经销商要切记所有的服务承诺都需要相应的资源配套，如人员数量、工具数量、配件库存数量等。为了支持经销商自建售后服务体系，厂家也会投入很多的资源支持，除人员支持外，有的厂家还免费配给售后服务专用车辆和相应的工具包，经销商要善于争取这样的资源投入。

**2. 主动承接区域售后服务工作**

经销商建立售后服务组织后，就要积极承接区域的售后服务工作。区域售后服务工作主要有两大来源：其一，用户主动联系经销商，一般这样的用户也是该经销商直接合作的用户，出现质量问题，自然是首先联系经销商处理。经销商对这类售后服务必然是积极响应，责无旁贷地做好服务工作。其二，是厂家转过来的售后服务信息，一般是用户购买主设备，通过区域外的厂家配套过来，这类用户不是经销商的直接合作客户，但作为厂家的区域经销商，也有服务的义务。有些厂家在厂商合作合同中，就明确规定“经销商必须无条件负责区域内本公司产品的所有质量服务工作”。

无论是以上哪种售后服务工作，只要是在质保期内的三包服务，厂家都会向经销商支付相应的费用。有的厂家以单次售后服务实施一单一结算，制定服务费用的标准，如差旅费、人工费、材料费等，厂家按照经销商实施的售后服务类别及发生的费用情况核销。有的厂家统一打包处理，采取总额控制，按照经销商的年度销量，以一定的比例拨付售后服务费用，但经销商必须无条件负责区域内所有的售后服务工作，不能发生用户投诉现象；这部分费用由经销商支配，多不退、少不补，厂商双方也都能简便处理，避免过多的管理麻烦。有的经销商认为费用高，远超于厂家给的费用标准，就有可能影响售后服务的积极性。这种情况下，经销商要拿出自己当年开展售后服务的数据，统计发生的费用金额，与厂家有理有据地谈判，重新商定合理的费用包干比例。

**3. 高效处理客户售后服务工作**

能够自己处理的质量问题，经销商要高效处理，确保客户满意，必要时联系厂家技术人员，寻求技术支持；无法处理的问题，要及时反馈至厂家，但一定要准确传递相关信息，让厂家能够快速处理。笔者接触过的一个机电经销商，每次在向厂家返回有质量问题的产品时，都在包装内留一个纸条，详细注明产品的使用工况、发生的故障问题等，让厂家售后服务人员能够准确处理。这样的做法，也赢得了厂家的认可。

厂家为了确保售后服务质量，对原厂配件的使用管控严格，经销商在开展售后服务时，一定要确保使用厂家的原厂配件，不能以次充好，影响客户使用。

经销商可以定制售后服务单据，三联无碳复写纸单据，一联留给客户，一联经销商内部留存，一联报给厂家，实施规范化管理，同时也作为向厂家结算售后服务的依据。如表 7－27 所示。

**表 7－27　××公司售后服务单模板**

<table>
<tr><td colspan="5">编号：</td></tr>
<tr><td rowspan="4">客户信息</td><td>客户名称</td><td></td><td>地址</td><td></td></tr>
<tr><td>联系人</td><td></td><td>联系电话</td><td></td></tr>
<tr><td>产品出厂日期</td><td></td><td>是否处于三包期</td><td>□是　□否</td></tr>
<tr><td>产品使用工况</td><td colspan="3"></td></tr>
<tr><td rowspan="2">售后人员</td><td>到达现场时间</td><td></td><td>到达人员数</td><td></td></tr>
<tr><td>离开现场时间</td><td></td><td>服务工时</td><td></td></tr>
<tr><td>报修故障</td><td colspan="4"></td></tr>
<tr><td>现场确诊故障</td><td colspan="4"></td></tr>
<tr><td>解决方案</td><td colspan="4"></td></tr>
<tr><td>其他服务</td><td colspan="4"></td></tr>
<tr><td rowspan="2">收费</td><td colspan="2">配件费用</td><td>工时费</td><td>…</td></tr>
<tr><td colspan="2"></td><td></td><td></td></tr>
<tr><td>客户评价</td><td colspan="4">□非常满意　□满意　□一般　□不满意　□很不满意<br>客户意见：<br><br>客户签字：　　　　日期：</td></tr>
<tr><td>售后人员签字</td><td></td><td>联系电话</td><td></td><td>日期</td></tr>
<tr><td colspan="5">经销商地址：　　　　24 小时服务电话：</td></tr>
</table>

**4. 建立定期的售后服务信息反馈机制**

经销商主责承担区域内的售后服务工作时，必然留存大量的售后服务信息，涵盖问题产品的使用工况、使用年限、出厂批次、出现的问题点、处理方式等，这就是信息宝藏。

试想一下，如果经销商能够每月定期将处理过的售后服务问题汇总起来发给厂家，厂家的相关部门会是什么样的反应？用心经营的经销商早已按照这样的思路开展工作了，他们会定期汇总，反馈至厂家的售后服务部门、技术部门、生产和品质管理等部门，还要求相关部门将后续的改进计划和实施效果反馈回来，真正地做到条条信息有回应。这样的经销商自然会做好市场、服务好客户，并能赢得厂家的认可。如表 7－28 所示。

**表 7－28　×月份产品售后服务统计表**

| 序号 | 客户名称 | 产品类型 | 产品型号 | 数量 | 问题描述 | 检测结果 | 处理方案 | 原因分析 | 投诉时间 | 处理时间 | 处理费用 | 对应服务单编号 |
|---|---|---|---|---|---|---|---|---|---|---|---|---|
| 1 | | | | | | | | | | | | |
| 2 | | | | | | | | | | | | |
| 3 | | | | | | | | | | | | |
| 4 | | | | | | | | | | | | |
| 5 | | | | | | | | | | | | |
| 6 | | | | | | | | | | | | |
| 7 | | | | | | | | | | | | |
| 8 | | | | | | | | | | | | |
| 9 | | | | | | | | | | | | |
| 10 | | | | | | | | | | | | |
| 11 | | | | | | | | | | | | |
| 12 | | | | | | | | | | | | |

**5. 开展服务走访，送服务上门**

工业品的售后服务问题很多情况下是因为用户操作不当引起的，或者用户没有做日常保养检点工作，因此经销商要有事前预防的意识，定期走访用户，送服务上门，召集用户的设备操作人员，集中讲解产品的使用规范和保养要求，解答相关人员的疑问。这个时候，就可以联合厂家共同策划开展面向用户的技术巡访和送服务活动，一是能收集用户对产品的建议和意见，讲解产品如何使用；二是可以宣传公司的产品，体现厂家的服务优势。

如果厂家每年会开展类似的走访活动，经销商一定要组织好资源，积极配合，利用厂家的力量尽可能多走访本区域的典型客户，从而与客户建立起更加稳固忠诚的合作关系。

**【思考】**

售后服务管理工作尤为重要，你在厂商合作中是怎么操作的，一定有一套行之有效的经验。请根据以上板块内容的阐述，总结提炼出属于自己的成功之道。如表 7－29 所示。

**表 7－29　售后服务管理经验汇总表**

你的角色：　　　　经销商 □　　　　　　厂家 □

| 一、你对厂商协同开展售后服务的认知观点 | | | |
|---|---|---|---|
| | | | |
| 二、厂商售后服务管理对接的具体做法 | | | |
| 序号 | 项目 | 厂家的具体规定和做法 | 改进建议 |
| 1 | 售后服务处理流程 | | |
| 2 | 售后服务组织管理 | | |
| 3 | 厂家给予的支持 | | |
| 4 | 售后服务信息管理 | | |
| 5 | 售后服务费用管理 | | |
| 6 | 送服务活动的开展 | | |

## 八、做有温度的生意，让合作更长久

厂商合作获取盈利性只是一方面，双方能够长远合作，更是双方价值观的高度认同。试想一下，一个诚信正直的经销商和一家依靠坑蒙拐骗做生意的厂家如何合作下去。厂商双方决定合作，正如我们在前面章节中阐述的那样，经销商在决定和厂家合作前的实地考察，其中一项就是要通过自己接触的人和事，来判断厂家的企业文化、经营理念是否和自己一致，“志不同，道不合，不相为谋”。当然，经销商做生意，只要是厂家的经营理念和企业文化是符合大道的，就值得跟随。而很多厂商决裂的案例，有的时候并不是市场表现的问题，更多的是因为双方在理念上产生了分歧，彼此得不到应有的尊重。

本节将以厂商合作过程中的人文交流方面为切入点，探讨经销商如何在厂家企业文化和经营理念的大背景下，与厂家建立恰当的关系，构建一个和谐的合作环境，做一场有温度的生意，让合作更长久。

### （一）当前经销商对厂商关系的困惑

生意除了生硬的规则制度外，还应该有更多的人文交流，厂商合作过程中，毕竟要面对活生生的人，是这些人互相协助，共同完成生意的每一个动作。因此，经销商在做生意的同时，除了正常的工作关系外，也与厂家的各个对接人建立起了或深或浅的私人关系。如何保持恰当的人际距离，是很多经销商困惑的。总体来说，有以下三种类型。

**1. 称兄道弟型**

这类经销商一般刚起步，总体规模不大，在经销厂家品牌的过程中还没有达到一定的规模，或者对该品牌的经营还不熟悉，总体上感觉自身弱小，受制于厂家，极力讨好厂家人员，通过请吃饭等手段与业务人员建立私人关系，以求得到各个方面的关注和支持。

一般厂家都有促销、赠品、终端费用、广告费用、返利、运输补贴等市场支持政策，在不违反公司制度的情况下，厂家管理人员会尽可能为经销商争取应有的利益。所以，经销商与厂家管理人员建立关系，就容易得到这方面的支持。但经销商不能将这种行为作为常态，从长远来看，要依靠策略性的市场操作手法，再配合厂家的支持，这样就能更快、更好地经营市场。

商场如战场，厂商双方都代表自己的立场和利益。铁打的营盘流水的兵，厂家业务人员的变动非常频繁，经销商刚与业务人员建立起私人关系，厂家又换人了，又不得不与新的业务人员磨合。

**2. 自傲型**

一些自认为强势的经销商，凭借一定的经营实力和市场经验，不把合作品牌的人员放在眼里，高高在上，按照自己的套路来开展市场工作，不配合厂家的市场部署。无论大事小事，经销商直接联系厂家老板，让厂家听从他的安排，毫无理由地要资源、要条件。

现实中，这样的厂商关系状态有很多，一般厂家弱小，经销商强大。厂家对这样的经销商毫无办法，毕竟经销商实力强大，能够为厂家提高销量，是产值大户。

**3. 互相成就型**

厂商之间的合作其实是互相成就的过程。经销商依靠厂家的品牌，成就自己的生意，厂家借力经销商的资源实现销售。落实到现实的工作关系中，经销商对厂家的业务人员也是互相成就的，业务人员通过协助经销商实现业绩，也获取自己的工资和奖金，经销商通过业务人员的帮助也取得了利润。

因此，经销商在处理厂商关系时，抱着交朋友的心态处理好个人关系，对业务人员给予一定的关心和照顾，对业务人员进行适当的感情投资，工作之余一起和团队聚餐交流，这些都是正常的，一定要把握好这个度。经销商和厂家业务人员就是工作关系，不能走得太近，也不能太疏远。在具体工作中，经销商按照厂家的管理制度办事，虚心接受业务人员的合理化建议，借鉴厂家的发展经验，和厂家齐头并进，共同盈利。

### （二）经销商对厂商关系的正确认知

合作之源是共同利益，合作之本是共同理念。只有正确认识厂商关系，经销商才能从容面对生意，处理好与厂家各个对接人的关系，才能与厂家建立起高度信任、战略协调、步调一致的合作关系，以便更好地服务客户，实现“卖好”，才能保障双方长久合作。

**1. 厂商是生意上的伙伴**

厂商双方都是为了自己的应有利益而存在，是互相独立的利益主体，一损俱损，一荣俱荣。厂家发展好了，经销商背靠大树好乘凉，也能依靠自己的努力，乘着厂家的发展势头取得进步，得到相应的利润。

因此，依照生意的逻辑，经销商要严格按照厂家的各项规章制度办事，在合作中有礼有节，在基本操作层面建立基本的信任。这在本章前面的各个部分中都做了详细的阐述，都是一些行之有效的操作方法，经销商可以逐一落实，肯定会取得很好的效果。

**2. 厂商是各自成长路上的陪伴者，生意只是一个道具**

人生是一场旅程，正好有这个生意为道具，厂商双方携手一起，共同开始了一段旅程，有了共同的目标和愿景，双方会走得更远、更有意义。

首先，双方要理念一致，或者互相认可。只要理念相同，即使过程中发生一些小的误会和摩擦，也能在大原则下求同存异，寻求平衡点，不至于分道扬镳。

其次，要有互相成就之心，利他之心。双方都要在实现双赢的原则下，尽可能为对方多做一些有价值的事情，换位思考，互相成全。

### （三）经销商构建和谐厂商关系的操作

俗话说：“人做好了，生意自然好了。”做生意的同时，也是人与人的交往过程，擅长人际交往的经销商更容易获得厂家的认可。经销商们也希望配合好厂家，以争取到更好、更多、更快的资源支持，经销商会用自己的方式处理与厂家人员的关系。比如，生意人讲究礼尚往来，逢年过节，经销商会给厂家人员送些礼物以表心意；厂里领导来区域市场考察或者亲属来旅游观光，经销商更是做好吃住行接待安排，尽地主之谊。但这些终究不是合理的方式，不是长久之计。

那么，经销商如何与厂家建立健康、和谐、互惠互利的厂商关系呢？经销商可以从以下五个方面加以实践。

#### 1. 认可厂家的经营理念

厂家的经营理念在实际落地时有多种表现形式，如厂家强调社会责任，建立了互帮互助的慈善公益平台，定期组织弱势群体的关爱活动。经销商认可这种方式，就可以建立自己的义工队，学习厂家的做法，以厂家为榜样。通过这样的形式，更容易在一些大的事情上达成共识，有助于长期发展。

#### 2. 认可厂家的管理制度

经销商认可厂家的管理制度并带头执行只是第一步，通常情况下，厂家是经销商的学习榜样，通过学习提升自己的管理水平。由于经销商身处一线，面临着更为复杂的市场竞争，必然会出现厂家制度未能涵盖的事项，经销商就应该提出建议，协助厂家完善管理制度，倒逼厂家提高管理水平。

在合作的过程中，如果厂家推行的某项管理制度是经销商主导制定的，想必该经销商必然会在厂家的发展历程上做出很大的贡献，必然会得到厂家的尊重和认可。

#### 3. 主动参与厂家组织的活动

经销商要积极参加厂家组织的各项活动，及时了解厂家的运作方法和各种政策，始终与厂家保持一致。比如，厂家组织的新品研讨会、管理培训会、市场策略会、各项体育文化活动等，只要厂家有邀请，就不要错过厂家提供的绝佳的学习机会，经销商都应该做好充分的准备，同时贡献自己的市场信息和合理化建议。

事实上，厂家通过组织经销商参与的会议尝到了甜头。比如，有的厂家很多新产品的成功研发都有经销商的智慧参与，由于有了经销商提供的真实的一线市场信息，新产品适销对路，取得了很好的经营效益。

经销商要创造机会，邀请厂家人员来参与自己的活动，让厂家人员感受到自己对品牌的重视。比如，经销商乔迁新址、举办年终晚会，都可以邀请厂家的人员。这对双方关系的稳固会起到促进作用。

**4. 成就厂家的相关人员**

厂家和经销商接触最多的人就是负责区域的业务人员，他是厂商合作的纽带，对区域市场的成功运作起到重要作用。经销商要有成就他人之心，尊重他人之心。而经销商对业务人员最大的成就体现在两个方面。

其一，完成既定的目标任务，让业务人员得到高额报酬，这是最基本的。经销商要在业务人员的配合和指导下，每年保持业绩增长，争取在所有经销商中处于第一的位置，这样业务人员也为之感到自豪。同时，业务人员在公司内部处理经销商的相关事务时也能一路绿灯，其他部门会积极配合。很多优秀的经销商都有类似的体会，经销商去厂家拜访，都能受到厂家最高规格的接待。

其二，协助业务人员提升工作技能。经销商给业务人员提供了一个历练的大平台，如果业务人员通过在该区域一年的努力，工作能力和视野都得到了很大的提升，升职又加薪，经销商真的成了业务人员人生中的贵人。一些新入职的业务人员更需要这样的机会。经销商能成就业务人员，公司经营也能有大的发展。如果业务人员由于职位升迁调离本区域市场，经销商也要坦然接受，为业务人员的升职而感到欣慰和自豪，这才是优秀经销商该有的格局和境界。

**5. 灵活应对厂家的人员变动**

经销商最担心的是厂家人员频繁变动，特别是高层及区域业务人员变动，每次变动都要重新构建关系，或多或少会给经销商带来一定的影响。经销商需要熟悉区域业务人员的为人和能力水平能否辅助自己。对于高层变动，经销商要了解新领导的市场策略，调整思路。但这些调整都是经销商不能改变的，厂家都有调整的原因，经销商唯一能做的就是顺应变化，灵活调整自己的行为，做好当前的市场，尽可能减少对自己的影响。

【思考】

作为经销商，你在建立厂家关系方面有哪些心得体会？请根据以上板块内容的阐述，总结提炼出属于自己的成功之道。如表 7－30 所示。

表 7－30　厂商关系建设经验汇总表

| 序号 | 你的经验 | 具体操作要点 |
|---|---|---|
| 1 | | |
| 2 | | |
| 3 | | |
| 4 | | |
| 5 | | |
| 6 | | |

| 老板·创业 | | | |
|---|---|---|---|
| **一、经理人** | | | |
| 书名 | 内容 | 书名 | 内容 |
| 老总有想法，高层有干法<br>王清华　著 | 企业将、帅之间的定位问题、角色问题、方法问题、思维问题、管理问题等 | 历史深处的管理智慧1：组织建设与用人之道<br>刘文瑞　著 | 通过历史鉴照当今企业选人用人、二代接班人、创业团队管理等问题 |
| 历史深处的管理智慧2：战略决策与经营运作<br>刘文瑞　著 | 通过历史鉴照当今企业决策、战略规划、战略冒进、决策监督等问题 | 历史深处的管理智慧3：领导修炼与文化素养<br>刘文瑞　著 | 通过历史鉴照当今企业的领导修养、用权、管理风格等问题 |
| 老板经理人双赢之道<br>陈　明　著 | 经理人怎养选平台、怎么开局，老板怎样选/育/用/留 | | |
| **二、用人** | | | |
| 用好骨干员工<br>王　敏　著 | 系统化分享关键人才打造与激励方法 | 领导这样点燃你的下属<br>孟广桥　著 | 领导者如何才能让员工积极主动地工作 |
| 让用人回归简单<br>宋新宇　著 | 帮助管理者抓住用人的要害，让用人变得简单 | | |
| **三、转型·创业** | | | |
| 创业要过哪些坎<br>董　坤　著 | 15年创业咨询经验总结的创业遇到的问题及办法 | 高潜牛人<br>董　坤　著 | 创业和事业发展中如何找到牛人 |
| 成为下一个SaaS独角兽<br>崔牛会　主编 | 19位SaaS领专家，7个不同的视角总结SaaS行业实践 | 创模式：23个行业创新案例<br>段传敏　著 | CEO社群23位企业家的思考与实践分享。 |
| 重生——中国企业的战略转型<br>施　炜　著 | 本书对中国企业战略转型的方向、路径及策略性举措提出了建议和意见。 | 7个转变，让公司3年胜出<br>李　蓓　著 | 企业估值、业务模式、营销、生产制造、客户服务、用户黏性到组织管理7个转变 |
| 企业二次创业成功路线图<br>夏惊鸣　著 | 五步骤给出了一幅企业二次创业经营突破、管理提升的成功路线图 | 跟老板“偷师”学创业<br>吴江萍　余晓雷　著 | 如何通过“偷师”学习与积累当老板的阅历 |
| 公司由小到大要过哪些坎<br>卢　强　著 | 企业成长路线图，现在我在哪，未来还要走哪些路，都清楚了 | 跳出同质思维，从跟随到领先<br>郭　剑　著 | 66个精彩案例剖析，帮助老板突破行业长期思维惯性 |
| 企业经营 | | | |
| 经营打造你的盈利系统<br>高可为　著 | 选择最有效的经营策略，打造属于自己的商业模式 | 中国企业的觉醒<br>王　涛　著 | 企业告别自私、野蛮，转向善良、爱，才会赢得消费者 |
| 成为敏感而体贴的公司<br>王　涛　著 | 未来有竞争力的企业，一定是那些敏感而体贴的公司！ | 有意识的思考<br>王　涛　著 | 对头脑中固有观念保持觉察，从而超越它们的局限 |
| 简单思考<br>孔祥云　著 | 著名咨询公司（AMT）CEO创业历程中的经验与思考 | 写给企业家的公司与家庭财务规划<br>周荣辉　著 | 以企业的发展周期为主线，写各阶段企业与企业主家庭的财务规划 |

续表

| 书名 | 内容 | 书名 | 内容 |
| --- | --- | --- | --- |
| 从10亿到100亿的企业顶层设计<br>刘建兆　著 | 重新定义企业成长方式，有效益、有效率、有效能、有效果、有品质的良性成长。 | 活系统：跟任正非学当老板<br>孙行健　尹贤　著 | 造活系统，使系统活，靠系统活，活得系统。 |
| 宗：一位制造业企业家的思考<br>刘建兆　著 | 发展20年营业额近亿元制造业企业家的思考与心得 | 使命：驱动企业成长<br>高可为　著 | 用大企业发展轨迹及企业家的心路历程，揭示企业成长的基因，做事的逻辑 |
| 让经营回归简单<br>宋新宇　著 | 战略、客户、产品、员工、成长、经营者的经营法则 | 边干边学做老板<br>黄中强　著 | 86个案例讲述中小公司成长过程遇到的问题和方法 |
| 盈利原本就这么简单<br>高可为　著 | 跨越业务与财务边界，为企业提高盈利水平提供方法。 | | |
| 综合管理 | | | |
| 一、企业管理 | | | |
| 让管理回归简单<br>宋新宇　著 | 从目标、组织、决策、授权、人才、老板自己等提供方案 | 管理的尺度<br>刘文瑞　著 | 西医式的体检化验，又要施加中医式的望闻问切 |
| 管理：以规则驾驭人性<br>王春强　著 | 人性驾驭角度权度运筹安排的可兑现性，管理有效性 | 看电影，学管理<br>刘文瑞　著 | 十六部电影的解读，揭示电影内含的管理之道 |
| 好管理　靠修行<br>曾伟　著 | 从佛法、道法思想中寻找管理智慧 | 公司大了，怎么管<br>金国华　著 | 成长型企业发展中的共性问题，通过案例实录解开 |
| 低效会议怎么改<br>王玉荣　葛新红　著 | 从梳理公司会议体系的层面改变低效会议的现状 | 年初订计划年尾有结果<br>郭晓　著 | 总结七步落地方案让战略计划切实落地实现 |
| 分股合心<br>段磊　周剑　著 | 围绕股权激励，详细介绍相关知识和实行方法 | 员工心理学超级漫画版<br>邢磊　著 | 漫画形式对组织中个体心理的全面介绍和深入探讨 |
| 让投诉客户满意离开<br>孟广桥　著 | 投诉法律法规，应对各种投诉技巧等提升客诉能力 | | |
| 二、管理思想 | | | |
| 管理学的奠基者<br>刘文瑞　著 | 近代以来的管理思想发展揭示管理思想的演化奥秘 | 巴纳德组织理论研读<br>郭威　著 | 深度研读巴纳德《经理人员的职能》，帮你理解和看懂 |
| 管理学在中国<br>刘文瑞　著 | 科学看待管理学流入中国，对继承发展进行深入阐述 | 德鲁克管理学<br>张远凤　著 | 以德鲁克管理思想发展为线展示20世纪管理学发展 |
| 德鲁克与他的论敌们<br>罗珉　著 | 德鲁克与马斯洛、戴明等诸多管理大师论战的故事 | 德鲁克管理思想解读<br>罗珉　著 | 作为德鲁克学生全面解构其思想的精髓与实践价值 |
| 治论：中国古代管理思想<br>张再林　著 | 深入分析中国古代哲学基本精神的基础上，梳理分析了儒法墨三家的管理思想 | | |

续表

| 营销·销售 | | | |
|---|---|---|---|
| 一、企业销售 | | | |
| 书名 | 内容 | 书名 | 内容 |
| 大客户销售这样说这样做<br>陆和平　著 | 大客户销售活动的十大模块，68个典型销售场景 | 向高层销售<br>贺兵一　著 | 销售人员与客户高层打交道需要重点掌握的知识、技巧 |
| 资深大客户经理<br>叶敦明　著 | 将大客户经理必须具备的规划、策略、执行三种能力连通自如 | 成为资深的销售经理<br>陆和平　著 | 让销售经理成功把握销售管理6个关键点，并提供工具 |
| 销售是个专业活<br>陆和平　著 | 据客户采购流程拆分销售过程10阶段，讲解方法技巧 | 学话术　卖产品<br>张小虎　著 | 手机、电动车、家电、食品等消费品的一线销售话术 |
| 二、企业营销 | | | |
| 新营销组织力<br>迪智成　著 | 适应最新数字化外部环境，系统化协同组织能力建设 | 营销按钮<br>老　苗　著 | 讲述存在于人性以及各个营销环节中的"按钮" |
| 精品营销战略<br>杜建君　著 | "精品营销战略"核心逻辑与营销组合策略 | 360°谈营销<br>王清华　古怀亮　著 | 营销是立体的，从不同角度观察不同企业的营销精髓 |
| 互联网精准营销<br>蒋　军　著 | 互联网时代整3体策划、包装品牌和产品 | 招招见销量的营销常识<br>刘文新　著 | 做好基本的营销动作都可以提高销量、减低成本 |
| 用数字解放营销人<br>黄润霖　著 | 用数字说话覆盖营销工作的方方面面 | 用营销计划锁定胜局<br>黄润霖　著 | 让营销计划落地，营销人员只需解决两个问题：基数与概率 |
| 我们的营销真案例<br>联纵智达研究院　著 | 五芳斋粽子、诺贝尔瓷砖、利豪家具、保健品、娃哈哈 | 中国营销战实录<br>联纵智达研究院　著 | 51个案例，46家企业，46万字，18年积淀 |
| 弱势品牌如何做营销<br>李政权　著 | 产品与物流通道、服务通道、促销互动通路提供方法 | 解决方案营销实战案例<br>刘祖轲　著 | 十大工业品作者实操案例解码解决方案营销 |
| 升级你的营销组织<br>程绍珊　吴越舟　著 | 根据企业实际情况建立有机性营销组织 | 变局下的营销模式升级<br>程绍珊　叶　宁　著 | 十年大量案例归纳三种核心驱动要素，三种升级方向 |
| 老板如何管营销<br>史贤龙　著 | 以十六个招式，理论与案例相结合，高段位营销方法 | 孙子兵法营销战<br>刘文新　著 | 理解《孙子兵法》原意的同时，还可体悟到营销之用 |
| 三、品牌 | | | |
| 中国品牌营销十三战法<br>朱玉童　著 | 深度演绎最符合企业品牌营销策划的十三套实战战法 | 中小企业如何打造区域强势品牌<br>吴　之　著 | 如何建立强势品牌的角度解析扩张难题 |
| 四、营销策划 | | | |
| 这样写文案，就没有卖不动的产品<br>秦　剑　刘安丽　著 | 术、法、道三个层面由浅至深培养商业文案创作能力 | 洞察人性的营销战术<br>沈　坤　著 | 介绍了28个匪夷所思的营销怪招，大部分甚至可以直接运用 |

续表

| 书名 | 内容 | 书名 | 内容 |
|---|---|---|---|
| **双剑破局：沈坤营销策划案例集**<br>沈　坤　著 | 双剑公司8年来的实操案例，每个项目诞生过程、策划角度和方法 | | |
| **企业案例** | | | |
| **鲁花：一粒花生撬动的粮油帝国**<br>余　盛　著 | 鲁花如何成长为优秀的带动农业产业发展的品牌，鲁花你一定学得会 | **金龙鱼背后的粮油帝国**<br>余　盛　著 | 以金龙鱼为脉的一部中国粮油行业的史诗 |
| **你不知道的加多宝**<br>曲宗恺　牛玮娜　著 | 以时间为轴线，详细叙述了加多宝品牌的发展历程 | **静水流深**<br>黄治国　著 | 作者在美的十五年对何享健近内部讲话资料的整理 |
| **娃哈哈区域标杆**<br>罗宏文　快车君<br>赵晓萌　寇尚伟 | 讲娃哈哈豫北市场如何成为娃哈哈全国第一大市场、全国增量第一的市场 | **借力咨询：德邦成长背后的秘密**<br>官同良　王祥伍　著 | 德邦将自己积累的与咨询公司发展共赢的合作逻辑和盘托出 |
| **六个核桃凭什么从0过100亿**<br>张学军　著 | 全视角深度解读养元企业的裂变成长，复盘十年蜕变轨迹 | **像六个核桃一样**<br>王　超　著 | 六个核桃为什么卖得这么好，产品畅销的6大要义36条简明法则 |
| **中国首家未来超市**<br>IBMG集团　著 | 对乐城超市的掌门人及内部员工的采访详细阐释了乐城的经验 | **三四线城市超市如何快速成长：解密甘雨亭**<br>IBMG集团　著 | 甘雨亭的许多关键经营指标均高于行业标准，学习其成功的方法 |
| **集团化企业阿米巴实战案例**<br>初勇钢　著 | 作者在某酒厂推行阿米巴经营模式的心得 | | |
| **经销商** | | | |
| **新经销：新零售时代教你做大商**<br>黄润霖　著 | 探访近100位经销商在传统营销手法上的创新，传统营销微创新和新营销本地化 | **商用车经销商运营实战**<br>杜建君　王朝阳<br>章晓青　著 | 对商用车经销商的经营与管理、4S店运营做了全方面的系统总结 |
| **跟行业老手学经销商开发与管理**<br>黄润霖　著 | 从管理耐用消费品经销商角度提炼了48个代表性问题并给出解决办法 | **快消品经销商如何快速做大**<br>黄润霖　著 | 经销商如何通过经营实现规模，通过管理实现规模效益 |
| **建材家居经销商实战42章经**<br>王庆云　著 | 经营管理的心法和战法，帮助经销商成为“业务妙手”和“管理能手” | **成为最赚钱的家具建材经销商**<br>李治江　著 | 针对建材家居行业的经销商，从销售模式、产品、门店、市场等方面给出方法 |
| **白酒经销商的第一本书**<br>唐江华　著 | 经销商如何选择厂家、合作、运营品牌等问题给建议 | **快消品招商的第一本书**<br>刘　雷　著 | 从招商理论到招商动作进行系列化分解，化繁为简 |
| **中小企业** | | | |
| **中小企业如何打造区域强势品牌**<br>吴　之　著 | 如何建立强势品牌的角度解析扩张难题 | **用流程解放管理者**<br>张国祥　著 | 8个板块构成，共66篇文章，14幅流程管理图 |
| **用流程解放管理者2**<br>张国祥　著 | 对中小企业规范化流程管理进行系统的阐述 | **弱势品牌如何做营销**<br>李政权　著 | 产品与物流通道、服务通道、促销互动通路提供方法 |

续表

| 书名 | 内容 | 书名 | 内容 |
| --- | --- | --- | --- |
| **本土化人力资源管理8大思维**<br>周　剑　著 | 用最贴近中国中小企业现实管理情境的案例去讲述周围人的“家事” | **中小农业企业品牌战法**<br>韩　旭　著 | 农业企业需要全产业链视野，更需要品牌实战方法 |
| **门店销售冠军复制系统**<br>王吉坤　著 | 门店型企业如何打造可复制的销售冠军系统，凡是门店型企业都可以使用 | **新零售动作分解与实操：建材·家居·家具**<br>盛斌子　著 | 对泛家居行业趋势、店面管理、团队管理、促销推广、五感营销等提供策略 |
| **家具建材促销与引流**<br>薛　亮　李永锋　著 | 对泛家居营销执行模式和工具、关键环节等进行汇总 | **建材家居门店6力爆破**<br>贾同领　著 | 产品力、导购力、形象力、推广力、服务力、组织力 |
| **家具行业操盘手**<br>王献永　著 | 总结家具终端门店发展的现状及问题并给出策略 | **手把手教你做专业督导**<br>熊亚柱　著 | 系统梳理督导的核心技能，岗位职责、工作流程及技能 |
| **手把手帮建材家居导购业绩倍增**<br>熊亚柱　著 | 针对建材家居门店的业务人员，案例故事还原场景教你成为好导购 | **10步成为最棒的建材家居门店店长**<br>徐伟泽　著 | 梳理店长管理的核心工作职责，店面管理规范和帮助销售人员成长 |
| **建材家居门店销量提升**<br>贾同领　著 | 9个板块讲述建材门店一个单店如何做到经营的良性循环 | **总部有多强大，门店就能走多远**<br>IBMG集团　著 | 五大方向综合阐述连锁零售企业总部如何提升管理能力 |
| **赚不赚钱靠店长，从懂管理到会经营**<br>孙彩军　著 | 注重专卖店的经营思路拓展，门店管理细节方面能力提升 | **新医改了，药店就要这样开**<br>尚　锋　著 | 从药店定位的思考，内部和会员管理等几个方面探讨中小型药店发展方向 |
| **门店管理** | | | |
| **电商来了，实体药店如何突围**<br>尚　锋　著 | 新时代药店经营三驾马车：药学专业服务、会员贴心服务和精准定向促销 | **引爆药店成交率1：店员导购实战**<br>范月明　著 | 药店人的零售工作怎样接待顾客，完善销售技巧 |
| **引爆药店成交率2：药店经营实战**<br>范月明　著 | 从药店经营角度如何建立改善门店现状的实用标准 | **引爆药店成交率：专业化销售解决方案**<br>范月明　著 | 从简单的拿药服务到提供多角度的专业解决方案 |
| **互联网** | | | |
| **一、互联网转型** | | | |
| **画出公司的互联网进化路线图**<br>李　蓓　著 | 18个“可以……吗”的问题作为你产品、客户和价值方面的指引牌 | **7个转变，让公司3年胜出**<br>李　蓓　著 | 企业估值、业务模式、营销、生产制造、客户服务、用户黏性到组织管理7个转变 |
| **重生战略移动互联网和大数据时代的转型法则**<br>沈　拓　著 | 四个重生战略对应四个法则告知传统企业的转型重生之路 | **创造增量市场：传统企业互联网转型之道**<br>刘红明　著 | 为读者提供了寻找这些互联网的切入点和接触点的具体方法，带来增量市场 |
| **互联网+变与不变**<br>本土管理实践与创新论坛　著 | 61篇精华文章，聚焦传统行业如何互联网+时代转型 | **今后这样做品牌**<br>蒋　军　著 | 顶层设计、营销创新、产品战略、渠道变革、品牌策略 |
| **移动互联新玩法**<br>史贤龙　著 | 立足现实，剖析新时代背景下的移动互联趋势与热点 | **互联网时代的成本观**<br>程　翔　著 | 多维组合成本的互联网精神和大数据特征及应用 |

续表

| 书名 | 内容 | 书名 | 内容 |
| --- | --- | --- | --- |
| **正在发生的转型升级实践**<br>本土管理实践与创新论坛　著 | 100多位本土管理专家当年对最新一年的思考和实践 | **1000铁杆女粉丝**<br>张兵武　著 | 如何让普通女性成为忠实追随的铁杆粉丝，磁力点、情感结、甜蜜区、信任圈 |
| **混沌与秩序Ⅰ：变革时代企业领先之道**<br>彭剑锋　施　炜<br>苗兆光　王祥伍<br>孙　波　夏惊鸣 | 新环境下企业面临变革应如何应对，作为企业家又应当如何坚守并与企业共同成长提出了深度思考 | **混沌与秩序Ⅱ：变革时代管理新思维**<br>彭剑锋　施　炜<br>苗兆光　王祥伍<br>孙　波　夏惊鸣 | 对处于时代变革下的企业管理新机制、人力资源管理新思维，组织与人的新型关系，结合案例提出优化建议 |
| **消费升级：实践·研究**<br>本土管理实践与创新论坛　著 | 从经营、管理、行业三个方面记录消费升级下的实践 | **互联网精准营销**<br>蒋　军　著 | 互联网时代整体策划、包装品牌和产品 |
| **二、抖音、微信微商、电商** | | | |
| **抖音营销系统**<br>刘大贺　著 | 抖音系统的实战营销知识，上百个从0做大的案例 | **金牌微商团队长**<br>罗晓慧　著 | 微商团队长创业实操的指导工具书 |
| **微商生意经：真实再现33个成功案例操作全程**<br>伏泓霖　罗晓慧　著 | 精心挑选的33个微商成功案例，阐述具体操作过程 | **快速见效的企业微信营销方法**<br>孙　巍　著 | 站在微信生态的立体高度系统讲述企业微信快营销方法论 |
| **阿里巴巴实战运营：14招玩转诚信通**<br>聂志新　著 | 产品定位、阿里巴巴排名因素、数据分析，标题优化等如何做好阿里巴巴 | **阿里巴巴实战运营2：诚信通热卖技巧**<br>聂志新　著 | 打开诚信通运营的金钥匙，10大具体运营技巧 |
| **三、行业新营销** | | | |
| **餐饮新营销**<br>杨　勇　程绍珊　著 | 聚焦餐饮企业转型，系统的餐饮企业营销管理体系 | **新零售进化路径**<br>李政权　著 | 预先复盘新零售及商业的未来，找到方向 |
| **珠宝黄金新营销**<br>崔德乾　著 | 珠宝业新营销/新品牌/新产品/新零售/新连接/新场景/新服务/新传播/新管理 | **新经销：新零售时代教你做大商**<br>黄润霖　著 | 探访近100位经销商在传统营销手法上的创新，传统营销微创新和新营销本地化 |
| **新零售动作分解与实操：建材·家居·家具**<br>盛斌子　著 | 对泛家居行业趋势、店面管理、团队管理、促销推广、五感营销等提供策略 | **新营销**<br>刘春雄　著 | 让品牌商和渠道商掌握获得独立流量的能力，能够与平台商博弈 |
| **快速见效的企业网络营销方法　B2B　大宗B2C**<br>张　进　著 | 数据和案例90%来自作者服务的中小企业，快速全面地学习企业网络营销方法 | **移动互联下的超市升级**<br>联商网专栏　著 | 超市未来的发展趋势，对社区超市、生鲜、全渠道建设、O2O等提出观点 |
| **百货零售全渠道营销策略**<br>陈继展　著 | 零售行业的竞争重点、行业本质，战略转型、未来趋势、经验和案例 | **互联网时代的银行转型**<br>韩友斌　著 | 银行业在互联网金融变革浪潮中所做的积极应对和转型布局 |
| **触发需求：互联网新营销样本·水产**<br>何足奇　著 | 通过鲜誉案例解读阐述水产行业如何进行互联网转型 | **新农资如何弯道超车**<br>刘祖轲　著 | 从农业产业化、互联网转型、行业营销与经营突破四个方面阐述农资企业转型 |

续表

| 书名 | 内容 | 书名 | 内容 |
| --- | --- | --- | --- |
| 新零售　新终端<br>迪智成　著 | 将新零售系统打法做梳理并落地在新终端建设上 | | |
| **医药医疗** | | | |
| **一、药店** | | | |
| 新医改了，药店就要这样开<br>尚　锋　著 | 从药店定位的思考，内部和会员管理等几个方面探讨中小型药店发展方向 | 电商来了，实体药店如何突围<br>尚　锋　著 | 新时代药店经营三驾马车：药学专业服务、会员贴心服务和精准定向促销 |
| 引爆药店成交率1：店员导购实战<br>范月明　著 | 药店人的零售工作怎样接待顾客，完善销售技巧 | 引爆药店成交率2：药店经营实战<br>范月明　著 | 从药店经营角度如何建立改善门店现状的实用标准 |
| 引爆药店成交率：专业化销售解决方案<br>范月明　著 | 从简单的拿药服务到提供多角度的专业解决方案 | | |
| **二、药品销售** | | | |
| 医药第三终端：从控销到动销　诊所　基层医疗<br>王祥君　张芳文　著 | 用大量案例来梳理药企落地动销的策略、方法和技战术 | 医药营销：诊所开发维护与动销<br>张江民　著 | 从六个方面系统阐述基层诊所市场营销攻略 |
| 处方药合规推广实战宝典<br>赵佳震　著 | 对处方药推广体系搭建、推广人员岗位内容等六个方面进行阐述 | 医药代理商经营全指导<br>戴文杰　著 | 从产品选择、价格体系设计、路径管理等维度描述代理商产品操作的基本策略 |
| 处方药零售这样做<br>田　军　著 | 处方药零售的重要性及做市场的具体措施和方法 | OTC医药代表药店开发与维护<br>鄢圣安　著 | 一位从初级OTC医药销售代表成长起来的销售经理的经验分享 |
| OTC医药代表药店销售36计<br>鄢圣安　著 | 以《三十六计》为线，写OTC医药代表向药店销售的一些技巧与策略 | | |
| **三、药企转型** | | | |
| 药企战略·运营与医药产业重构<br>杜　臣　著 | 对医药产业的深度认知与发展趋势结合，战略思考与经营操作相统一 | 医药行业大洗牌与药企创新<br>林延君　沈　斌　著 | 围绕着创新介绍医药行业，介绍近百家医药企业创新实践案例 |
| 医药新营销<br>史立臣　著 | 从药企最关心的八个方面阐述制药企业、医药商业企业营销模式转型 | 医药企业转型升级战略<br>史立臣　著 | 商业模式转型、管理转型、定位转型、运营模式转型和跨界转型五方面阐述转型 |
| 新医改下的医药营销与团队管理<br>史立臣　著 | 立足新医改相关政策的解读，为中小医药企业出谋划策 | 在中国，医药营销这样做<br>段继东　著 | 时代方略在医药营销领域思想、方法文章的精选合集 |
| **四、新医疗** | | | |
| 成为医疗器械领军者<br>王　强　著 | 中小型医疗器械生产企业和代理商怎样转型 | 新型诊所经营与创新<br>动脉网　著 | 对新型诊所从标准化管理、经营方式、团队建设、连锁模式四个方面进行解读 |

续表

| 书名 | 内容 | 书名 | 内容 |
|---|---|---|---|
| 医美新风口：颜值经济下的亿万市场<br>动脉网　著 | 详细介绍中国医疗美容行业的发展趋势，现状以及医美产业链等 | 互联网医院：正在发生的医疗新变革<br>动脉网　著 | 介绍互联网医院的建设与运营、管理，发展模式和市场布局，以及发展规律 |
| 快消品 | | | |
| 一、快消案例 | | | |
| 中国快消品营销这些年<br>史贤龙　著 | 一本书浓缩快消品营销15年的实战历程与前沿思考 | 这样打造大单品<br>迪智成　著 | 通过13个大案例帮助企业梳理打造大单品的路径 |
| 你不知道的加多宝<br>曲宗恺　牛玮娜　著 | 以时间为轴线，详细叙述了加多宝品牌的发展历程 | 娃哈哈区域标杆<br>罗宏文　快车君<br>赵晓萌　寇尚伟 | 讲娃哈哈豫北市场如何成为娃哈哈全国第一大市场、全国增量第一的市场 |
| 六个核桃凭什么从0过100亿<br>张学军　著 | 全视角深度解读养元企业的裂变成长，复盘十年蜕变轨迹 | 像六个核桃一样<br>王　超　著 | 六个核桃为什么卖得这么好，产品畅销的6大要义36条简明法则 |
| 5小时读懂快消品营销<br>陈海超　著 | 20年快速消品市场风云洞察解码，丰富的案例解析 | | |
| 二、快消品区域经理 | | | |
| 快消品营销团队管理<br>刘　雷　伯建新　著 | 快消品团队管理相关的20余个工具+20余个案例 | 这样打造快消品区域标杆<br>罗宏文　牛玉龙　著 | 分为两篇解决如何成功打造标杆市场和进行持续增量管理两大问题 |
| 成为优秀的快消品区域经理（升级版）<br>伯建新　著 | 作为区域经理的“速成催化器”，升级版增加11篇内容 | 快消老手都在这样做：区域经理操盘锦囊<br>方　刚　著 | 一线成长起来的资深快消品营销人“压箱底”绝活亲囊而授 |
| 快消品营销人的第一本书<br>刘雷　伯建新　著 | 针对一线厂家业务员工作中常遇到的问题给予建议 | 销售轨迹：一位快消品营销总监的拼搏之路<br>秦国伟　著 | 一个普通营销人的故事，16年背井离乡的职场拼搏之路 |
| 快消品营销：一位销售经理的工作心得2<br>蒋　军　著 | 从市场操作、团队管理、传播推广、营销的具体策略和战略等方面提供方法 | | |
| 三、快消品动销 | | | |
| 动销：产品是如何畅销起来的<br>余晓雷　著 | 怎么被消费者买走和竞争对手是谁这两个原点解决动销问题 | 动销操盘：节奏掌控与社群时代新战法<br>朱志明　著 | 用七个章节阐述关于动销操盘的要诀，节点、节奏、主次、条件匹配性等问题 |
| 动销四维：全程辅导与新品上市<br>高继中　著 | 从产品、渠道、促销和新品上市四个方面详细讲解提高动销的具体方法 | | |
| 四、快消品渠道 | | | |
| 深度分销<br>施　炜　著 | 流道价值链、模式选择、渠道策略与管理、零售经销商管理、最佳实践、团队建设 | 通路精耕操作全解周俊<br>陈小龙　著 | 对康师傅制胜法宝通路精耕进行系统介绍与说明，图表和完善入微的操作方法 |

续表

| 书名 | 内容 | 书名 | 内容 |
|---|---|---|---|
| **酒水饮料快消品餐饮渠道营销手册**<br>朱伟杰　著 | 对餐饮渠道深入挖掘，建立适合餐饮渠道发展的服务模式和组织保障措施 | **快消品经销商如何快速做大**<br>杨永华　著 | 经销商如何通过经营实现规模，通过管理实现规模效益 |
| **快消品营销与渠道管理**<br>谭长春　著 | 解决日常涉及的渠道管理、市场、产品等营销事务 | **快消品招商的第一本书**<br>刘　雷　著 | 从招商理论到招商动作进行系列化分解，化繁为简 |
| **采纳方法：化解渠道冲突**<br>朱玉童　著 | 21个最新的渠道冲突案例立体地介绍渠道冲突的现象和方法 | | |
| **五、快消品企业战略** | | | |
| **重构：快消品企业重生之道**<br>杨永华　著 | 从战略，品牌，市场，产品，营销，系统，管理7个方面进行重构 | **变局下的快消品实战策略**<br>杨永华　著 | 从5个角度针对快消品企业如何应对行业变局给出答案 |
| **新营销**<br>刘春雄　著 | 让品牌商和渠道商掌握获得独立流量的能力，能够与平台商博弈 | **采纳方法：破解本土营销8大难题**<br>朱玉童　著 | 破解困扰营销人的八大难题变给出解决方法 |
| **白酒营销培训宝典：复制高业绩**<br>刘孝鞅　著 | 总结白酒营销人员系统运作市场的要点，转化为易学可复制的动作和工具表单 | **酒水饮料快消品餐饮渠道营销手册**<br>朱伟杰　著 | 对餐饮渠道深入挖掘，建立适合餐饮渠道发展的服务模式和组织保障措施 |
| **白酒营销的第一本书**<br>唐江华　著 | 多角度阐释白酒一线市场操作的最新模式和方法 | **白酒经销商的第一本书**<br>唐江华　著 | 经销商如何选择厂家、合作、运营品牌等问题给建议 |
| **白酒到底如何卖**<br>赵海永　著 | 多角度地阐释了白酒一线市场操作的最新模式和方法 | **白酒到底如何卖2：从市场培育到动销**<br>赵海永　著 | 系统化、标准化、模式化的促成动销的实战操作方式和方法 |
| **变局下的白酒企业重构**<br>杨永华　著 | 白酒企业重构期的营销战略与实操策略6大方法 | **酒业转型大时代**<br>微　酒　著 | 酒水营销、新闻资讯及行业分析、预测的知识宝典 |
| **区域型白酒企业营销必胜法则**<br>朱志明　著 | 以36条法则从战略、营销、推广、产品线、品牌、市场、战术、等方面提供方法 | **10步成功运作白酒区域市场**<br>朱志明　著 | 从市场攻守、产品攻略、新品上市、占领渠道、促销等十个层面阐述 |
| **茶·调味品·油·乳业** | | | |
| **营销中国茶：2小时读懂茶叶营销**<br>史贤龙　著 | 中国茶营销的“困局”“破局”和“创举” | **中国茶叶营销第一书**<br>柏　龑　著 | 纵览中国茶叶市场的全局，并且有针对性地提出问题并阐述解决方法 |
| **调味品营销第一书**<br>陈小龙　著 | 15年监控中国市场50个中外著名调味品品牌市场运作、管理等得到的经验总结 | **调味品企业八大必胜法则**<br>张　戟　著 | 提炼了调味品企业八大规律性的关键成功要素 |
| **食用油营销的第一本书**<br>余　盛　著 | 从小包装油行业概述到产品的基本知识，从基本执行动作到品牌整体策划等 | **鲁花：一粒花生撬动的粮油帝国**<br>余　盛　著 | 鲁花如何成长为优秀的带动农业产业发展的品牌，鲁花你一定学得会 |

续表

| 书名 | 内容 | 书名 | 内容 |
|---|---|---|---|
| 金龙鱼背后的粮油帝国<br>余　盛　著 | 以金龙鱼为脉的一部中国粮油行业的史诗 | 乳业营销的第一本书<br>侯军伟　著 | 区域型乳品企业如何才能够稳健的发展 |
| 工业品 | | | |
| 一、工业品销售 | | | |
| 大客户销售这样说这样做<br>陆和平　著 | 大客户销售活动的十大模块，68个典型销售场景 | 销售是个专业活　B2B<br>陆和平　著 | 据客户采购流程拆分销售过程10阶段，讲解方法技巧 |
| 成为资深的销售经理：B2B　工业品<br>陆和平　著 | 让销售经理成功把握销售管理6个关键点，并提供工具 | 一切为了订单：订单驱动下的工业品营销实践<br>唐道明　著 | 以订单流程的三个环节为主线讲述工业品营销管理新思路 |
| 二、工业品营销 | | | |
| 工业品营销管理实务（第4版）<br>李洪道　著 | 是信任导向工业品营销体系的深化版、工业品营销管理体系优化咨询升级版 | 工业品企业如何做品牌<br>张东利　著 | 为当下中国制造的品牌化转型提供经过实践证明的理念、方法和体系 |
| 工业品市场部实战全指导<br>杜　忠　著 | 解决职能不清、市场部五大职能如何运作、职业发展路径等具体问题 | 解决方案营销实战案例<br>刘祖轲　著 | 十大工业品作者实操案例解码解决方案营销 |
| 资深大客户经理：策略准　执行狠<br>叶敦明　著 | 将大客户经理必须具备的规划、策略、执行三种能力连通自如 | | |
| 三、工业品企业 | | | |
| 变局下的工业品企业7大机遇<br>叶敦明　著 | 探索工业品企业成长的新机会，7大战略与战术性机会 | 两化融合管理体系贯标流程与方法<br>戴　勇　著 | 融合五十多家企业在两化融合贯标过程的经验，总结重点与举措 |
| 丁兴良讲工业4.0<br>丁兴良　著 | 多角度阐述中国在工业4.0的机遇和挑战 | | |
| 建材家居 | | | |
| 一、建材家居门店 | | | |
| 家居建材促销与引流<br>薛　亮　李永锋　著 | 对泛家居营销执行模式和工具、关键环节等进行汇总 | 新零售动作分解与实操：建材·家居·家具<br>盛斌子　著 | 对泛家居行业趋势、店面管理、团队管理、促销推广、五感营销等提供策略 |
| 家具行业操盘手<br>王献永　著 | 总结家具终端门店发展的现状及问题并给出策略 | 手把手教你做专业督导<br>熊亚柱　著 | 系统梳理督导的核心技能，岗位职责、工作流程及技能 |
| 手把手帮建材家居导购业绩倍增<br>熊亚柱　著 | 针对建材家居门店的业务人员，案例故事还原场景教你成为好导购 | 10步成为最棒的建材家居门店店长<br>徐伟泽　著 | 梳理店长管理的核心工作职责，店面管理规范和帮助销售人员成长 |
| 建材家居门店销量提升<br>贾同领　著 | 9个板块讲述建材一个单店如何做到经营的良性循环 | 建材家居门店6力爆破<br>贾同领　著 | 产品力、导购力、形象力、推广力、服务力、组织力 |
| 二、建材家居经销商 | | | |
| 新经销：新零售时代教你做大商<br>黄润霖　著 | 探访近100位经销商在传统营销手法上的创新，传统营销微创新和新营销本地化 | 建材家居经销商42章经<br>王庆云　著 | 经营管理的心法和战法，帮助经销商成为“业务妙手”和“管理能手” |

续表

| 书名 | 内容 | 书名 | 内容 |
| --- | --- | --- | --- |
| **成为最赚钱的家具建材经销商**<br>李治江　著 | 针对建材家居行业的经销商，从销售模式、产品、门店、市场等方面给出方法 | | |
| **三、建材家居企业** | | | |
| **定制家居黄金十年**<br>韩　锋　翁长华　著 | 对中国定制家居行业20年发展历程深度、系统、专业的解读 | **建材家居营销：除了促销还能做什么**<br>孙嘉晖　著 | 探索家居建材行业营销的革命，回顾和思考来发现行业“营销天花板”的突破口 |
| **建材家居营销实务：新环境、新战法**<br>程绍珊　杨鸿贵　著 | 针对建材家居市场特点提出以客户价值为基础的整体营销价值链 | | |
| **零货·超市·百货** | | | |
| **新零售进化路径**<br>李政权　著 | 预先复盘新零售及商业的未来，找到方向 | **新零售　新终端**<br>迪智成　著 | 将新零售系统打法做梳理并落地在新终端建设上 |
| **移动互联下的超市升级**<br>联商网　著 | 超市未来的发展趋势，对社区超市、生鲜、全渠道建设、O2O等提出观点 | **百货零售全渠道营销策略**<br>陈继展　著 | 零售行业的竞争重点、行业本质，战略转型、未来趋势、经验和案例 |
| **超市卖场定价策略与品类管理**<br>IBMG集团　著 | 零售企业的市场拓展与商品定位、商品结构与商品陈列、毛利分析与库存分析 | **连锁零售企业招聘与培训破解之道**<br>IBMG集团　著 | 围绕零售企业组织架构、培训体系建设等内容进行深刻探讨 |
| **总部有多强大，门店就能走多元**<br>IBMG集团　著 | 五大方向综合阐述连锁零售企业总部如何提升管理能力 | **三四线城市超市如何快速成长：解密甘雨亭**<br>IBMG集团　著 | 甘雨亭的许多关键经营指标均高于行业标准，学习其成功的方法 |
| **中国首家未来超市：解密安徽乐城**<br>IBMG集团　著 | 对乐城超市的掌门人及内部员工的采访详细阐释了乐城的经验 | **零售：把客流变成购买力**<br>丁　昀　著 | 通过大量的实际案例对中国零售业态的升级转型之路提出思考 |
| **餐饮·服装·影院** | | | |
| **餐饮新营销**<br>杨　勇　程绍珊　著 | 聚焦餐饮企业转型，系统的餐饮企业营销管理体系 | **电影院的下一个黄金十年**<br>李保煜　著 | 介绍了中国电影产业的运作模式以及电影院的开发、设计思路 |
| **餐饮企业经营策略第一书**<br>吴　坚　著 | 阐述餐饮企业产品之道、市场之道、顾客之道及盈利之道 | **赚不赚钱靠店长，从懂管理到会经营**<br>孙彩军　著 | 注重专卖店的经营思路拓展，门店管理细节方面能力提升 |
| **农牧业** | | | |
| **一、农资** | | | |
| **饲料营销有方法**<br>陈石平　著 | 饲料营销的7大核心命题 | **农资营销实战全指导**<br>张　博　著 | 深度营销在农资市场行之有效的营销策略和工具 |
| **新农资如何弯道超车**<br>刘祖轲　著 | 从农业产业化、互联网转型、行业营销与经营突破 | | |

续表

| 书名 | 内容 | 书名 | 内容 |
| --- | --- | --- | --- |
| **二、农牧企业** | | | |
| **中国牧场管理实战**<br>黄剑黎　著 | 牧场管理标准、管理制度、操作规程做出剖析和指引 | **中小农业企业品牌战法**<br>韩　旭　著 | 农业企业需要全产业链视野，更需要品牌实战方法 |
| **变局下的农牧企业 9 大成长策略**<br>彭志雄　著 | 为农牧企业量身打造了 9 个立足现在、展望未来的成长策略 | **农产品营销实战第一书**<br>胡浪球　著 | 针对 33 个农产品营销的核心问题提供具体招数 |
| **地产·汽车** | | | |
| **一、地产** | | | |
| **中国城市群房地产投资策略**<br>吕俊博　刘　宏　著 | 挖掘主要城市群的现状特征、发展因子、演化趋势、竞争关系等，给出分析建议 | **产业园区/产业地产：规划、招商、实战运营**<br>阎立忠　著 | 认知、规划、招商、运营四方面系统解读产业园区的建设精要和运营技巧 |
| **人文商业地产策划**<br>戴欣明　著 | “全球化视野（创意）” + “人文 +”思维 | | |
| **二、汽车** | | | |
| **商用车经销商运营实战**<br>杜建君　著 | 对商用车经销商的经营与管理、4S 店运营做了全方面的系统总结 | **汽车配件这样卖**<br>俞士耀　著 | 适合轮胎、机油、维修、快保、美容、洗车等汽车服务业态销售实操办法 |
| **润滑油销售：这样说，这样做更有效**<br>张金荣　著 | 总结润滑油销售面对三大客户常遇到的 200 余个营销问题解决方法 | | |
| **投资理财·收购资本** | | | |
| **交易心理分析**<br>马克·道格拉斯<br>【美】　著 | 一语道破赢家的思考方式，并提供了具体的训练方法 | **财报背后的投资机会**<br>蒋　豹　著 | 零基础轻松掌握财务报表的相关知识，快速入门 |
| **写给企业家的公司与家庭财务规划**<br>周荣辉　著 | 以企业的发展周期为主线，写各阶段企业与企业主家庭的财务规划 | **分股合心**<br>段　磊　周　剑　著 | 围绕股权激励，详细介绍相关知识和实行方法 |
| **成功并购 300 问**<br>浩德并购军师联盟　著 | 系统学习资本运作和企业并购知识的金融工具书 | **并购名著阅读指南**<br>叶兴平　著 | 全球 5000 多本并购图书中精选 200 本并进行评价 |
| **阿米巴** | | | |
| **阿米巴经营的中国模式**<br>李志华　著 | 基于阿米巴经典理念提出了适合中国本土的员工自主经营的“1532”模型 | **集团化企业阿米巴实战案例**<br>初勇钢　著 | 作者在某酒厂推行阿米巴经营模式的心得 |
| **中国式阿米巴落地实践之激活组织**<br>胡八一　著 | 划分原则、裂变与整合、组织管控、重新定位、巴长竞聘和组阁 | **中国式阿米巴落地实践之从交付到交易**<br>胡八一　著 | 从 6 个方面阐述经营会计，从交付到交易是成功实施阿米巴的标志 |
| **中国式阿米巴落地实践之持续盈利**<br>胡八一　著 | 企业做平台、平台做成阿米巴、阿米巴做成合伙制 | | |

续表

| 人力资源管理 | | | |
|---|---|---|---|
| **一、绩效·薪酬** | | | |
| 书名 | 内容 | 书名 | 内容 |
| **回归本源看绩效**<br>孙　波　著 | 从目的和概念帮助企业梳理绩效管理与经营的关系 | **走出薪酬管理误区**<br>全怀周　著 | 7个常见薪酬误区入手为企业提供一套系统解决方法 |
| **曹子祥教你做绩效管理**<br>曹子祥　著 | 作者核心授课课程的还原，掌握绩效管理的核心内容 | **曹子祥教你做激励性薪酬设计**<br>曹子祥　著 | 作者28年咨询经验总结，如何进行科学的薪酬体系设计 |
| **二、招聘·面试·培训** | | | |
| **把招聘做到极致**<br>远　鸣　著 | 多年人力资源资深招聘经理多年工作心得提炼 | **把面试做到极致**<br>孟广桥　著 | 一套实用的确定岗位招聘标准、提升面试官技能方法 |
| **人才评价中心漫画版**<br>邢　雷　著 | 用漫画形式写成的人才测评专业书籍 | **世界500强资深培训经理人教你做培训管理**<br>陈　锐　著 | 从构建培训体系、培训组织、培训文化、开发培训资源教你做培训管理 |
| **三、HR高管·劳动法** | | | |
| **经营型HRD**<br>黄渊明　著 | 总结企业HRD如何支撑企业经营成功抓好七件关键事情 | **人才供应链：实现高绩效均衡的人才管理模式**<br>许　锋　著 | 打造人才供应链的四大支柱，十项修炼的完整体系 |
| **新任HR高管如何从0到1**<br>新　海　著 | 到互联网创业型企业担任HRVP，从0到1建立较完善的HR体系 | **人力资源体系与e－HR信息化建设**<br>刘书生　陈　莹<br>王美佳　著 | 6大框架、28个关注点、5大目标、6大优势、166个交付物咨询体系和盘托出 |
| **集团化人力资源管理实践**<br>李小勇　著 | 针对集团型企业人力资源管理急问题，提出科学建议 | **我的人力资源管理笔记**<br>张　伟　著 | 第三方咨询视角跳出“技术方法”看人力资源管理 |
| **人力资源的5分钟劳动法**<br>李皓楠　著 | 入职管理、在职管理、离职管理中遇到的劳动法问题及应对 | | |
| **四、HRBP** | | | |
| **HRBP是这样炼成的之菜鸟起飞**<br>黄渊明　著 | 作者在初步转型HRBP两年时间里摸索实践的亲身经历与总结 | **HRBP是这样炼成的之中级修炼**<br>黄渊明　著 | 结合作者亲身从事HRBP的工作经历，总结HRBP的作战故事 |
| **HRBP高级修炼**<br>黄渊明　著 | 故事方式，HRD角度深度呈现运用HRBP的思维、方法 | | |
| **企业文化** | | | |
| **企业文化落地本土实践**<br>王祥伍　著 | 华夏基石“知信行”模型描绘企业文化落地路线图 | **企业文化的逻辑**<br>王祥伍　著 | 从文化起源深刻剖析文化、效率、企业、企业文化联系 |
| **企业文化定位·落地一本通**<br>王明胤　著 | 企业文化理念传播和落地聚焦的17种方法，解读了近100个实战案例 | **36个拿来就用的企业文化建设工具**<br>海融心胜　著 | 汇集整理了36个通用的企业文化实践工具 |

续表

| 书名 | 内容 | 书名 | 内容 |
|---|---|---|---|
| **企业文化激活沟通**<br>宋杼宸　安　琪　著 | 系统阐述沟通与企业文化的关系，给予企业提升沟通效能的企业文化解决方案 | **企业文化建设超级漫画版**<br>邢　雷　著 | 用漫画形式写成的企业文化建设专业书籍，理论体系和 29 个具体的操作方法 |
| **在组织中绽放自我**<br>朱仁建　著 | 个人与组织之间的关系，文化对组织化形成的影响 | | |
| **流程管理** | | | |
| **营销·研发·供应链业务架构与流程管理**<br>谭勋晖　著 | 对营销、研发、供应链这三大业务流程变革实践经验总结 | **打造集成供应链**<br>王春强　著 | 第一用力在“集成”上，梳理内外部各相关模块及其依赖关系 |
| **人人都要懂流程**<br>金国华　余雅丽　著 | 50 幅流程管理漫画，内部对流程价值理念的高度共识 | **用流程解放管理者**<br>张国祥　著 | 8 个板块构成，共 66 篇文章，14 幅流程管理图 |
| **用流程解放管理者 2**<br>张国祥　著 | 对中小企业规范化流程管理进行系统的阐述 | **跟我们学建流程体系**<br>陈立云　罗均丽　著 | 在《跟我们做流程管理》基础上丰富了标杆实践案例 |
| **16949 质量管理体系落地与全套文件汇编**<br>谭洪华　著 | 对 IATF16949 每个条款讲解采用理解、作用、落地、模板、成功案例四个模块解析 | **ISO9001：2015 制造业文件模板全集**<br>贺红喜　著 | 五篇内容组成的完整的质量管理体系工具文件 |
| **精益质量管理实战工具**<br>贺小林　著 | 四个方面对精益质量管理进行了全方位介绍和解读，并提供大量方法工具 | **五大质量工具详解及运用案例**<br>谭洪华　著 | APQP、FMEA、MSA、SPC、PPAP 这五大质量工具的具体运用 |
| **IATF16949 质量管理体系详解与案例文件汇编**<br>谭洪华　著 | 针对 IATF16949 的标准原文做详细解说，同时提供大量表单案例 | **SA8000：2014 社会责任体系认证实战**<br>吕　林　著 | 将 SA8000 多版本及 10 多年的体系实战经验汇编成书 |
| **ISO9001：2015 新版质量管理体系解读与案例文件汇编**<br>谭洪华　著 | ISO9001：2015 新版标准理解和运用操作进行详细解读 | **ISO14001：2015 新版环境管理体系解读与案例文件汇编**<br>谭洪华　著 | ISO14001：2015 改版后的差别和操作运用进行详细讲解 |
| **精益生产** | | | |
| **一、精益·JIT·IE** | | | |
| **精益思维**<br>刘承元　著 | 作者二十余年企业经营和咨询管理的经验总结 | **比日本工厂更高效**<br>刘承元　著 | 管理提升无极限＋超强经营力＋精益改善里的成功实践 |
| **计划与物流精益改善之道**<br>于晓光　著 | 围绕“计划与物流战略咨询的方法论”进行解析，提供方法论和案例 | **300 张现场图看懂精益 5S**<br>乐　涛　著 | 通过日本丰田、上市企业案例，用 300 张现场图系统讲解 5S 管理 |
| **3A 顾问精益实践 1：IE 与效率提升**<br>党新民　苏迎斌<br>蓝旭日　著 | 系统、全面地介绍 IE 工厂管理技术，提高效率创造价值 | **3A 顾问精益实践 2：JIT 与精益改善**<br>肖智军　党新民　著 | 系统、全面地介绍 JIT 生产方式，并加入实践案例 |
| **高员工流失率下的精益生产**<br>余伟辉　著 | 从三方面论述推行精益管理时如何应对员工流失 | | |

续表

| 书名 | 内容 | 书名 | 内容 |
| --- | --- | --- | --- |
| 二、生产管理 | | | |
| 化工企业工艺安全管理实操<br>黄　娜　著 | 围绕化工工艺安全14要素来展开分析 | 手把手教你做专业生产经理<br>黄　娜　著 | 生产经理如何在信息流、物流、资金流三大流中开展工作 |
| 欧博心法：好工厂　靠管理<br>曾　伟　著 | 从管人篇和管事篇帮助读者解决人难管、事难控 | 欧博工厂案例1：生产计划管控对话录<br>曾　伟　曾子豪　著 | 工厂管理生产计划管控模块的8个全景细节大案例 |
| 欧博工厂案例2：品质技术改善对话录<br>曾　伟　曾子豪　著 | 工厂管理品质、技术、效率管理模块的10个全景细节大案例 | 欧博工厂案例3：员工执行力提升对话录<br>曾　伟　曾子豪　著 | 工厂管理人员管控模块的5个全景细节大案例 |
| 工厂管理实战工具<br>曾　伟　著 | 中国传统文化指导下的工厂管理工具 | | |
| 全能型班组：城市能源互联网与电力班组升级<br>国网天津电力公司　著 | 从互联网时期的班组转型升级出发，对新型班组组织模式和运行机制进行设想 | 国网天津电力全能型班组建设实务<br>国网天津电力公司　著 | 聚焦天津电力公司在探索全能型班组转型升级时的优秀实践 |
| 车间人员管理那些事儿<br>岑立聪　著 | 小事入手把基层车间管理者头疼的事务打包解决 | | |
| 咨询·培训师 | | | |
| 培训师事业长青之道<br>廖信琳　著 | 培训师自我管理的“洋葱模型”，十项内容与五个层级 | 管理咨询师的第一本书<br>熊亚柱　著 | 深度剖析初级入行咨询师在工作中会遇到的问题 |
| 资深管理咨询顾问工作心得<br>张国祥　著 | 使用手册讲述咨询师如何操作项目，老板如何选择咨询师，企业如何自主落地 | 手把手教你做顶尖企业内训师<br>熊亚柱　著 | 从开、控、收、编、制、用的角度去践行培训师的职责 |
| TTT培训师精进三部曲上<br>廖信林　著 | 手把手教您“深度改善现场培训效果”的一招一式 | TTT培训师精进三部曲中<br>廖信林　著 | 建构一整套培训课程设计与开发的认知架构和方法体系 |
| TTT培训师精进三部曲下<br>廖信林　著 | 通过“沉淀职业功力的六度模型”，帮助培训师在职业技能上的持续精进 | | |
| 产品·研发 | | | |
| 研发体系改进之道<br>靖　爽　陈年根<br>马鸣明　著 | 取材数十家企业研发改进的咨询实践，提炼一套实操的改进步骤与工具 | 新产品开发管理，就用IPD（升级版）<br>郭富才　著 | 把产品经营的思想凝结在新产品开发管理机制中，升级版更丰富 |
| 产品开发管理：方法·流程·工具<br>任彭枞　著 | 结合超过300家企业的实际研发管理方法，总结问题和方法，大量表格 | 资深项目经理这样做新产品开发管理<br>秦海林　著 | 采用过程管理方法，对新产品开发的四大过程进行分析，主要针对小电器产品 |
| 产品炼金术Ⅰ：如何打造畅销产品<br>史贤龙　著 | 如何打造畅销产品的四个方法 | 产品炼金术Ⅱ：如何用产品驱动企业成长<br>史贤龙　著 | 经营者视角重新认识产品，对产品现状快速诊断 |
| 中东历史与现状二十讲<br>黄民兴　著 | 对中东几千年的历史和动荡的现状进行了一个白描 | 非暴力抵抗的诞生<br>甘　地　著 | 甘地南非21年为印度侨民争取政治权利的艰苦历程 |

续表

| 书名 | 内容 | 书名 | 内容 |
|---|---|---|---|
| **中国古代政治制度上：皇帝制度与中央政府**<br>刘文瑞　**著** | 探究中国古代政治制度的规则和机制，论证古代皇帝制度的形成和演变历程 | **中国古代政治制度下：地方体制与官僚制度**<br>刘文瑞　**著** | 探究中国古代政治制度的规则和机制，论证古代地方政府的发展演变过程 |
| **两晋南北朝十二讲**<br>李文才　**著** | 分12个专题对两晋南北朝的历史进行阐述 | **每个中国人身上的春秋基因**<br>史贤龙　**著** | 透过真实的春秋历史，看到人性里的黑暗与光明、卑劣与高尚 |
| **二、哲学** | | | |
| **车过麻城·再晤李贽**<br>张再林　**著** | 用游记的方式，展示李贽独到的学术眼力和理论建树 | **王阳明万物一体论**<br>陈立胜　**著** | “万物一体”是王阳明思想的基本精神。大人者，能与天地万物为一体 |
| **自我与世界：以问题为中心的现象学运动研究**<br>陈立胜　**著** | 对现象学运动之中的“意向性”“自我”“他人”“身体”及“世界”进行深入分析 | **作为身体哲学的中国古代哲学**<br>张再林　**著** | 对中国古代哲学之性质内容给予一种全新的理论解读 |
| **中西哲学的歧义与汇通**<br>张再林　**著** | 揭示中西哲学“你中有我，我中有你”之旨 | | |
| **三、传统文化** | | | |
| **与老子一起思考·道篇**<br>史贤龙　**著** | 一本将《老子》思想本义、思想价值、思想史地位、文明史意义讲透的著作 | **与老子一起思考·德篇**<br>史贤龙　**著** | 考、释、译、论四个方面的工作对《老子》进行解读 |
| **国富策：读管子知天下财富**<br>翟玉忠　**著** | 《管子》轻重十六篇为核心的轻重术，深刻阐发并从中汲取有益时代的经验教训 | **说服天下：鬼谷子的中国沟通术**<br>翟玉忠　**著** | 为纵横家正名，对纵横术进行了系统总结 |
| **中国商道**<br>翟玉忠　**著** | 对中国先秦和明清时期商业典籍系统整理和诠释 | **梁涛讲孟子之万章篇**<br>梁　涛　**著** | 对《万章》的讲解通俗、富有新意 |
| **中国思想文化十八讲**<br>张茂泽　**著** | 中国宗教文化课程10年基础上撰写而成，介绍中国古代宗教思想 | **孔门心法，中道而行：史幼波中庸讲记**<br>史幼波　**著** | 史幼波讲的《中庸》提炼出中华传统心性之学的精髓 |
| **大学之道，圣学纲目：史幼波大学讲记**<br>史幼波　**著** | 史幼波讲的《大学》帮助我们在自己身上找到一个精神的皈依处 | **史幼波《周子通书》《太极图说》讲记**<br>史幼波　**著** | 根据史幼波围绕这两篇儒学经典的系列讲座整理而成 |
| **四、书法·太极·教育·英语** | | | |
| **跟陈忠建学写名家书法Ⅰ**<br>陈忠建　**著** | 用视频跟陈忠建学名家书法之楷书·行书 | **跟陈忠建学写名家书法Ⅱ**<br>陈忠建　**著** | 用视频跟陈忠建学名家书法之隶书·楷书·行书 |
| **郑子太极拳理拳法**<br>杨竣雄　**著** | 作者14岁入郑子太极之门，用故事性的方式讲述教学 | **内功太极拳训练教程**<br>王铁仁　**著** | 训练方法及练习，用内气演练过程予以详析，有视频 |
| **别让你的执着毁了孩子**<br>廖信林　**著** | 复盘与孩子互动过程中的关键时刻，有效的亲子教育 | **像美国人一样讲话**<br>马方旭　**著** | 美国最常用的800句习惯用语搭配场景例句，有视频 |